Shohei Ohtani

Spirit of
Baseball Samurai

大谷翔平

2023年WBC世界一、全壘打王&MVP球季、轉戰道奇全紀錄

武士初心

Shohei Ohtani Spirit of Baseball Samurai

張尤金／著

CONTENTS

Shohei Ohtani
Spirit of Baseball Samurai

\ PART 1 /

WBC：世界棒球之巔

【八強賽：對義大利】

【準決賽：對墨西哥】

【決賽：對美國】

\ PART 2 /

「打者翔平」的二〇二三年

\ PART 3 /

「投手大谷」的二〇二三年

\ PART 4 /

到期↓道奇↓到齊

〔結語〕

〔附錄〕

〔自序〕超越崇拜的野球武士

在介紹這本書之前，我想先從日本的兩份民調開始說起。

二〇二三年二月，第五屆ＷＢＣ世界棒球經典賽開打前，明治安田生命保險公司發布「理想的新進社員」形象調查，大谷翔平高居第一名。不意外，自律嚴苛、工作全能、貼心好相處，這就是我們所熟悉的大谷，對吧！

有趣的是同年四月，亦即ＷＢＣ經典賽結束後一個月，東京商工會議所做了「理想上司」形象調查，大谷又拿下第一名。有日本網友就開玩笑說：「怎麼才打了個經典賽，大谷就從『新進社員』晉升為『上司』了？」

這則笑話啟發我寫這本書的動機。大谷就是大谷，始終是那個熱愛棒球的野球少年，可是為什麼經過十三天的經典賽之後，他在日本社會被賦予理想上司的形象？

我們第一個想到的一定是大谷在ＷＢＣ冠軍戰前「撼動靈魂」的圓陣喊話：「不要崇拜對手，光是崇拜則無法超越。」這是大谷在日本武士隊展現領導力、團結力、言語力最經典的一幕。而我在這本書想呈現的是：不只是有形的比賽經過、數據紀錄，更多了大谷無形的「野球腦」與「精神力」。

上述大谷的圓陣喊話，我想讓你知道的是：

・這段話的關鍵字不是「崇拜」，而是「超越」，因為這是他初高中時期對學長菊池雄星從崇拜到追隨、再到超越的真實人生。

・他體察隊友在準決賽險勝墨西哥後的鬆懈心情，加上冠軍戰前「神鱒」楚奧特的簽名球事件，於是他在最適當的時機發出最精準的訊息，給隊友當頭棒喝。

大谷在WBC冠軍戰再見三振天使隊友楚奧特的「横掃球」，我想讓你知道的是：他如何在事前與天使高層「直球談判」，而「武士隊的大腦」達比修有又如何操盤「神鱒攻略法」，才會有這場世紀對決以及壓倒性的勝利。

大谷二〇二三年登上美聯全壘打王，還擊出全大聯盟最遠的全壘打。我想讓你知道的是：他改用楓木棒、球棒增長一英寸、五月下旬調整握棒位置，種種變革的幕後祕辛與堅定決心。

大谷為了「投打二刀流」及天使的季後賽，付出手肘韌帶二度受傷的代價。我想讓你知道的是：天才運動員該有什麼樣的體調管理；栗山監督「如果他受傷，就算犧牲我的生命也無法彌補」這句話背後的深意。

道奇端出破全球運動史紀錄的十年七億美元簽下大谷，我想讓你知道的是：

・大谷優先考慮的從來不是金錢，而是夢想與勝利。

・不要用「運動決策」來看待道奇球團，這是個「商業決策」。

・道奇球團如何結合古根漢集團、財務操作、西岸地理位置優勢，讓這筆天價合約突然間變成超級划算的交易？

棒球迷們，我們共同歷經了棒球史上最波瀾壯闊的一年：誰能想到二〇二三年棒球界最絕殺的一球，竟然在大聯盟開季前就發生了？誰又能想到剛動完手肘韌帶手術、未來投球生涯打上問號的日本棒球選手，竟能簽下運動史上總額最高的合約？

二〇二三年的大谷翔平不斷寫下紀錄：六月份二十七戰十五轟，日本人自豪地說，他們的早餐是白飯、味噌湯，配上大谷的全壘打；七月二十七日被美國媒體譽為「棒球史上最傳奇的一天」，雙重賽第一戰一安打完封勝，第二戰單場雙響砲。回顧這一年，「史上第一位生涯兩度全票獲選年度MVP」，就成為這個偉大球季的最佳註腳。

《紐約郵報》稱呼二〇二三年為「大谷翔平之年」，謹以本書為不朽的歷史作見證。

〔楔子〕

1 大谷翔平的「預言書」——「人生目標表」

二〇二三年三月，大谷翔平率領日本武士隊奪回睽違十四年的世界棒球經典賽（World Baseball Classic，以下簡稱WBC）冠軍，自己還獲選為大會MVP。他在高三那年寫下的人生目標表瞬間成為棒球世界熱議的話題。

人生目標表（人生の目標シート）又稱「人生設計筆記」（人生設計ノート），是由花卷東高校棒球隊發給選手填寫的表格。大谷填寫自己從十八歲到七十歲棒球人生夢想的目標清單，其中在二十七歲那一欄，他寫的是「WBC日本代表MVP」。

「事實上，這個MVP是個預言。現在的大谷已經二十八歲了，雖然晚了一年，但他成功實現自己的目標。」一名美國棒球記者說，他也點出有趣之處：「二十八歲的大谷有兩項看似不難、卻意外無法實現的項目，分別是二十六歲『結婚』和二十八歲『長子出生』。」

「如果你一開始就說不可能，那你永遠都做不到。」

——栗山英樹

問題來了，十七歲的高中生大谷是以什麼樣的心境填寫這張表？棒球迷又該如何看待他對自己人生的預言？

「人生目標表」：具體設計自己的人生

有網友說：

「四十歲投『無安打比賽』太難了吧！」

「長子、長女、次子……他有辦法控制生男生女嗎？」

「十九歲的夢想（精通英文）是交給水原一平實現了嗎（笑）」

誠然，人生目標表是高中生大谷對自己未來人生的想像，許多項目現在看來有些中二，也有些天真，不過這正是花卷東高校棒球隊監督佐佐木洋教育選手的一環：不管是十年、二十年、三十年，每個人（不限於棒球選手）都應該以未來的目標作為人生的思考方向。佐佐木監督希望透過逐年填寫人生目標表讓這項思維根深蒂固，再藉由「曼陀羅計畫表」加以逐夢踏實。

大谷翔平的「人生目標表」

18歲	和大聯盟球團簽約	35歲	入選WBC日本代表隊
19歲	升上三A；精通英文	36歲	締造最多三振紀錄
20歲	升上大聯盟，年薪15億日圓	37歲	長子開始學打棒球
21歲	進入先發輪值；單季16勝	38歲	職棒成績衰退，開始考慮引退
22歲	獲頒賽揚獎	39歲	決意明年引退
23歲	入選WBC日本代表隊	40歲	引退賽投出「無安打比賽」
24歲	投出「無安打比賽」；單季25勝	41歲	回日本定居
25歲	投出球速175公里的世界紀錄	42歲	將大聯盟棒球系統引進日本
26歲	拿下世界大賽冠軍；結婚	57歲	從職棒界引退
27歲	入選WBC日本代表隊；獲選MVP	58歲	回岩手定居
28歲	長子出生	59歲	擔任少棒聯盟監督
29歲	第二度投出「無安打比賽」	60歲	夏威夷旅行
30歲	成為大聯盟史上最多勝的日本投手	61歲	少棒聯盟球隊登上「日本一」
31歲	長女出生	62歲	以三年的時間在故鄉執教，提升岩手棒球水準
32歲	第二度拿下世界大賽冠軍	65歲	領取大聯盟退休金三千萬日圓
33歲	次子出生	66歲	環遊世界
34歲	第三度拿下世界大賽冠軍	70歲後	每天維持運動，健康開朗地生活

INFO 曼陀羅計畫表

曼陀羅計畫表是一張由九（3×3）大區塊、每區塊有九（3×3）個表格所構成、共計八十一個表格（9×9）的圖表。

在設計邏輯上，是從單一的「核心目標」，衍生出八項「基礎思考」，再從每項基礎思考，分別發想出八個「實踐思考」；在組成上，則是由一項「核心目標」、八項「次要目標」、六十四項「具體作法」所構成，目的是要讓使用者在依序填表的過程中，對於達成核心目標的「想法」與「作法」更加清晰。

至於執行順序則與填寫順序相反，使用者透過日常任務的達成來滿足「次要目標」，當所有次要目標都得到實現時，最終的「核心目標」也就完成了。

以大谷在高中入學時填的第一張曼陀羅計畫表為例，他的核心目標是「在日職選秀會同時獲得八支球團的第一指名」，由此衍生出八個次級目標，分別是與投球技術有關的「球速一六〇公里」、「控球」、「變化球」、「銳利度」，以及與身體、心理有關的「體格」、「心理」、「人性」、「運氣」，再從上述每個次級目標分別發想八個具體作法。以「控球」為例，他擬定的具體作法包括技術層面的「穩定軸心」、「身體不能開掉」、「穩定放球點」、「改善跨步」，體格層面的「強化體幹」、「強化下半身」，還得顧及心理層面該如何「消除不安」並且「控制心理狀態」。

身體保養	補充營養品	前蹲舉90公斤	改善跨步	強化體幹	穩定軸心	投球角度	高壓式投球	強化手腕
柔軟度	體格	深蹲舉130公斤	穩定放球點	控球	消除不安	不過度施力	鋭利度	下半身主導
體力	關節可活動範圍	午晚餐7碗早餐3碗	強化下半身	身體不能開掉	控制心理狀態	放球點往前	提高投球回轉數	關節可活動範圍
目標明確	不要忽喜忽憂	頭腦冷靜內心熱情	體格	控球	鋭利度	以身體為軸心旋轉	強化下半身	增加體重
危機應變能力	心理	不受外界氛圍影響	心理	八支球團第一指名	球速160公里	強化體幹	球速160公里	強化肩膀肌肉
不造成紛爭	對勝利的執著	為隊友著想	人性	運氣	變化球	關節可活動範圍	練習傳接球	增加投球
感性	值得被喜愛	計畫性	打招呼	撿垃圾	打掃房間	增加投球數	完成指叉球	滑球的鋭利度
為人著想	人性	感謝	愛惜球具	運氣	對裁判的態度	落差大的慢速曲球	變化球	對左打的決勝球
禮貌	值得被信任	持續力	正向思考	值得被支持	讀書	與速球相同的投球姿勢	投出很好的壞球	增加投球的位移

事實上，能具體設計自己的人生，這就是一種罕見的才能。相對於漫無目的、渾噩度日的多數人來說，如此具體思考至少是引人入勝的。

日本向來鼓勵孩童或年輕人將目標手寫在紙上，有數據認為，「書寫目標」會將實現可能性提高四十二%。蓋因手寫牽涉到比打字更複雜的手部動作，因此更容易銘記在潛意識裡；此外，手寫字對視覺的刺激更為強烈。高中時期的大谷手寫「曼陀羅計畫表」、「人生目標表」，就是最好的例子。

再者，一般認為只有十%的人會將目標手寫在紙上，而其中又只有十%會每天察看自己訂定的目標。易言之，光是手寫目標並每天檢視，就已經是前一%了。透過每天檢視目標，逐層加深潛意識的信念，將更有機會改變行為，進而實現目標。

這種利用自我分析來提升主動性的作法，不僅為運動員採用，日本靜岡縣御前崎市教育委員會更製作成職涯設計表，名為「我的航海圖」，將人生比喻為航行，讓中學生在未來每一個人生階段描繪心目中理想的景象，藉以引導自己決定航向，思考該付出什麼樣的努力。御前崎市教育委員會期許青少年將來能成為下一個大谷，活躍於世界這個大海洋。

從大谷人生目標表有關棒球人生的目標，可以發現一些線索。大谷設定在二十六、三十二、三十四歲三度贏得世界大賽冠軍，對照他在拿下WBC冠軍後受訪所言：「這不代表我們已經達到最終的目標，它只是過程的一部分。大聯盟即將開季，因此這只是一開始，當然，我想開始贏球，這是我的下一步。」不難想見他對季後賽與世界大賽的渴望。

效力洛杉磯天使隊長達六年卻與季後賽沾不上邊，二〇二三年球季結束後，大谷成為自由球員。就在全世界棒球迷密切關注他會不會續留天使、如何擇定新東家之際，十七歲的這張人生目標表其實已經透露出端倪：具有季後賽競爭力、能引領大谷邁向世界大賽的球隊，才是他的首選。這個想法也在同年十二月加盟洛杉磯道奇隊得到印證。

以父母的人生為藍圖來設定自己

有日本運動記者透露，大谷設定目標、實現目標的作法，受到母親加代子的影響甚深，「對大谷而言，『設定目標、書寫目標、努力付出、實現目標』是他和母親之間至為重要的承諾。正因為這樣，才會將他一步步推向職棒之路。而在一一達成目標的過程中，母親無疑是非常重要的存在。」

翔平與家人感情甚篤，而他十七歲的人生目標表不僅有棒球，更有對婚姻與家庭的憧憬。許多人對他設定「二十六歲結婚、二十八歲長子出生、三十一歲長女出生、三十三歲次子出生」感到不解，事實上翔平的父親大谷徹正是大約在這個年紀結婚，而且育有兩男一女。翔平以父母親的人生為藍圖來設定自己，象徵的是他對父母的孺慕之情。

翔平曾說，自己包括打擊在內的棒球基本技巧，都是父親教他的，父親曾在他少棒和青少棒期間擔任教練長達七年。不過鮮為人知的是，翔平的祖父大谷正幸對他的棒球與金錢觀也有深遠的影響。

正幸會陪伴年幼的孫子傳接球，在翔平就讀花卷東高校期間，他從不缺席孫子在岩手大會的比賽；即便在翔平加入日職、甚至轉戰大聯盟之後，正幸仍堅持每場比賽都要在電視機前為孫子加油。翔平進入日職之後曾計畫為父母蓋新房子，祖父還責備他，要他「好好存錢」。

如此疼愛翔平的祖父，卻在二〇二〇年三月驟逝。由於事發突然，又正值新冠疫情期間，翔平無法回來向祖父道別，一直到隔年一月才有機會見到祖母，當時是參加姊姊結香在東京的婚禮，也是祖孫倆多年來難得聚在一起的時光。翔平的祖母曾經擔任幼兒園園長，個性善良，雖然她樂見翔平的成功，但每次看比賽卻總是提心吊膽地擔心孫子受傷。

題外話，翔平的姊姊結香，後來與花卷東高校的棒球部部長流石裕之結婚，是非常特別的緣分。據說翔平最期待的事情之一就是見到姊姊與姊夫的小女兒，二〇二二年休季期間他對這個只有一歲左右的外甥女非常疼愛，平常也會透過視訊關心她。

至於姊姊結香比翔平大兩歲，她是翔平的地下服裝設計師。即便成為職棒選手這樣的公眾人物，翔平依舊不在意穿搭，最常穿的是運動服，唯一高價買的只有西裝。因此結香會詢問翔平的尺寸，然後根據不同場合為他挑選不同的服裝，至少讓他穿了不會尷尬或沒面子。

當然，最辛苦的還是母親加代子。翔平休季返日期間住在自己買的、位於東京市中心的高級大廈頂樓，加代子會從岩手縣前來東京幫他準備飯菜。對母親來說，翔平永遠是那個需要照顧的小男孩。

棒球史上最偉大的一年

回到大谷的棒球人生。雖然他立定目標，要在二十歲「升上大聯盟，年薪十五億日圓」，但一路走來他努力抓住的從來不是金錢，而是夢想。為了在二〇一八年及早進入大聯盟，他放棄了年滿二十五歲才有可能獲得的高價合約，第一年只能領大聯盟基本薪資五十四萬五千美元。

至於二十三歲登上大聯盟，比預期晚了三年，也沒有在二十二歲「獲頒賽揚獎」、二十四歲「投出無安打比賽」、二十五歲「投出球速一七五公里的世界紀錄」，但他達成一項前人無法想像、更無法企及的成就：成為百年一遇的二刀流選手。

注意到了嗎？大谷高三那年人生目標表設定的棒球紀錄全部都是投手，如果沒有後來北海道日本火腿鬥士隊栗山英樹監督的慧眼，就不會有現在的投打二刀流：

「每個人都說在職棒這是不可能的，但如果你一開始就說不可能，那你永遠都做不到。」

「如果你不嘗試，你永遠不會有答案。」

「只要有這種可能性存在，我和球團就有責任和他一起追尋夢想。」

二〇一三年，栗山與大谷共同打造了二刀流傳說；十年後，兩人聯袂率領日本武士隊，在棒球的發源地擊敗美國隊。這是大谷十七歲的神預言，更是栗山監督與棒球之神譜寫的劇本。

二〇二三年的大谷翔平，從三月WBC冠軍及大會MVP，到大聯盟史上第一位日本出身的全壘打王，再到第二次手肘韌帶手術的低谷，年底反轉直上「世界運動史上最大合約」的頂峰。毫無疑問，這是棒球史上最偉大的一年。

PART 1

WBC：世界棒球之巔

Shohei Ohtani

Spirit of Baseball Samurai

預賽首戰：對中國

B組預賽第1戰

	1	2	3	4	5	6	7	8	9	R	H	E
中國	0	0	0	0	0	1	0	0	0	1	3	2
日本	1	0	0	2	0	0	1	4	X	8	9	0

勝利投手　大谷（1勝0敗，防禦率0）

敗戰投手　王翔（0勝1敗，防禦率5.40）

全 壘 打　梁培（1）；牧秀悟（1）

比賽經過

日本隊先發投手大谷主投4局只被打出1支安打無失分，飆出5次三振。打線方面，日本隊1局下半靠著開路先鋒努特巴爾安打，接下來連續3次四壞保送擠回1分，先馳得點；4局下半同樣由努特巴爾率先安打上壘，近藤、大谷連續安打追加2分。5局打完，日本以3：0領先中國。

6局上半，中國隊梁培將戶鄉的速球打出全壘打牆外，追回1分；但7局下半牧秀悟開轟，8局下半大谷、山田、甲斐安打灌進4分。終場日本就以8:1擊敗中國，拿下本屆首勝。

日期　2023年3月9日

時間　3小時41分

觀眾　41,616人

球場　東京巨蛋

\ 圓陣 /

村上宗隆

今天終於開賽了。最多就七場比賽，讓我們一場一場贏下來，絕對要奪回「世界一」！

因傷退賽的鈴木誠也桑，他的球衣就掛在替補席，所以我們一定要成為世界一，日本隊絕對能奪冠。

沒問題吧？好，現在就上場吧！

2 大谷翔平——皇冠上的鑽石

「圓陣」（日文漢字為「円陣」）是日本武士隊賽前的團隊會議，每場比賽會有一位選手站在圓圈中心擔任發聲的角色，用自己的話語激勵隊友，將全隊團結為一體。

從首戰的村上宗隆，到冠軍戰的大谷翔平，圓陣的喊話內容每每令人感動，也讓這七場比賽過程中熱血激昂的場景重新浮現在眼前。

皇冠上的鑽石

一千九百七十七天。

這是距離大谷上次在日本國內出賽的天數，前一次是二〇一七年十月九日，他在北海道日本火腿鬥士隊的最後一場比賽。

至於大谷上一次穿著日本隊球衣登上投手丘——二〇一五年十一月十九日世界十二強棒球賽準決賽對韓國隊——更是超過七年之久。總計大谷在該屆賽

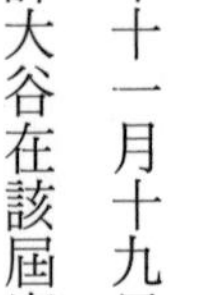

「我有自信，當我下定決心想做什麼，我一定比別人更努力。」

——大谷翔平

事兩場先發都對上韓國，主投十三局只被打出三支安打，狂飆二十一次三振，防禦率是完美的〇。

也因為這樣，當記者小谷真彌在三月五日報導「大谷將對中國隊先發主投，達比修將對上韓國隊」之後，日本球界、媒體與網路社群一片嘩然。二〇〇六年第一屆WBC冠軍隊成員、前大聯盟球星上原浩治同日在TBS電視台招牌節目《週日早晨》直言「我認為讓大谷擔任對中國之戰的先發投手是有些可惜的」；隔天也有日本媒體質疑：「日本引以為傲的現役大聯盟最強球星，為什麼不在宿命的韓日戰世仇對決中先發登板，反而是對中國隊？」

這樣的想法不意外。本屆WBC開打之前，日本武士隊能與滿滿大聯盟球星的美國、多明尼加並列冠軍大熱門，主要就在於他們的投手戰力被評為各隊之冠。先發「四本柱」大谷、達比修、山本由伸、佐佐木朗希一字排開，任何一人先發對中國都不成問題，尤其是大谷二〇二二年才在大聯盟投出十五勝九敗、防禦率二・三三、二一九次三振，每九局十一點九次三振高居美聯第一，年度賽揚獎票選則是第四名。

對戰中國隊，有必要用上這顆「皇冠上的鑽石」嗎？

與恩師並肩作戰的溫馨之情

栗山英樹監督在前一天（三月八日）東京巨蛋的賽前記者會說出了答案：「（WBC）從大谷開展，這是重要的開局。由大谷翔平帶領前進，這就是我的想法。」

這是日本武士隊在本屆WBC首戰，正如日媒所言：「雖然栗山監督沒有明確表態，但這場比賽具有象徵性的意義。這代表日本武士隊最頂尖的選手將作為WBC第一位登上投手丘的投手。還有傳聞指出，大谷將在對中國之戰擔任先發投手兼第一棒，這意味著不論投手或打者，他都將成為率先上場的第一人。」

此外，大谷也是栗山監督託付首戰最具信心的人選，「我見證過他各種各樣的表現，我認為他比任何人都更能帶領球隊獲勝。我相信他會全力以赴，而且全神貫注在這件事情之上。」栗山說。

而大谷的回應不僅展現自信心與責任感：「體能狀況可能是到目前為止最好的一次。」「在如此重要的舞台被委以首戰的任務，我深感責任重大。」更多了一份與恩師間的溫馨之情：「因為曾經受到監督的照顧，如今能在這樣的舞台並肩作戰，對我是很特別的感覺。如果能一起獲得冠軍，再也沒有比這個更好的了。」

以八強賽為核心的戰略考量

不過栗山監督心中還是有「不能說的祕密」，那就是以八強賽為核心的戰略考量。對於投打陣容堪稱史上最強的日本武士隊來說，B組對手除宿敵韓國外，澳洲、中國、捷克的實力都有明顯落差，因此教練團的焦點絕對不是分組預賽，必須為隔週開始的八強單淘汰賽提前布局。當時根據日媒評估，八強賽最有可能的對手是A組的古巴或荷蘭，若鎖定由大谷或達比修擇一掛帥，則兩名投手勢必得在分組預賽一開始就登板先發，如此才有足夠的休息時間，好在八強賽再度登板。

至於大谷與達比修誰該投中國？誰該投韓國？由於栗山監督已經宣示要讓大谷在WBC投打二刀流，勢必增加體能上的負荷，加上當時僅僅是三月初，因此為了讓大谷有充分的休息與恢復時間，三月九日對中國先發、十六日（倘若日本拿下B組第一）再於八強賽登板的「中六日」輪值方式，應該是對他最好的安排。

另外一個要留意的則是投手大谷「慢熱」的問題。大谷前一年（二〇二二）三、四月份僅有二勝二敗、防禦率四．一九，個人單月最差；單局防禦率也呈現同樣的趨勢，大谷二〇二二年在第一局的通算防禦率二．八九，各局排名倒數第二，至於再前一年（二〇二一）第一局防禦率則高達六．三五。考量大谷慢熱的問題，與其讓他在第二戰對韓國登板，承受日韓世仇對決劍拔弩張的氣氛，倒不如先發對中國，心態上可以當熱身賽來投，比分大幅領先之後還能提前退場，保留體力。

雖然大谷三月六日對阪神虎的強化賽連兩打席開轟，海灌六分打點，但他認為打擊與投球狀況是兩回事，「身為打者，這個時間點（三月初）是沒問題的。但身為投手，你不可能現在就單場投個一百球、一百二十球。」

讓大谷先發主投對中國的比賽，媒體與球迷「殺雞焉用牛刀」、「浪費一場先發」的質疑在所難免，但對栗山監督來說，這一著棋可是看準才走的。

東京巨蛋化身為向大谷致敬的展覽

三月九日在東京巨蛋現場採訪日本與中國之戰的《日本時報》（*The Japan Times*）記者傑森．科斯克瑞（Jason Coskrey），生動地記述這一幕珍貴的場景：

「週四晚上走過東京巨蛋熙來攘往的長廊，彷彿置身於一場充滿生氣、向大谷翔平致敬的展覽。」

「當天有四一六一六名觀眾在東京巨蛋觀賞日本武士隊首戰中國隊的比賽。當許多球迷蜿蜒穿越巨蛋走廊時，彷如一個生動的畫廊，描繪大谷翔平在職棒的崛起。」

「有北海道日本火腿鬥士隊的球衣，這是大谷起身挑戰傳統、成為『二刀流』選手的時代；有洛杉磯天使隊的球衣，象徵當代的大谷，一個讓二刀流技藝趨於完美的地表最強棒球選手；還有球迷穿大谷現在日本武士隊的球衣，就是他今天在WBC充滿紀念意義的初登場、以八比一戰勝中國隊的那一套。」

「大谷一直是東京巨蛋B組預賽的話題焦點，隊友樂於和他一起上場比賽，對手也渴望與他同場交鋒。不論是場館內外的廣告看板，或是播放他代言廣告的大螢幕，他無所不在。」

3 大谷翔平——消失的橫掃魔球

猜猜看，在本屆WBC七場比賽中，大谷翔平最難忘的場景是？許多人第一個想到的應該是冠軍戰對邁克・楚奧特（Mike Trout）的再見三振，不過大谷的答案出人意表：「對中國隊投出第一球之前的寂靜感，既興奮又有些許不安。現場這麼多觀眾卻如此寧靜，這種感覺非常不可思議。」

大谷這番話隱隱然透露出首戰開打前極為不尋常的氛圍。你能想像嗎？投手教練吉井理人在牛棚觀察大谷賽前練投的狀況後，向栗山英樹監督回報：「監督，他在牛棚沒有任何一球投進好球帶。」

如果連征戰大聯盟多年的大谷賽前都難掩不安的情緒，而且無法在三月初調整至最佳狀態，遑論其他年輕的日職選手。事實上，就連老大哥達比修有在這段賽事期間也飽受狀況欠佳的困擾，這就是短期比賽最不可測之處。

「離開投手丘、離開打擊區的那一天終將到來，所以我想盡情享受挑戰的時光，我想知道在那一天到來之前，自己能變得多強。」

——大谷翔平

萬事起頭難？

鑑往知來，「萬事起頭難」堪稱日本武士隊在WBC首戰的寫照：

- 二〇〇九年第二屆WBC，原辰德監督領軍的日本武士隊首戰同樣對上中國，前兩局都站上得點圈卻屢攻不下，開路先鋒鈴木一朗反常地五個打數無安打，最後日本只以四比〇小勝。
- 二〇一三年第三屆WBC，山本浩二監督領軍的日本武士隊首戰對上巴西，王牌投手田中將大竟然只投二十三球就退場，最後日本以五比三驚險逆轉勝。

雖然從日本與中國的競技人口、發展歷史、技術層面，殊難想像史上最強日本武士隊會敗給中國，況且中國國內的職棒聯盟中國棒球職業聯賽（CNBL）自二〇二〇年起就因新冠疫情停賽，長達三年的期間選手只能自行訓練。但換個角度想，一向擅長情蒐的日本教練團，這次對中國選手完全沒有情報資訊，反而成為一開賽施展不開的原因。

中國隊在WBC開打前提早抵達日本移地訓練，二月二十二日首場對外熱身賽以〇比十六慘敗給日本社會人球隊AGEKKE，三月三日對另一支社會人球隊ENEOS又以〇比十三遭提前結束比賽。儘管如此，栗山監督依舊沒有絲毫大意，推出投打二刀流大谷穩穩拿下首勝。

世界級的投球

從小學就夢想登上WBC舞台，你很難想像大谷為夢想實現的這一天做了多少努力：他在休季返日期間潛心備戰，三個月下來只外出用餐過四次；某次工作結束後去便利商店借廁所，他的反應竟是

「超級懷念啊，就像回到家一樣的感覺」，為什麼？因為他已經好幾年沒有在日本走進便利商店了！

根據大聯盟亞洲區球探的現場觀察：

「大聯盟賽季漫長而艱辛，一開季還沒調整好是常態，各隊主力選手只要在關鍵時刻有所表現就是可以接受的了，這是普遍的默契。大谷也屬於這種（慢熱型）選手，但從他這次返日的體態來看，他的身體狀況是完美的，他一直在為WBC參賽做最後的準備，只需觀察他從臀部到大腿的肌肉線條，就能明白這一點。」

「今年春訓的打擊練習，他有許多強力擊球都落在左外野邊線附近。當來球靠近身體時，唯有極佳的揮棒速度與球棒控制能力，才能將這種擊球方式化為可能。一朗安打量產的全盛期就類似這樣的打法。」

雖然投手大谷賽前牛棚練投找不到準星，但他一上場第一球就是時速一五七公里的火球，在發現速球控球不穩之後，馬上改投滑球壓制對手。擔任中國隊第三棒的前軟銀鷹選手真砂勇介就被大谷的近身滑球嚇到往後縮，結果球卻大甩尾轉進好球帶，大聯盟官方記錄這一球的橫向位移達三十五．六公分。「我原本以為這一球會打到我，但球急轉彎了，感覺就像從三壘休息區飛過來一樣。」真砂賽後回憶說：「由於球靠近我才轉彎，球速又快，根本反應不及。我想這就是世界級的投球吧！」

這一球就是大谷近兩年聲名大噪的「橫掃球」（Sweeper），當天對中國隊主投的四十九球當中，有超過半數都是橫掃球，最高橫向位移達四十八．三公分。

前三局大谷只用了三十四球就讓中國隊打者九上九下，四局上半一出局後被中國隊第二棒楊晉打出左外野安打，但接下來連投兩次三振，先發四局一安打無失分、五次三振無四壞奪下首勝。「站上投手丘的大谷選手，氣場實在太強大了。雖然我就定打擊位置，卻有一種打不到球的預感。」真砂說。

二〇〇六年第一屆WBC冠軍隊監督、這場比賽擔任轉播球評的王貞治，對於大谷的投球也給予最高的讚譽：

「確實找不到缺點呢！」

「我想中國隊打者沒看過這種球。」

「這顆滑球可能讓打者以為球自己消失了！」

「唯有那些異想天開的人，才能完成不可能的事」

睽違五年多重返日本比賽、還以二刀流登場的大谷翔平，儼然成為全日本注目的焦點。最驕傲而欣慰的無疑是栗山監督：

「登板間隔時間這麼長，調整確實非常困難。面對壓力，還要兼顧二刀流的投打不同角色，在種種難關之前，能看到他各方面都向前邁進，我很高興，也放心了。」

「觀看比賽的大家應該也有同感，他在享受比賽的過程中拚盡全力，而這正是他的本質。我認為這種特質已經傳達給前來觀戰的家人，以及在電視機前收看比賽的球迷，這真的很重要。」

愛因斯坦說過一句名言：**「唯有那些異想天開的人，才能完成不可能的事。」**當栗山監督決定以二刀流育成大谷之後，這項挑戰從一開始就被視為異想天開，完全沒有實現的可能。外界批評「二刀流會導致球員受傷」、「追二兔者不得一兔（貪多者兩頭落空之意）」，更有球界人士怒斥「別低估職業棒球」！

二〇二三年六月，大谷在以「享受挑戰的時光」為主題的手錶廣告中，闡述自己接受挑戰的心情：「離開投手丘、離開打擊區的那一天終將到來，所以我想盡情享受挑戰的時光，我想知道在那一天到來之前，自己能變得多強。」

當被問及「為什麼能持續接受挑戰」時，他回答「正因為時間有限，才能更加激發挑戰的心情」「我希望從目標逆向思考，盡可能將時間投入在挑戰棒球的極限」。

注意到了嗎？大谷要挑戰的對象從來不是別人，而是他自己。就如他所言：「我想挑戰自己，我想知道當我步上與別人迥然不同的道路之後，最終將成長為什麼樣的球員。」

追求棒球人生中的自我實現，不斷向更高層次挑戰，這就是驅使大谷永不停止進步的動力。

4 努特巴爾——九歲加州男孩的日本野球夢

Z世代的年輕人又稱為「數位原生世代」，生活離不開網路。有趣的是，栗山英樹監督就是靠即時通訊軟體的三部曲，成功招募到本屆WBC日本武士隊的當家中外野手及開路先鋒，而無所不能的水原一平又一次扮演關鍵的角色。

第一部曲：LINE訊息的一張照片

栗山接任日本武士隊監督之後的某一天，退役火腿投手、綽號「手帕王子」的齋藤佑樹透過LINE發來訊息：「您會選擇日裔球員嗎？我看到有關拉斯．努特巴爾（Lars Nootbaar）的報導，我傳給您。」隨後傳來一張照片。

這是齋藤高中時期的美好回憶。二〇〇六年，包括田中將大（駒

「從第一印象開始，他（努特巴爾）就是我們所認識的那個人：一生懸命，一片至誠，擁有為日本武士隊而戰的靈魂。」

——栗山英樹

大苫小牧高）及齋藤（早實高）在內的日本高校代表隊遠征美國，當時努特巴爾的父母申請成為寄宿家庭，負責接待船橋悠（早實高）、塩澤佑太（帝京高）兩名選手。

說到努特巴爾的父母，母親久美子出身埼玉縣東松山市，專校畢業後赴美留學，認識就讀加州理工州立大學的查理。查理是荷蘭裔美國人，正計畫畢業後去日本留學，並已安排埼玉縣坂戶市當地的寄宿家庭。

久美子心想：「欸！離我家好近哦！」於是兩人相約在日本碰面。不料查理的寄宿家庭因故取消，他詢問是否可以住在久美子家，故事就這樣展開了。

查理後來進入日本企業東洋水產任職，幾年後調職到西雅圖，最終輾轉回到南加州的家鄉定居。夫妻倆育有兩男一女，拉斯是最小的兒子，他和父親、哥哥都熱愛打棒球。

事實上，久美子也是棒球迷，她中學時期參加壘球隊，即便嫁到美國後仍然持續關注甲子園，她甚至知道齋藤與田中在二〇〇六年夏季甲子園決賽的那場經典對決。

當久美子獲悉齋藤與田中這兩名代表這個世代的高校投手將聯袂前來美國比賽之後，為了熱愛棒球的兩個兒子（也為了她自己），於是申請成為寄宿家庭。寄宿在努特巴爾家的船橋、塩澤非常疼愛當時只有九歲的拉斯，「有一個超熱愛棒球的少年」這件事在日本代表隊傳開了，拉斯經常受邀去參加練習並擔任球僮。

日本代表隊的這群大哥哥都很友善及開朗，對拉斯尤其親切。離別時，他們將日本代表隊那頂繡有大大「J」字的球帽送給拉斯，帥氣的齋藤還和他拍了一張合照，也就是後來齋藤傳給栗山監督的那張照片。依依不捨的拉斯忍不住大哭，「再來玩啊」、「謝謝你們對我這麼好」。

身為母親的久美子看在眼裡，她深刻感受到這群來自日本的高校男孩對拉斯成長過程的影響，拉斯模仿他們，將棒球帽的帽簷摺成圓弧狀。日本代表隊歸國的隔年（二〇〇七），十歲的拉斯入選當地少棒聯盟明星隊，在拍攝自我介紹影片時，拉斯先用日文說了句「你好」，接著他所說的話連久美子都不敢置信：

「My name is Lars Nootbaar, No.21. And I'm a Japanese.」（我叫拉斯・努特巴爾，球衣背號二十一號，我是日本人。）

「I'm representing my country for Japan.」（我代表我的國家，日本。）

久美子回憶說：「當拉斯說自己是日本人時，表情一臉正經；但說到自己代表日本，他一邊伸手摸摸彎曲的帽簷，一邊微笑……連我也搞不清楚他到底是認真的還是玩笑話，也不知道他這麼說的動機為何。」

但可以確定的是，日本文化早就在拉斯心中生根、發芽，久美子的拿手料理是煎餃，每週末都會找朋友來家裡開煎餃派對；此外，有別於美國小朋友上學的便當大多是花生三明治或簡易的美式家常菜，久美子堅持給三個孩子準備飯糰或滿滿日式風味的手作便當，在學校屢屢引起同學圍觀，詢問：「這是什麼？」

「雖然我不是很確定，但日本文化在他心中，應該是慢慢變得親切又可愛了吧！」久美子笑著說。

題外話，當年寄宿在努特巴爾家的船橋、塩澤，他們至今仍和久美子保持聯絡，每年聖誕節還會互寄卡片祝福。「他就像電影《小鬼當家》的麥考利・克金，是個性開朗、精力充沛又愛惡作劇的小男孩。他常常來和我們一起熱身、傳接球，大家都很喜歡他。」塩澤回憶起拉斯時笑著說。

二〇二二年某天深夜，船橋偶然在紅雀季後賽的新聞中看到拉斯的名字，他查證後確認就是當年那個「超熱愛棒球的加州少年」。船橋在當年高校代表隊的LINE群組分享這個消息，雖然僅僅是十六年前短短幾天的回憶，但所有人立馬回答「那個拉斯啊，我記得他」、「我記得啊」，齋藤則感性地說：「冷靜回想，這真是太不可思議了！」

十歲那年渴望代表日本的加州男孩，如今成為日本武士隊的一員，看在這群已步入中年、甚至離開棒球很久很久的日本大哥哥眼中，格外欣慰。

第二部曲：Instagram的陌生訊息

接下來輪到萬能的一平登場了。

二〇二二年大聯盟球季尾聲的某個休息日，努特巴爾正在客場的飯店房間休息時，手機突然傳來「叮」的一聲。

這是一則自稱「大谷翔平的翻譯」、名叫「水原一平」的人傳來的Instagram陌生訊息，內容如下：「如果方便的話，請隨時撥打我的電話號碼如下，不勝感激。」努特巴爾第一時間就回電了。

「雖然還無法確定，但如果入選日本武士隊的話，我想知道你是否有興趣？」一平問道。

「真的假的！」努特巴爾非常驚訝，但他沒有理由拒絕呀！他立馬回答：「是的！」「當然！」

一平銜命接洽努特巴爾，而他背負的是栗山監督對「多元化」的期許。栗山認為：

「現在是多元化的社會。相較於昭和時代，我們感受到在日常生活中，遇到外國人的機會壓倒性地增加。為了發揮多樣性人才的潛力，日本武士隊也必須如此考量。」

「在這個全球化的世界，我們有責任向孩子們傳達這個訊息：這樣的人（成為夥伴）是非常普遍的存在。」

包括大谷在天使隊的捕手搭檔、三十九歲的鈴木清（Kurt Suzuki）在內，列入候選的日裔大聯盟選手共有六至七人，而且初步回覆都有意願參加。雖然日方初步確認努特巴爾符合代表日本國家隊出賽的資格，但問題來了：即便努特巴爾有參賽的主觀意願，但是否非他不可？他能否在短時間融入日本武士隊及日本野球文化？

說實話，包括教練團成員在內，大多數人聽到努特巴爾名字的第一個反應都在問「他是誰」；進一步檢索努特巴爾的比賽數據後發現，二〇二二年球季他在紅雀隊的打擊率是偏低的二成二八；再者，努特巴爾的主要守備位置是右外野，就算要找「第一棒，中外野手」，日職也還有近本光司（阪神）及塩見泰隆（養樂多）等人選。如何說服球隊內部有非他不可的理由？日本球迷能接受嗎？

還有一個問題來自紅雀球團的態度。紅雀堪稱大聯盟支援ＷＢＣ最力的球團之一，除了兩門主砲保羅・高史密特（Paul Goldschmidt）、諾蘭・亞瑞納多（Nolan Arenado）效力美國隊之外，球團也同意旗下選手加入韓國、墨西哥、加拿大、義大利等隊。球團雖然不反對努特巴爾參加國際賽事，但希望能確保他在武士隊有足夠的打席數，畢竟他中途離開春訓營，如果在ＷＢＣ沒有太多上場機會，可能會影響大聯盟開季。

第三部曲：視訊面試

兩個月後，努特巴爾在南加州的老家與栗山監督視訊會面。當努特巴爾戴著那頂繡有大大「J」字的日本高校代表隊球帽、壓低帽簷說「嗨」的那一瞬間，栗山監督就決定是他了：

「這是我第一次看到大聯盟球員戴著日本的球帽還深深遮住眼睛……我感受到他對棒球一生懸命的熱忱，以及待人接物的赤誠，我相信這些都能傳達給觀眾。」

「從第一印象開始，他就是我們所認識的那個人：一生懸命，一片至誠，擁有為日本武士隊而戰的靈魂。」

「他的父親有荷蘭血統，他也收到來自荷蘭隊的邀請。因此在他踏進鎂光燈閃耀的球場之前，我們的戰鬥早就開始了。」

有此一說，當栗山監督看到努特巴爾戴著大大「J」字的球帽出現在螢幕時，還對他鞠躬說：「謝謝你戴著那頂帽子。」不難想見努特巴爾帶給栗山的感動。

在WBC開戰前夕，齋藤佑樹受邀擔任電視台的特派記者，與努特巴爾相隔十六年之後再次於美國相會。齋藤在Instagram發文分享自己的感動：「當年的小男孩如今已長成健壯的棒球選手，重逢的喜悅讓我的眼淚差點奪眶而出，我再次向棒球之神表達真摯的感謝。」

5 努特巴爾——為日本而戰的武士魂

二〇二三年九月十二日下午，金鷲球場。

客隊紅雀正在場上進行打擊練習，努特巴爾就站在打擊籠旁邊等待練打，但他的目光始終沒有離開場邊那個穿黑色T恤的身影。

那是藤浪晉太郎，他正站在護網前為球迷簽名。藤浪似乎也察覺到努特巴爾熱切的目光，兩人眼神交會後，彼此迎上前握手微笑，聊了幾分鐘。這是努特巴爾本季難忘的回憶之一：「如果沒有WBC的經驗，我一定不敢向藤浪先生或千賀先生自我介紹。當然，我很想見他們，但我沒有勇氣主動打招呼，因為他們可能會想：『拉斯．努特巴爾是誰啊？這人怎麼怪怪的？』」

但在WBC之後，這一切不用擔心了。

「從小我就對日本選手非常感興趣，但除了家人之外，我想應該沒有人知道我有日本血統。多虧WBC讓藤浪先生、千賀先生這些大聯盟日本

「他（大谷）的所作所為是我們前所未見的，他是天才，但重要的是，他是個更好的人，我發自內心地這麼認為。」

——拉斯．努特巴爾

選手開始稍微認識、甚而熱情地歡迎我。這讓我非常開心，也心懷感激。」努特巴爾笑著說。

但其實努特巴爾第一個主動認識的是退役傳奇球星，也就是他和媽媽久美子的共同偶像，鈴木一朗。

鈴木一朗的金玉良言

二〇〇一年，一朗成為大聯盟史上第一位日本野手，當時住在南加州的努特巴爾才三歲。母親久美子是一朗的狂熱粉絲，她常穿一朗的T恤，告訴兒子要以這位水手傳奇球星為標竿，秉持日本人的精神力，懷抱對棒球最崇高的敬意，矢志不渝地打棒球。

WBC結束後不到一個月，紅雀作客西雅圖展開三連戰。四月二十一日賽前，努特巴爾注意到那個在右外野伸展活動的熟悉身影，於是鼓起勇氣跑上前自我介紹。他事後回憶說：

「這場會面就像夢一樣不真實，我超級緊張，無法用言語表達內心的喜悅。我從來沒想到能親眼見到一朗先生，多虧日本武士隊讓我實現了永生難忘的相遇。」

「我當面向他感謝他所做的一切，他是我的榜樣，我受到他的影響很深遠，非常謝謝他。」

比賽結束後，努特巴爾在更衣室展示一朗送他的水手主場白色球衣，另一件深藍色的五十一號球衣則用銀色簽字筆簽上一朗的名字。不過這件簽名球衣很快就從「私人收藏」變成「傳家寶」。

「被我媽媽搶走了。不是我送她，是被她搶走的。媽媽是一朗先生的鐵粉，是她教會我一朗有多偉大，因為對她來說，一朗就是最偉大的人。上次媽媽帶朋友來聖路易看我時，就順手把簽名球衣給帶走了。不過她有警告朋友『不准碰』，呃，看在她把球衣當成傳家寶一樣愛護的份上，我就原諒她了。」努特巴爾笑著說。

然而有一個寶物是媽媽帶不走的，那就是朗神的金玉良言。一朗告訴努特巴爾「要經常保持身體靜止，視線才能維持穩定」，意思是：在跑壘或守備時應該避免多餘的動作，避免因為頭部晃動而影響視線的穩定。「我終於能理解『穩定性』在比賽中有多重要。今年我的盜壘數創下生涯新高，守備也有進步，一朗先生的建議對我幫助很大。」努特巴爾說。

大谷翔平的暖心小故事

努特巴爾的另一個偶像不是別人，正是武士隊隊友大谷翔平。剛抵達名古屋的努特巴爾，一個人都不認識，也不會說日文，正當他在更衣室摸索著如何置放行李時，翔平給了他一個大大的笑容，並且用英文問候他「嘿！拉斯，你家人都好嗎？」讓一開始神經緊繃的努特巴爾馬上放鬆下來。

翔平還有另一個暖心的小故事，這件事發生在日本武士隊從名古屋搭新幹線前往大阪的路上。照慣例，選手在移動過程中必須穿著統一訂製的西裝，但翔平卻穿便服。雖然翔平沒說原因，不過栗山監督卻猜到了他的心意：原來是新來的努特巴爾還沒收到移動用的西裝，翔平為了讓新同學不顯孤單，於是和他一起穿便服，這就是翔平的體貼。

抵達東京巨蛋後，媒體問到與大谷相處的感覺，努特巴爾毫不掩飾自己對大谷的崇拜：

「我想我們所有人都在關注他。我們會做好自己的練習，但同時也在偷偷注意他。這不僅是出於尊敬，更因為他是這個星球的最佳棒球選手，如果我們沒這麼做，那才真是傻了。」

「我跟你們沒有兩樣，我覺得自己就像一個球迷，有幸看到他的比賽，而且我很幸運能坐在第一排欣賞這一切。」

「他的所作所為是我們前所未見的，他是天才，但重要的是，他是個更好的人，我發自內心地這麼認為。」

除了大谷之外，努特巴爾身為第一位出生於日本境外的WBC棒球國手，教練團也費盡心思要讓他快速融入球隊。在抵達大阪、與阪神虎的強化賽之前，教練團內部正熱烈討論要如何歡迎努特巴爾。清水雅治教練建議，既然他的中間名是「Tatsuji」（日文名為「達治」，是他外祖父的名字，片假名則為「タツジ」），那就叫他「たっちゃん」（發音為「ta-chan」）吧！

在努特巴爾第一次參加武士隊的團隊會議上，佐佐木朗希穿著印有「たっちゃん」的T恤走進會議室，並分發給大家穿上。「這件T恤上面印有大大的『たっちゃん』，下面還有美日兩國國旗。一開始就被取綽號，讓我整個人都放鬆了。」努特巴爾感動地說。

「日本最棒了！我愛日本！」

二十五歲的努特巴爾給了日本球迷為他歡呼的理由。身為當家中外野手，他在預賽就演出兩次美技接殺；身為開路先鋒，他在七場比賽、三十三個打席有多達十四次上壘，兩次盜壘成功，得到七分，包括冠軍戰打回一分打點；就連他研磨胡椒罐的慶祝手勢，也在日本武士隊引爆流行，甚至帶動胡椒研磨罐在日本的銷量暴增。

而努特巴爾對日本則有更多的感謝：

「能在這次WBC代表日本參賽，對我的家人、特別是母親，都是最棒的回憶。『母親是日本人』這件事讓我深感驕傲，為了我們兄弟姊妹，母親有太多犧牲與奉獻。我相信對她的家人來說，這也是非常特別的一件事。我想把這面金牌送給母親。」

「自從返回美國以來，我告訴周遭朋友，離開日本真的感到很寂寞，我很想再次回到日本武士隊。此外，現階段雖然傾盡全力在大聯盟打球，但我希望在職棒生涯的某個時點，我也能在日本職棒打球。」

「日本最棒了！我愛日本！」

一個饒富趣味的花絮：大谷的專屬翻譯水原一平除了協助栗山監督招募不會說日語的大聯盟選手之外，他也在WBC比賽期間積極協助努特巴爾融入團隊，扮演後者與教練團的溝通橋樑。在日本武士隊奪冠後的記者會上，努特巴爾感性地以英語表達謝意，「感謝邀請我參賽的一平」，而這句話正是由一平本人翻譯成日語。語畢，現場日本記者哄堂大笑，充分反映一平深受媒體喜愛的程度。

預賽第二戰：對韓國

B組預賽第2戰

	1	2	3	4	5	6	7	8	9	R	H	E
韓國	0	0	3	0	0	1	0	0	0	4	6	1
日本	0	0	4	0	2	5	2	0	X	13	13	1

勝利投手　達比修（1勝0敗，防禦率6.00）

敗戰投手　金廣鉉（0勝1敗，防禦率18.00）

全 壘 打　梁義智（2）；近藤（1）；朴健祐（1）

比賽經過

兩隊先發投手同樣在第3局出現亂流。達比修在3局上半遭到梁義智兩分砲在內的3支安打狙擊，外加三壘手村上失誤，韓國先攻下3分；3局下半換金廣鉉連續四壞保送源田、中村，努特巴爾、近藤連續安打追回2分，中繼上場的元兌仁故意保送大谷，吉田2分打點一壘安打，日本反倒以4：3領先韓國。

5局下半近藤陽春砲，大谷二壘打，吉田高飛犧牲打，日本再下兩城。6局上半朴健祐陽春砲；6局下半中野三壘打，中村、努特巴爾、近藤連續獲保送，大谷適時安打，村上高飛犧牲打後，吉田、岡本又是連續安打，日本隊單局狂得5分。

7局下半日本隊再得2分，終場13：4大勝韓國隊，而且差點在第7局提前結束比賽。

日期　2023年3月10日　　時間　4小時04分

觀眾　41,629人　　球場　東京巨蛋

\ 圓陣 /

努特巴爾

作為兄弟，作為家人，我們還有六場比賽要打。昨晚的比賽釋放了緊張的情緒，今天就讓我們放手去打吧！

加油！上場吧！

6 鈴木一朗——從人生低谷到一戰封神的傳說

場景一：二〇二三年一月十六日，韓國首爾

「棒球是一項弱者可以戰勝強者的運動。」

「過去前輩們擊敗美國與日本，這次比賽我們也將全力求勝。」

說這些話的是大聯盟聖地牙哥教士隊內野手金河成，他是上一屆WBC韓國代表隊最年輕的選手，如今已晉升為看板球星，足以代表韓國在記者會上向美日叫陣。

而在後來韓國媒體專訪提及大谷翔平時，金河成也表現出頑強不屈的自信：

「球是圓的，沒人知道會發生什麼事。大谷選手在美國投打表現出色，但勝敗之間還存在許多『變數』。」

「更何況WBC是大聯盟開季之前舉辦的比賽，球員的狀況不可能達到百分之百。我們無須對『大谷』這個名字預設立場，自己做好準備最重

「假如因為一朗而輸掉比賽，我不會後悔；但如果不讓一朗上場而輸球，我會後悔一輩子。」

——原辰德

要。」

場景二：二〇二三年二月二十七日，美國亞利桑納州

因為一席「故意死球發言」遭炎上，韓國隊二十四歲的王牌終結者高祐錫公開致歉。高祐錫受訪被問及對決大谷的策略時脫口而出：「如果投到沒地方投，就直接丟他，讓他上一壘，然後和下一棒決勝負。」雖然事後澄清是玩笑話，但仍引起軒然大波。《東京體育報》球評伊勢孝夫就認為這種言論可能引發國際問題：「不管是不是故意，都有可能會造成重大事件。不僅是日本，就連他所屬的天使隊也不會保持沉默，屆時還有可能演變成日美韓的國際問題。」

場景三：二〇二三年三月十三日，韓媒《體育首爾》報導

韓媒爆料，韓國棒球委員會（KBO）在本屆WBC分組前曾經遊說大聯盟辦公室，希望不要將韓國隊分到A組，而是和日本一起分在B組，理由為「韓日大戰是票房好牌」，還表示雖然台灣想對上韓國，「但台灣不是我們的對手」。

說到棒球場上的「日韓對決」，許多球迷第一個想到的或許是韓國隊擊敗日本隊後，在投手丘插上太極旗的畫面。雖然日本在前五屆WBC三度封王，可是回顧日韓兩國過去九次交手，韓國拿下四勝，只比日本少了一場，更凸顯兩軍對戰之激烈。正因如此，即便分組預賽是在日本舉行，日本投打陣容也優於韓國，但金河成放話「球是圓的」、「弱者可以戰勝強者」，韓國棒球委員會主動在分組預賽向日本求戰（還順便踹了台灣一腳），高祐錫不惜對大谷丟觸身球，上述場景鮮明地反映出韓國強悍而不服輸的民族性。

至於二〇〇六年鈴木一朗的「三十年論」，以及二〇〇九年第二屆WBC從人生低谷到一戰封神、再到胃潰瘍，則是日韓對決不能不提的一段歷史。

原辰德：如果不讓一朗上場而輸球，我會後悔一輩子

二〇〇九年三月二十三日，美國洛杉磯道奇球場。

十局上半兩出局，一、三壘有跑者，背號五十一號的打者走進打擊區，站定後上半身微向前彎，兩膝內夾，右手握住球棒握柄的尾端，在臉和胸前畫出巨大的弧線，接著立直球棒，瞄準投手，左手順勢擦擦臉頰，再拉了一下衣袖。

這是鈴木一朗，投手丘上與之對決的則是綽號「蛇直球」的韓國隊終結者林昌勇。第二屆WBC日韓冠軍戰，打完九局兩隊戰成三比三平手，全場超過五萬四千名觀眾屏息以待。

賽後一朗告訴日本媒體，在踏入打擊區之前，他這輩子從來沒有這麼緊張過：

「我突然想，如果是敬遠四壞的話，就可以鬆一口氣了。」

「這是我第一次有這樣的念頭。畢竟這個打席如果沒打好，我人生的一切可就全部抹滅了。」

連極度自信的打擊天才都如此焦慮，WBC的壓力可想而知。

一朗在二〇〇九年WBC遭逢空前的打擊低潮，截至準決賽為止的八場比賽、三十八個打數只有八支安打，打擊率二成一一，得點圈打擊率更低迷，十三個打數二支安打，打擊率僅一成五四。

原辰德監督原本計畫將一朗擺在先發第三棒的位置，但他的打擊狀況並沒有隨著熱身賽而有所改善。正式比賽開打前，原監督問一朗想擔任第一棒還是第三棒，一朗回答：「這是監督決定的。」

原辰德想了想，他說：「好，既然你在水手隊習慣打第一棒，這次也從第一棒打起吧！」

聽到監督如此為他設想，一朗也不禁動容，他低著頭說：「非常感謝。」

不過WBC正式開戰後，一朗依舊打得荒腔走板。習慣了大聯盟投手的快節奏投球，一朗被亞洲投手扭腰轉身的大動作擾亂節奏，一度連續十二個打數無安打。媒體提議將他的棒次往後調，一朗甚至主動開口，請原辰德將他移出先發名單，但監督早有定見：**「假如因為一朗而輸掉比賽，我不會後悔；但如果不讓一朗上場而輸球，我會後悔一輩子。」**

原辰德將球隊的命運託付給一朗，也正因為他堅持將一朗排在第一棒，一朗才能在冠軍戰最緊要關頭有上場打擊的機會。

與林昌勇的「全八球對決」

回到與林昌勇的投打對決。前兩球球數一好一壞，接著一朗將第三、四球連續打出界外。

日本隊記錄員三井康浩回憶說，在與林昌勇對決之前，一朗專程走過來問他：「我該怎麼打？」三井聽到之後大感詫異。大多數打者在敵隊更換投手之後，都會向三井詢問新投手的球路、配球策略並尋求打擊建議，不過自信滿滿的一朗是唯一的例外。三井對此不以為意：一朗是神，神又何須聽凡人的意見？

不過這次顯然連朗神都遲疑了，他問三井，自己該鎖定哪種球路打。三井衡量當時的狀況後，他告訴一朗「你該打伸卡球」。

林昌勇投的第五球正是伸卡，就在一朗出棒將球撈出界外的同時，他第一次感覺到自己將贏得勝利：

「這一球我打成一個彈跳出界。但就在這一瞬間，我突然抓到擊球的感覺。」

「雖然打出界外，但我知道下次無論如何，我都能打成安打。」

第六球界外，第七球壞球，球數兩好兩壞。

第八球，林昌勇以招牌指叉球挑戰好球帶，這次一朗沒再錯過了，大棒一揮，中堅方向平飛安打！壘上兩名跑者內川聖一、岩村明憲相繼回來得分，擊掌歡呼。比數形成五比三，日本隊在這場比賽第三次超前比數。

十局下半，達比修有投出再見三振，守住一朗打下的兩分領先，日本完成WBC二連霸！道奇球場響起Kool & The Gang的神曲"Celebration"，一朗緊繃的臉頰終於放鬆，嘴角揚起久違的笑容。

拯救一朗走出低潮的川崎宗則

冠軍戰結束後，一朗得了胃潰瘍，這是他大聯盟生涯十九年唯一一次進入傷兵名單，足見WBC對他的心理壓力有多大。

日本隊打擊教練、前巨人明星二壘手篠塚和典，正是一朗兒時模仿打擊的對象。對於國家隊這些完成度極高的職棒球星，篠塚教練通常不會提供打擊建議，而是透過閒聊的方式來瞭解球員的近況；

倘若選手近況不佳，他通常不會直接問本人，而是透過他周遭親近的隊友旁敲側擊。

根據篠塚的觀察，二〇〇九年一朗在WBC走出低潮、冠軍戰狂打四支安打的關鍵因素，其實是隊友川崎宗則：

「川崎拯救了一朗。當一朗打不好而回到休息區之後，川崎一定會發聲鼓勵他，而且他們還在休息日一起練球。」

「川崎的存在對一朗極為重要。」

題外話，現年六十六歲、擔任讀賣巨人一軍打擊教練的篠塚，曾對本屆WBC日本武士隊的組成提出建言。他認為「現役大聯盟選手」將是決定成敗的關鍵：

「複賽之後遭遇大聯盟球星雲集的美國、多明尼加、波多黎各等隊，己隊大聯盟選手的情報絕對有必要。對這次的日本隊來說，擁有十一年大聯盟資歷的達比修有將發揮巨大的作用。」

「他們知道對方選手的特點，有助於戰術運用，並能讓己隊選手保持冷靜。」

回顧歷史，二〇〇九年WBC日本武士隊擁有一朗（水手）、松坂大輔（紅襪）、城島健司（水手）、岩村明憲（光芒）、福留孝介（小熊）等五名現役大聯盟選手，最終完成連霸；反之，二〇一三年第三屆WBC日本隊沒有大聯盟選手，二〇一七年第四屆僅有青木宣親（太空人）一人，這兩屆都在四強賽遭淘汰。

事實證明篠塚果然是神預言，大谷、達比修兩名經驗豐富的大聯盟球星，在日本奪冠過程起到關鍵的作用。

「三十年論」的具體實踐

十四年前，鈴木一朗在第二屆WBC冠軍戰的這支兩分打點安打，譽為WBC史上最偉大的一擊。也許你和我一樣已經看過這段影片無數次，但有多少人記得這支安打之後發生了什麼事？

在將壘上兩名跑者送回來得分之後，一朗站上二壘，就在林昌勇對下一棒打者中島裕之投出第一球的同時，一朗突如其來發動盜壘，輕鬆站上三壘壘包。即便全日本此刻正因一朗的超前安打而陷入瘋狂，但這名天才打者還是維持一貫的冷靜，**「兩出局之後，我通常不會盜壘。但這次我要用行動告訴韓國代表隊，棒球是有多麼嚴酷。」**

對照一朗掀起韓國群情激憤的「三十年論」：「我想帶給對方一種三十年內都無法趕上日本的感覺」。如今他用這場勝利提醒韓國球界，這不僅僅是一場勝利，更是他實踐「三十年論」的態度與精神。

7 達比修有——貫徹團隊至上的世代傳承

三月九日對中國賽後的英雄訪問舞台上，大谷翔平迫不及待地宣布隔天對戰韓國的先發投手，「我希望將今天的氣勢延續到下一場比賽。明天將由達比修桑先發，我會竭盡全力以火力援護他。」

相較於大谷的熱血，栗山英樹監督在賽後記者會的發言則走感性風：

「明天對韓國將是一場非常重要的比賽……我們將推出達比修擔任先發投手。」

「我們曾經談論過『希望將達比修有這個名字寫在出賽名單上』，這一天終於來了。對我個人來說也是非常重要的一場比賽。」

不過此時此刻的達比修，正在與自己的低潮艱苦搏鬥。

貫徹團隊至上的世代傳承

二〇〇九年第二屆ＷＢＣ封王戰投出再見三振、被隊友拋向空中慶祝，如

「我是懷抱著對日本的感恩之情在投這場比賽。」

——達比修有

今三十六歲的達比修已成為本屆日本武士隊最年長的選手。

對照參戰ＷＢＣ的其他大聯盟選手，絕大部分都如期參加大聯盟春訓及前幾場熱身賽，達比修如果只顧自己，他大可留在亞利桑納，不必趕在二月十七日第一天就前往宮崎合宿營報到了。

他這麼做，正是為了日本武士隊和年輕隊友們。

十四年前當達比修在ＷＢＣ奮戰時，這群年輕隊友都還只是小學及初中的年紀，面對他們仰望的眼神，達比修不惜犧牲訓練與調整的時間，將自己的變化球種以及大聯盟所學傾囊相授。正如栗山監督的觀察：「為了這個選擇，他付出自我調整困難的代價，雖然他說『我會想辦法的』，但由於他在宮崎貫徹團隊至上，個人狀況調整就被迫擱置了。」

更糟的是，根據ＷＢＣ大會規定，大聯盟選手只能參加開賽前的兩場官辦熱身賽。然而身為投手，為了確保足夠的登板間隔時間，可能連熱身賽都沒得參加，更增加調整的難度。

達比修就是陷入這樣的困境。超過四個月的休季期間，他唯一一次最接近實戰形式的投球是三月二日與中日龍隊的聯合練習，主投三局面對十二名打者，被打出三支安打失兩分，最快球速一五三公里。在自我調整困難又缺乏實戰之下，三月十日對韓國的世仇大戰就成為他休季四個多月來的初登板，壓力之大可想而知。

源田壯亮的鬥魂

無獨有偶，韓國隊同樣推出二〇〇九年ＷＢＣ的資深老將、三十四歲左投金廣鉉。金廣鉉被譽為韓國二十一世紀與柳賢振齊名的兩大左投，二〇二〇至二〇二一年效力聖路易紅雀隊戰績十勝七敗、通算防禦率二·九七，二〇二二年在韓職SSG登陸者隊則是十三勝三敗、防禦率二·一三；最重要的是他在國際賽有「日本殺手」的稱號，二〇〇八年北京奧運預賽、準決賽率領韓國連勝日本，是韓國全勝奪金的王牌投手。

日本武士隊則以不變應萬變，前五棒努特巴爾、近藤健介、大谷、村上宗隆、吉田正尚一字排開都是左打，並不因韓國推出先發左投而改派右打者，足見教練團對上位打線的信心。

兩名資深投手前兩局都維持無失分，金廣鉉甚至在日本前六個出局數拿下五次三振。三局上半韓國率先突破達比修防線，姜白虎二壘安打，梁義智隨即將達比修球速一三五公里的橫掃球打成兩分全壘打，連兩天開轟；兩出局後三壘手村上暴傳讓金河成上二壘，李政厚適時安打，韓國在這個半局一舉攻下三分。

三局下半日本由後段棒次反攻，第八、九棒源田壯亮、中村悠平接連選到四壞保送，第一棒努特巴爾、第二棒近藤適時安打追回兩分，中繼投手元兌仁上場後敬遠保送大谷形成滿壘，第五棒吉田兩分打點安打逆轉比數，日本以四比三反超前。

不過一項意外襲來：二壘跑者源田回壘遭牽制的過程中右手小指骨折，小指彎曲到一個不可能的角度。在回替補席短暫治療後，即便城石憲之教練已經指派中野拓夢接替上場，但源田仍堅持重回球場完成跑壘任務。

源田的鬥魂激勵全隊士氣，成為這場比賽反敗為勝的轉捩點，但他的受傷也打亂了教練團的布局，「日本武士隊成軍一開始確定了兩名選手，其中之一就是源田。既然目標是以投手力取勝，他的游擊守備是我們不可或缺的存在。」栗山監督說。

在比數逆轉後，達比修退場休息，左投今永昇太中繼三局只失一分，宇田川優希、松井裕樹、高橋宏斗接力各投一局無失分，最後就在近藤開轟、大谷兩支安打、吉田單場三安猛打賞及五分打點的帶動之下，以十三比四大勝韓國。

日本本土的告別賽？

這場比賽距離達比修上一次在日職先發登板，已經是四千一百五十天前的事了，那是二〇一一年十月二十九日洋聯高潮系列賽，日本火腿與西武首戰，地點在札幌巨蛋。相隔十一年重返日本的投手丘，包括母親郁代女士、初中時期參加全羽曳野少年硬式野球團的山田朝生監督、東北高校時期已故若生正廣監督的遺孀正子女士，都在東京巨蛋觀眾席注視著他。

至於達比修上次效力日本武士隊更是超過五千天前的事了，當時的靈魂人物是鈴木一朗，年輕氣盛的他只有二十二歲；兩年多以後，當達比修決定循入札制度挑戰大聯盟時，日本火腿一軍比他年輕的也只有齋藤佑樹與中田翔。

睽違十四年重返國家隊，如今達比修已是球隊的精神領袖，他深知自己背負冠軍奪回與經驗傳承的雙重使命；旅美長達十一年、三十六歲的年紀，他更認知到這有可能是他最後一次站上日本的投手丘，因此內心滿滿的珍惜與感激：

「由於是睽違十多年在日本的首場比賽，內心特別有感。或許這樣的機會不會再有，我一直想這可能是最後一次了，所以投得特別用心。」

「目前身處大聯盟，日本同胞少有機會現場看到我的比賽，非常謝謝大家。我是懷抱著對日本的

感恩之情在投這場比賽。」

二〇二二年球季結束後，達比修送給全羽曳野少年硬式野球團一輛巴士作為回報。而這一夜，他在世界舞台戰鬥的英姿，則是對全日本最好的回報。

8 達比修有——「在韓國，他是神人等級的存在」

在韓國有此一說：「就算玩剪刀石頭布，也不能輸日本！」一語道盡韓國人對日本的民族情結。尤其是運動賽場上，韓國選手對日本的比賽往往賭上性命一定要贏，在這種世仇對決的激昂情緒之下，民族性剽悍的韓國球迷對於日韓對決的比賽總是特別激情、格外亢奮。

不過本屆WBC或許是例外。回顧二〇〇六年首屆WBC準決賽的日韓大戰，韓國有三家媒體同步實況轉播，合計收視率高達四十三％，這種盛況比起世界盃足球賽有過之而無不及。為什麼本屆盛況不再？

其實原因不難理解。首先，韓國隊在過去兩屆WBC分組預賽就遭淘汰，即便棒球在韓國是高人氣的運動，但國際賽戰績欠佳，難免影響球迷的熱情。

其次，本屆WBC韓國隊缺少代表性的明星選手，二〇一九年國聯防禦率王、效力藍鳥的柳賢振以傷後復健為由，海盜一壘手崔志萬考量受傷風險及球團可能反對，雙雙缺席經典賽；至於當今韓國最強投手、二〇二二年韓職三振

「在韓國，達比修有是神人等級的存在。」

——韓國媒體

王及防禦率王安佑鎮（培證英雄隊）則因為高中時期的霸凌事件遭警方調查，而被踢出國家隊名單。

兩位大聯盟現役名將以及韓職最佳投手無法效力國家隊，基於國際賽經驗等因素的考量，本屆WBC韓國隊平均年齡二十八．四歲，比日本武士隊的二十六．五歲大了將近兩歲。再對照本屆日本武士隊號稱史上最強，就算連剪刀石頭布也不想輸的韓國媒體和球迷，也不得不承認己方居於絕對的劣勢。

大聯盟實力的投手，就連粉絲服務也是全球頂級

回顧WBC的日韓對戰史，堪稱兩國民族情結的縮影，尤其是二〇〇六年鈴木一朗的「三十年論」、二〇〇六及二〇〇九年韓國隊兩度在投手丘插上太極旗，乃至於本屆賽前韓國投手高祐錫對大谷翔平的「故意死球發言」，日韓情結看似無解，但達比修有卻是極少數的例外。

達比修在韓國受歡迎的表面原因或許不難理解：他過去與秋信守在遊騎兵有同隊之誼，現在在教士則與金河成並肩作戰，受惠於韓國媒體的大篇幅報導，連帶使達比修在韓國具有高知名度；此外，達比修在韓國球界的評價極高，韓國媒體盛讚他是「全大聯盟滑球的第一號投手」；說到「現役最強亞洲投手」、「從小投球的偶像」，不少韓職投手也會第一時間提到達比修，例如韓職SSG登陸者隊投手盧景銀自承「看過許多達比修的投球影片」，韓職LG雙子隊明星二壘手鄭根宇則盛讚「論球速是大谷最快，但達比修滑球的位移極其犀利，是我看過最難打的滑球。」

不過韓國媒體形容達比修在韓國「是神人等級的存在」，這種認知不光是球技，更是對他人格的推崇，下面這個事件在韓國媒體與球迷之間幾乎已成為傳說。

二〇一六年，達比修在Instagram發了一張棒球手套的照片，他在引言寫道「剛訂製的新手套不合用」。有個韓國球迷便在貼文底下大膽留言：「我是達比修選手的鐵粉，如果你用不到這個手套，可以送給我嗎？我會視它如至寶。」

這位球迷萬萬沒想到，不久之後，達比修簽名的紅色手套與遊騎兵的藍色球衣，竟然真的從美國寄送到他手上！

韓國球迷狂喜的表情登上韓國各大新聞，成為媒體與球迷討論的熱門話題，「大聯盟實力的投手，就連粉絲服務也是全球頂級」，就此成為韓國球迷對達比修最深刻的印象。

還有一件事也讓達比修在韓國備受尊敬。二〇一二年五月，達比修在對天使先發的比賽前邀請翻譯和訓練員一起去吃韓國料理，還在推特（Twitter）分享合照。隔天他狀況不佳，先發五．一局被打出二支安打失三分，賽後一位日本球迷在他的推特留言：「你就是吃了骯髒的韓國料理才會這樣，請反省吧！」

妙的是達比修竟然親自回覆：「**你也太閒了吧！三十五歲，該像個大人了！**」

對照國內外諸多公眾人物，在網路的虛擬世界遇到不理性的網友攻擊，往往選擇息事寧人，視若無睹或客套回應，達比修耿直的作法不僅讓網友刮目相看，更贏得韓國人的尊敬。韓國媒體在這個事件如此稱讚達比修：

「痛快的回應！」

「這已經不是棒球事件了。他是有個性、有骨氣的男人，實在太酷了！」

回到達比修三月十日對韓國隊先發的比賽。雖然韓國在前一場比賽以七比八敗給澳洲後，必須背水一戰拉下日本，但從網路的回應不難發現，韓國媒體與球迷似乎更期待看到達比修與韓國隊睽違十四年的國際賽對決。他們期待看到韓國打者如何攻略達比修，這種對於投打對決的期待，似乎超脫了對日本必勝的執念。

達比修的存在，也許某種程度上改變了棒球國際賽日韓世仇的氛圍。

改變「日韓世仇」氛圍的男人

日韓戰的隔天，三月十一日，達比修在推特貼文分享賽後心得：

「昨天是我從二〇一一年以來第一次站上日本的投手丘，這也是我在二〇一二年赴美挑戰之後多次夢到的畫面。真的很高興。」

「日本隊在落後三分之下，不管是球迷，或是選手與教練，都展現了高度的凝聚力。能親眼見證日本全體團結一致打贏這場比賽，我很感動。」

除此之外，達比修也表達對韓國的尊敬：「韓國隊打者的揮棒很犀利，身體素質強，是一支非常棒的球隊。」

至於這場比賽的投球結果雖不盡如人意，但日本球迷在貼文下面熱烈留言支持達比修：

「達爾桑，昨天辛苦了！」

「能在現場看到達爾桑投球，實在太幸福了！」

「看達比修桑投球，是我這輩子最珍貴的回憶！」

連韓國球迷都由衷佩服的男人，棒球迷，你怎能不愛達比修？

預賽第三戰：對捷克

B組預賽第3戰

	1	2	3	4	5	6	7	8	9	R	H	E
捷克	1	0	0	0	1	0	0	0	0	2	4	1
日本	0	0	3	4	1	0	0	2	X	10	11	1

勝利投手	佐佐木（1勝0敗，防禦率0）
敗戰投手	薩多利亞（0勝1敗，防禦率9.00）
救援成功	宮城（1救援成功，防禦率1.80）
全 壘 打	牧秀悟（2）

比賽經過

日本隊先發投手佐佐木3.2局送出8K，唯一的失分是非自責分；捷克隊先發投手薩多利亞雖然最快球速僅127公里，但面對日本前4名打者投出3K，捷克隊打完3局上半以1分領先。

日本隊則在3、4兩局猛攻7分逆轉比數，5局追加1分，8局再靠牧全壘打與連續安打攻下2分，連兩場得分達雙位數。終場日本隊以10：2擊敗捷克隊。

日期	2023年3月11日	時間	3小時26分
觀眾	41,637人	球場	東京巨蛋

\ 圓陣 /

甲斐拓也

東日本大震災屆滿12週年的今天，有許多人正在看我們的棒球比賽。

嶋基宏桑曾經說過一句話：「為他人而努力的人是最強大的。」

今天我們會全力奮戰，過程中也許會發生失誤，但我們一定要互相支援，互相幫助，堅持到最後。

今天也要拿下勝利！上場吧！

9 捷克隊——WBC的灰姑娘，超越勝負的感動

該如何形容日本與捷克之戰？一言以蔽之，就是「超越勝負的感動」。

首先，這場比賽是在二〇二三年三月十一日，正好是三一一大地震屆滿十二週年。地震發生的時間是下午兩點四十六分，由於前一場比賽還在進行中，因此日本武士隊選手們等到前一場比賽結束後、大約三點二十分，全員聚集在東京巨蛋一壘界外區圍成圓圈，為地震的罹難者默哀。

岩手縣陸前高田市出身、在地震中失去父親與祖父母的佐佐木朗希，在這場別具意義的比賽擔任先發投手，主投三・二局飆出八次三振無自責分，另一位岩手縣出身的選手大谷翔平則有一支二壘安打、一分打點、一次盜壘成功的全方位表現，率領日本武士隊以十比二擊敗捷克隊。

不過另一個超越勝負的感動則是來自他們的對手捷克，這支首度參加WBC的「灰姑娘」球隊。

「跟雙方是什麼水準無關，光是喜愛棒球就值得尊敬，他們（捷克隊）是一群很棒的選手。」

——大谷翔平

捷克投手：WBC就是我們的大聯盟

為什麼捷克隊是灰姑娘？因為一開始多數人都不看好他們能闖過資格賽。捷克在二〇二二年秋天於德國舉行的A組（歐洲、非洲國家）資格賽首戰，一如預期地以七比二十一的懸殊比數敗給西班牙，但在落入敗部之後接連戰勝法國、德國，最後對西班牙復仇成功，成為本屆首次在大會亮相的三個國家之一（其他兩國為英國、尼加拉瓜）。

另一個灰姑娘傳說是：捷克在三月十日首戰中國就以八比五取得會內賽史上的第一勝，而且在預賽最後一場對戰澳洲之前，他們仍然保有晉級八強複賽的機會。「哇咧！我只跟公司請假到預賽結束為止，萬一打進複賽該怎麼辦？」部分捷克選手在比賽前一晚的忐忑不安，像不像灰姑娘瀕臨十二點擔心魔法失效的心情？

說到「跟公司請假」這件事，捷克以冰上曲棍球聞名，國內沒有職棒聯賽，因此WBC代表隊是由業餘球員與大學生組成，有部分選手甚至因為工作不能請假而無法參賽。

而且捷克隊從教練到選手，每個人職業大不同。總教練帕維爾．哈丁（Pavel Chadim）是神經科醫師，他的偶像是鈴木一朗；投手馬丁．施奈德（Martin Schneider）、翁德雷．薩多利亞（Ondrej Satoria）、馬利克．米納里克（Marek Minarik）分別是消防員、電力公司技師、房仲業務員。

三十七歲的投手施奈德兼守游擊，和大谷一樣是二刀流，「我從七歲開始打棒球到現在，已經持續三十年了。從小我就夢想將來有一天能成為大聯盟選手，不光是我，所有國家隊成員都有同樣的夢想。但在棒球不普及的小國捷克，這樣的機會微乎其微。所以對我們來說，WBC就是我們的大聯盟，能在這麼多觀眾面前，對戰世界頂尖選手，這才是我們的舞台。」施奈德說。

由於消防員工作性質特殊，施奈德必須連續值勤二十四小時後休息四十八小時，因此他每三天才能練球一次。儘管如此，身為王牌投手的他在資格賽最終戰對西班牙先發六．一局只失一分，拿下晉級會內賽最關鍵的一場勝利；B組預賽最終戰對澳洲先發五．一局只被打出一支安打失一分，如果不是因為達到用球數限制而被換下場，勝負還未可知。

全隊唯一有大聯盟經驗的是三十七歲的內野手愛瑞克．索加德（Eric Sogard），但他在二〇二二年之後就沒有在大小聯盟出賽的紀錄。除了他以外，隊長彼得．宰瑪（Petr Zyma）正職是金融分析師；一壘手馬丁．穆齊克（Martin Muzik）是牙醫，他在對中國之戰九局上半夯出三分砲逆轉比數；三壘手菲利普．史莫拉（Filip Smola）是KPMG會計師事務所審計員；外野手阿爾諾斯特．杜博維（Arnost Dubovy）是高中地理及體育老師，雅各．葛拉普（Jakub Grepl）則是大學生。

雖然捷克最終無緣八強，但他們卻成為東京分組預賽除日本武士隊之外的最大亮點：一是戰績，日本在B組拿下全勝，而捷克則是唯一能在比賽中領先日本超過一局的球隊；另一則是人氣，日媒普遍認為本屆在東京出賽的六支外國球隊當中，捷克最受當地球迷的喜愛。

捷克隊的高人氣主要來自他們猶如野球少年般的天真熱情，以及歐洲紳士風度，以下兩個小故事就是最好的例子。

「令和怪物」觸身球後親送零食賠罪

四局上半，朗希的一六二公里速球失控砸在捷克打者威廉・艾斯卡拉（William Escala）的膝蓋上，打者當場倒地不起，表情痛苦不堪；全場觀眾由驚呼轉為一片靜默，包括日本武士隊替補席在內的所有人都關心地注視著他。

經過防護員檢查後，艾斯卡拉一跛一跛地站起身來，全場不分捷克或日本球迷都報以熱烈掌聲。隨著他走上一壘，掌聲愈來愈大。或許是感受到現場擔心的氣氛，艾斯卡拉站上一壘壘包後大動作地來回短跑衝刺，似乎想告訴現場觀眾「我沒事」，爽朗的態度引爆喝采。

分組預賽結束後，朗希提了兩大袋羅德出品的零食以及簽名球，去捷克隊下塌的飯店向艾斯卡拉表達歉意，這個紳士舉動讓對手倍感窩心與尊重。回到捷克後，艾斯卡拉在社群媒體發布兩人的合照作為回應，配上「Respect」字樣以及握手連結日本與捷克的表情符號，祝福朗希決賽順利。

大谷向捷克隊表達敬意的巧思

另外一個場景則發生在三局下半，本業是電力公司技師的捷克先發投手薩多利亞用三顆球速不到一三〇公里的慢速球三振大谷，回到替補席後，攝影機捕捉到他高舉這顆三振大谷的比賽用球傻笑的表情。球迷紛紛在社群媒體留言：「回去可以向同事炫耀了」、「這件事可以說嘴好幾輩子」。

賽後薩多利亞向媒體表示，希望大谷能在這顆球上面簽名，這個看似有些失禮的請求，大谷卻大器地幫他圓夢了。三月十四日下午，在捷克隊工作人員（也是第一位參加捷克棒球聯賽的日本人）田久保賢植的牽線之下，薩多利亞、史莫拉、米納里克等選手在返國當天前往東京巨蛋拜會日本武士隊，薩多利亞送上全隊簽名球衣給大谷，大谷則以簽名球、簽名球棒作為回禮。

這個故事還有續集。幾天後大谷從邁阿密國際機場入境美國時刻意戴上捷克隊的棒球帽，以行動證明自己曾在Instagram限時動態表達對捷克隊的尊敬，絕對不是說說而已。對於大谷的運動家風度，捷克棒球協會在官方推特分享他反戴捷克球帽的照片，貼文寫道「為了參加準決賽，日本代表隊已經抵達美國。大谷翔平戴上捷克的球帽，這是何等的榮幸！」田久保也代表捷克選手致上謝意：「我想這就是大谷選手表達尊敬的方式，我非常感激。」

在大谷的明星效應發酵之下，捷克球帽掀起搶購熱潮。大聯盟官網記者麥可·克萊爾（Michael Clair）在推特分享盛況：「哇！就在大谷被拍到戴捷克球帽之後，他們的帽子全部完售，看起來這是在邁阿密周邊商店唯一買不到的球帽。」「網路商店也完售，大谷翔平的帶貨能力真是太驚人了！」

正如大谷所言：「跟雙方是什麼水準無關，光是喜愛棒球就值得尊敬，他們是一群很棒的選手。」

美媒：捷克隊偷走了日本球迷的心

捷克隊在B組預賽最終戰結束後，全體隊員高舉雙手致意，觀眾則起立鼓掌回應。觀眾席上除了大約兩百名捷克同胞之外，還有許多專程來為捷克加油的日本球迷。

就如克萊爾所言，捷克隊偷走了日本球迷的心。許多日本網友以英語留言鼓勵捷克隊：

「Thank you for the amazing game!」（感謝你們精彩的比賽！）

「I was so moved by your amazing team and baseball! Thank you!」（你們出色的球隊與棒球表現讓我非常感動！謝謝你們！）

「Thank you for the wonderful memories! Czech Republic is the best!」（感謝你們帶來美好的回憶！捷克最棒！）

回顧一週前，捷克代表隊第一次走進東京巨蛋，看到華麗的更衣室與一應俱全的棒球裝備後，他們形容自己就像「走進不可思議王國的愛麗絲」。的確，對捷克隊來說，這可真是一場奇幻旅程。

在日本武士隊奪冠之後，他們遠從歐洲傳遞最誠摯的祝賀與祝福：

「向這個充滿棒球熱情、同時尊重他人生活與價值觀的國家致以誠摯的祝賀。」（捷克棒球協會）

「這是一個培育出一朗、佐佐木、大谷這樣的選手，而且在球場內外都是榜樣的國家。我們夢想著兩國之間能有更多比賽。」（總教練哈丁）

「這個冠軍頭銜屬於一支毫無爭議的球隊，恭喜你們，日本！毫無疑問，這是實至名歸的榮耀。能和你們一起站在東京巨蛋的球場上，我們真是太幸運了。」（隊長宰瑪）

吉井理人：大谷的個性很「胖虎」

三一一大地震屆滿十二週年這一天，岩手縣出身的佐佐木朗希與大谷翔平聯手為日本武士隊拿下預賽三連勝。擔任ＷＢＣ代表隊投手教練、現任羅德監督的吉井理人先後帶過大谷與佐佐木，他提及對兩人的期許。

吉井監督在家鄉和歌山縣有田市的一場脫口秀，聊到他心目中大谷的真實樣貌：「論個性，他就像《哆啦A夢》裡的胖虎，非常熱愛打棒球，總是站出來說『我要做』，而且有自信能做到最好。」事實上在日本，「胖虎型」（ジャイアン型）常用來形容「有些調皮但非常努力，而且不服輸的人」，像不像大谷的個性？

吉井認為這樣的選手在球隊中往往能起到正面的帶頭作用：「擁有像胖虎這種熊孩子類型的選手實在太棒了，希望羅德隊也能有這樣的球員出現。」接著他開玩笑說：「如果是大谷來，那就更好了。」全場哄堂大笑。

這就是吉井監督對朗希的期許，記者問到羅德隊哪一位選手能成為大谷這樣的領導者時，吉井回答：「朗希應該可以，他有這樣的潛質。他會隨著年齡的增長而變得更好，就像當年的達比修一樣。」

朗希能成為站在隊友前方、鼓舞團隊士氣的領導者嗎？不只吉井監督與羅德球迷，更是所有日本棒球迷深切的期待。

10 拒絕強豪校！「令和怪物」三一一震災後的野球人生

本屆日本武士隊團體照的最大亮點：一九六公分的達比修有、一九三公分的大谷翔平、一九二公分的佐佐木朗希三名「巨」投排排站，引發日媒議論。

事實上，「身高」正是朗希模仿兩位賢拜的動機：「我一直很喜歡田中將**大，從小就模仿他。隨著年齡增長，我的體型變得更為瘦高，於是我開始模仿達比修有和大谷翔平。我認為模仿職棒選手是提升自己技巧的捷徑。」**

能和達比修、大谷兩位大賢拜一起練投，朗希掩不住興奮的神情，而這一切，投手教練吉井理人都看在眼裡。身為達爾與大谷在日本火腿時期的投手教練，又是朗希在羅德的現任監督，吉井對朗希的期待絕不亞於對前兩者。

三月初與中日龍強化賽的賽前練習時，吉井教練與大谷、朗希站在外野交談。吉井冷不防捏了捏大谷的肩膀，又捏了朗希的肩膀說：「朗希啊，你還差得遠，完全不同等級！」

吉井教練故意提及肌肉的差異，接著他觀察朗希受到刺激後的眼神，這種

「我會竭盡所能，透過比賽，傳遞勇氣與希望。」

——佐佐木朗希

強勢的表情讓他深感欣慰。從朗希不服輸的情緒爆發，再到WBC期間的快速成長，吉井教練已然看見朗希光明的未來。

故鄉岩手縣的「大量旗」

「從高田到世界！」

「Fight！岩手的希望！」

日本岩手縣陸前高田市一處購物中心內，放置了一幅巨大的應援旗，上面寫滿給朗希的留言。鄰近的大船渡市也準備了同樣的應援旗，屆時將在三月十一日WBC日本與捷克之戰現場直播的會場上公開展示。

朗希的故鄉岩手縣將這種應援旗稱為「大量旗」。總部設在陸前高田市的佐佐木朗希選手應援會以及大船渡市的大船渡運動員應援團共同企畫了這項活動，他們在這兩座城市的商場以及朗希的母校共放置六幅應援旗，旗布正中央是朗希在日本武士隊的球衣背號十四號，用來匯集當地市民、球迷、母校師長與學弟妹的留言與祝福。

儘管大量旗的面積頗大（長一三五公分、寬九十公分），但短短一個週末就被寫滿了。主辦單位趕緊追加兩面大量旗，另外準備一面日本國旗。

說到朗希，這位效力日職千葉羅德海洋隊、年僅二十一歲的強投，因為高中時期飆出破紀錄的一六三公里速球而被日本媒體譽為「令和怪物」。不過當地鄉親對他有不同的暱稱與小名：「世界的朗希」、「朗King」、「岩手之星」、「高田的希望」、「永遠的Hero」、「奇蹟的朗希」、「岩手的太陽」。

各種親切的暱稱布滿旗布的各個角落，其中有幾則留言署名為「父親的朋友」。亡父與家鄉，是朗希心中永難磨滅的記憶。

九歲那年，改變人生的一瞬間

二〇一一年三月十一日，當時朗希就讀陸前高田市立高田小學三年級。下午兩點四十六分，刺耳的警報聲在校園各個角落響起。「海嘯從四面八方席捲進校園，我只記得每個人拚死地往高處逃難。說實話，我一開始還不知道是怎麼回事，但至今仍清楚記得大家倉皇逃難的畫面。」朗希回憶說。

這正是三一一大地震發生的一瞬間，日本稱為「東日本大震災」。據統計，東北、關東、北海道等主要受災地區，尤其是離震央最近的岩手縣、宮城縣、福島縣的海岸線地區，共有超過兩萬兩千人罹難或下落不明，這當中也包括朗希的父親功太以及祖父母，父親離世時年僅三十七歲。

這場天災完全改變朗希的童年。他不僅失去至親，平時練習及比賽的棒球場、與父親一起傳接球的公園、騎腳踏車閒晃的小鎮、就讀的小學、與朋友在山上的祕密基地……充滿童年回憶的各個地方，一瞬間化為烏有。朗希所屬少棒隊監督村上知幸說：「地震發生後，我只有埋首於棒球，才能忘卻現實生活中的苦痛。我相信朗希也是如此吧！」

朗希在家中三兄弟排行第二，他追隨哥哥的腳步，小學三年級加入高田野球運動少年團。震災發生後，他們住在養老院改建的臨時避難所，隔年母親帶著他們三兄弟搬回娘家大船渡市。朗希強忍悲痛，在遍布瓦礫的空地上追逐白球。回顧這段過程，他說：

「那次轉學真的很痛苦，只有棒球陪伴我度過悲傷的時光。」

「就算人在避難所，我也會想辦法找來一顆球，然後和朋友玩起傳接球。我沒有手套，只能向別人借。在那段期間，能沉浸在棒球的日子真的很幸福。」

兒時的捕手搭檔及川惠介回憶說：

「從那時開始，他就有一種『不贏球勢不罷休』的決心。有一年除夕夜，我們還被他叫去練球，儘管這天是我們唯一的休息日。」

「他的生活就是棒球。除此之外，大概只有歌手愛繆的歌吧！」

「謝謝你，讓我看見夢想！」

朗希在初中三年級投出一四一公里的球速，儘管有大阪桐蔭、花卷東、盛岡大附屬等強豪校積極爭取他入學，但他卻選擇就讀當地公立高中岩手縣立大船渡高校。對朗希來說，棒球前途固然重要，但能和一起長大的好朋友們進入甲子園，一直是他的夢想。這群朋友和他一起走過災後重建的艱辛，在練球與比賽的過程中成長茁壯。

就這樣，在朗希的號召之下，這群童年玩伴和他一起進入大船渡高校就讀，為了踏上甲子園球場而努力。隊友回憶起童年時的朗希：「他是我們這群朋友中的老大，在球隊就如同監督般的存在。」

高中三年級春天，朗希一戰成名，他投出日本高校史上最快的一六三公里速球，刷新大谷保持的一六〇公里原紀錄，一夕之間成為媒體與球迷口中的「令和怪物」。

同年夏天，朗希率領大船渡高校打進岩手大會（夏季甲子園地區預賽）冠軍戰，距離進軍甲子園只差最後一勝。但在夢想即將實現的這一天，球隊監督國保陽平為了避免朗希連續出賽造成過勞及受傷，忍痛取消他登板主投，球隊因此以二比十二大敗給花卷東高校，賽後朗希忍不住流下悔恨的淚水。不過隊友和鄉親還是溫暖地擁抱他，他們對朗希說：「謝謝你，讓我看見夢想！」

透過比賽，傳遞勇氣與希望

從九歲這一年開始，三月十一日就成為朗希每年最特殊的一天。「我會竭盡所能，透過比賽，傳遞勇氣與希望。」這是朗希在二〇二一年三月十一日，也就是三一一大地震十週年紀念日，對家鄉許下的承諾。

二〇二二年三月十一日，他則表達內心的想法：「十一年過去了，但痛苦與悲傷並沒有隨時間而消逝。我之所以能像現在這樣投身職棒，是因為有許多人在背後支持我，我必須對這些支持我的人表達感謝。」

每年休季期間，朗希總會回故鄉與高中時期的隊友一起練球。「不忘本」、「不忘初衷」，這就是他回饋家鄉的方式。在陸前高田市開設中華料理餐廳的長田正廣是朗希父親的故友，朗希到現在仍會去拜訪他。「震災已經過了十二年，對這些重建的地區來說，佐佐木朗希三月十一日的投球，將帶給所有人希望。」長田在WBC賽前受訪時說。

傳承自父親的DNA

三一一大地震奪走了朗希摯愛的父親、祖父母與家園，也讓他體會到活著的可貴：「經過這件事，我理解到平凡的生活不會是永遠的常態，吃飯、洗澡、打棒球……我們現在擁有的生活並不會永遠存在。看似普通的日常生活，其實多麼幸福。」

曾任陸前高田市長的戶羽太認識朗希父親功太有很長一段時間，他形容功太是「言出必行的人，善於結交朋友，一起為工作而努力」、「待人親切，有行動力，不管是前輩或後輩，都樂意追隨他」。

朗希繼承了父親的DNA，高中時期他靠手裡的火球為家鄉帶來希望；而在三一一大地震十二週年，朗希進一步站上WBC的世界舞台，以先發三．二局無自責分、極速一六四公里、狂飆八次三振的夢幻表現，率領日本武士隊提前晉級八強。

在這場比賽結束後，陸前高田市及大船渡市居民將他們寫給朗希的大量旗送給他作為紀念。帶著家鄉父老的祝福，朗希的野球人生才正要開始。

11 十七歲的佐佐木朗希，短短一個月球速暴跌的真相

二〇一九年四月六日，日本U-18高校代表隊紅白戰，一個十七歲的高三投手橫空出世，飆出時速一六三公里速球，一口氣打破大谷翔平所締造一六〇公里的日本高校球速紀錄。

這名投手與大谷同樣出身岩手縣。伴隨著日本隔月將啟用的新年號「令和」，日本媒體開始稱呼他為「令和怪物」。

這名投手就是佐佐木朗希，而這正是他綽號「令和怪物」的由來。

朗希在高二就投出一五七公里的球速，而在那次U-18集訓期間，面對日本全國最強高校打者的挑戰，激發了他的腎上腺素。賽後朗希興奮地說：「我感覺體內注入了一股奇特的力量。」

捕手搭檔藤田健斗（現效力阪神）則對朗希的火球感到不可思議：「自從擔任捕手以來，這是我第一次害怕接投手的球。」

不過重點在後面。

「我希望每個人都能用心對待身邊最重要的親友，而不是將他們視為理所當然。」

——佐佐木朗希

短短一個月球速暴跌二十四公里的真相

約莫一個月後，朗希擔任大船渡高校某場比賽的先發投手，這場比賽吸引眾多職棒球探與媒體記者前來觀戰，結果卻讓現場所有人大失所望。朗希的最快球速竟然只剩下一三九公里，而且投球時揮動手臂速度之慢，連場邊記者都懷疑他是否在隱瞞傷勢。球速變慢之後的朗希為了壓制打者，只好大量摻雜慢速曲球，試圖擾亂打者的節奏。

在朗希球速崩盤之後，比賽結果已然不重要。一個月前才在全國舞台締造日本高校球速紀錄的天才大物投手，短短一個月球速竟然暴跌二十四公里（一六三公里降至一三九公里），這太詭異了。

到底發生了什麼事？賽後大船渡高校棒球隊監督國保陽平這麼解釋：

「根據骨密度檢測的結果，他的骨骼還沒完全長成。」

「我們當然對他的球速寄予厚望，但他的身體似乎還沒有強壯到可以承受這種球速的程度。以成年人的標準，他的骨骼、肌肉、韌帶、關節都還沒成熟。」

另有記者向朗希詢問當天的投球狀況，朗希回答他只用了「四至五成」的投球力道。換言之，他是在國保監督授意之下，刻意用省力的方式上場投球。

國保陽平監督正是朗希高中時期最關鍵的人物，他非常年輕，二〇一九年當時只有三十二歲。筑波大學畢業後，國保短暫前往美國獨立聯盟打球，歸國後從事教職，朗希入學時他也才剛就任球隊監督。

畢業於筑波大學的國保監督專攻運動醫學，他多次請教筑波大學專精運動解析的川村卓副教授，以及運動專科醫師馬見塚尚孝，希望能找到棒球選手受傷的癥結點。他們發現，導致投手受傷的主要因素不只是投球數，更與投球強度息息相關。國保監督說：

「投手平常練投時應該用七十％至八十％的力量投球，不能總是百分之百。」

「巨人投手菅野智之就是一個很好的例子，他在東海大學就非常擅於調節自己的投球力量，我認為這是對的。他之所以在進入職棒後沒有嚴重的故障，控制投球強度是一個重要的原因。」

因此，國保監督從運動科學的角度認為，朗希在全國高校代表隊全力投球，但在平日訓練及一般比賽則必須保留投球強度。他認為如果朗希從一開始就毫無保留地不斷全力投球，那在他冠上「令和怪物」封號之前，可能早就出問題了。

國保監督與朗希的上述作法聽起來不難，但實務上很難做到。高中選手經常被要求做任何事都要全力以赴，不管練習、正式比賽、表演賽……都是如此，傳統觀念認為這是對選手精神力的磨練、求勝心的養成。換個角度想，如果王牌投手只用五分力投球，這叫其他拚盡全力的隊友情何以堪？又如何作為全隊的表率？

另外一個難處則來自職棒球探。高三選手若表現不佳，直接影響的將是選秀順位，甚至牽動他進入職棒的可能性、未來職涯的發展性，因此選手往往連練習都要在球探面前使盡全力，深怕被冠上「練習偷懶」、「隱瞞受傷」等誤解。

國保監督看到了朗希的未來性，他必須保護這個可能成為日本王牌的年輕投手，只是這一路走來，談何容易。國保監督曾經決定不讓朗希在夏季甲子園岩手大會冠軍戰登板投球，消息一出，學校馬上被抗議的電話淹沒，國保更飽受各種辱罵與責難，最後大船渡高校就以二比十二的懸殊比分敗給花卷東高校。

輿論批評國保監督的決定，讓拚死練習的其他高三學生失去進入甲子園的機會。不過就如國保的恩師、筑波大學川村副教授所言：

「身為指導者，首要考量的就是選手的未來性，而不是摧毀他們。」

「當你的球隊裡有更多優秀的選手，你就更要讓他們知道『你們不是我的私人財產』。一個有前途的選手，說得誇張點，他就是『日本的寶藏』，不能為了我們自己而摧毀他們。」

因此，國保監督在賽前會綜合考量醫師、復健師、訓練員的建議，球場的氛圍，對方球隊的策略，和投手本身的動機，最後做出是否上場的決定。前述岩手大會冠軍戰的「迴避登板」就是一例，國保監督考量當天氣溫達攝氏三十一．九度，並觀察朗希的精神負荷與投球動作，研判有受傷的風險，於是取消他的登板。

「這孩子還在建立一個能承受強度的身體」

同樣作法也出現在朗希現在的東家——羅德球團身上。

二〇一九年十月，朗希召開記者會宣布將加盟日職，國保監督特別提醒所有職棒球團：「這孩子還在建立一個能承受強度的身體。」

在選秀會四支球團第一指名的競合過程後，由羅德取得交涉權，進而順利網羅朗希。而羅德為了在朗希強化育成的過渡期得到全方位的醫療、營養、調理等系統性的支援，特別與順天堂大學醫學部建立合作關係，顯見球團對朗希的高度重視。

當時羅德一軍的投手教練是吉井理人，球員時代就以勇於接受新觀念著稱，還曾經渡海加盟大都會隊，巧合的是，吉井也曾追隨筑波大學川村副教授學習運動科學。

吉井教練為朗希安排極為特殊的「英才教育」，第一件事就是春訓的四十公尺傳球練習，他只讓朗希投五分鐘就下場休息。對於外界「過度保護」的疑慮，吉井查閱相關書籍，提出自己的理論：「如果長傳距離超過四十公尺，那麼投手在放球當下會改變手臂擺動的角度，對投球的球速與球質將造成負面影響。」

不只如此，朗希加盟職棒的第一年，多數時間都跟著一軍進行訓練與調整，球團刻意不讓他在二軍出賽，遑論一軍，這樣的保護果然在第三年迎來大爆發。二〇二二年四月十日，朗希對歐力士投出「完全比賽」，單場十九次三振追平日職紀錄，連續三振十三名打者則締造世界職棒紀錄。

綜觀日職史上幾乎沒有投手能像朗希這樣一六〇公里速球連發，而這樣的身體強度，正是大船渡高校國保監督與羅德球團吉井教練耐心育成的結果。

朗希的「媒體恐慌症」

回顧高三夏天那場迴避登板的決賽，熟悉朗希的球界人士透露，由於他的個性原本就害羞內向、對陌生人的警覺性高，這件事發生後媒體不斷進逼追問，讓他得了媒體恐慌症。

而這次拯救他的，是他從小的偶像鈴木一朗。

二〇〇九年三月二十三日，第二屆WBC冠軍戰，一朗在十局上半兩出局一、三壘有跑者的局面下纏鬥八球，最後打出中堅方向兩分打點安打。這一幕讓當時小學一年級的朗希激動不已。

朗希後來受訪時回憶說：

「二〇〇九年WBC決賽，我是在家看電視轉播的。我記得當時念小學一年級，是在放學回家後看到的。」

「雖然當時我還沒開始打棒球，但因為哥哥打棒球的關係，棒球是我最熟悉的運動。」

「看到一朗桑安打的一瞬間，我超感動。那一刻，我覺得棒球好酷！」

二〇一九年選秀會以第一指名加入羅德後，球團規畫為期兩年的育成計畫，雖然是以身體、體力、體魄的鍛鍊為主，但朗希卻意外解開了心結。

入團後，每當被問及他最崇敬的選手時，他總是第一個提到一朗。他曾在球團的Instagram說明崇拜朗神的原因：**「他用成績讓人們無話可說，這種用結果說明一切的方式很酷，我很佩服。」**

在訓練期間，球團曾經播過一系列一朗的影片「請告訴我，一朗老師」（おしえて！イチロー先生），在影片中一朗以自己的「人間力」回答各種年齡層的人們各種問題。球團人員觀察說：「他（朗希）發現這種說話方式非常有趣而吸引人，讓他印象深刻，於是萌生『想要以同樣方式說話』的念頭。」

朗希自己也說：「一朗桑的金句是啟發我心靈共鳴的人生指針，我也想成為一個以同樣方式傳達想法的人。」

朗希在一朗的金句中重新找回與媒體、外界互動的原動力，他想成為如同一朗般、以言語激發他人內心共鳴的人。二〇二二年三月十一日，朗希站在媒體面前，訴說他對三一一受災地區的感受，這是他高中以前從不願意公開的往事。球團原本建議由公關部門代為發表官方評論就好，但朗希主動表示「我想恰如其分地對外說明」。他透過媒體轉達大眾：「我希望每個人都能用心對待身邊最重要的親友，而不是將他們視為理所當然。」

看！是不是有「朗神金句」的味道！

一個月後，二〇二二年四月十七日，ZOZO海洋球場湧進三萬名觀眾，因為表定先發的羅德「令和怪物」佐佐木朗希，七天前（四月十日）才對歐力士投出完全比賽。

朗希再接再厲，這場比賽對日本火腿投出前八局完全比賽。賽後被問到他對現場爆滿球迷的感受時，他開玩笑說：「我想他們可能誤以為這裡是幕張展覽館了。」（當時幕張展覽館正在舉辦「鬼滅之刃」特展。）

這樣的笑話從朗希嘴中輕鬆脫口而出，讓羅德球團深刻感受到，朗希終於從媒體恐慌症中走了出來，他有所成長、也變得更成熟了。

朗希形容一朗是他走上野球之路的催化劑。至於將來他的野球之路能否追隨一朗通往大聯盟？這不僅是岩手當地居民的想望，更是日本棒球迷最深的期待。

預賽第四戰：對澳洲

B組預賽第4戰

	1	2	3	4	5	6	7	8	9	R	H	E
日本	3	2	0	1	1	0	0	0	0	7	10	0
澳洲	0	0	0	0	0	0	0	0	1	1	5	0

勝利投手　山本（1勝0敗，防禦率0）

敗戰投手　謝里夫（0勝1敗，防禦率20.25）

全 壘 打　大谷（1）；霍爾（1）

比賽經過

日本隊先發投手山本4局1安打8K無失分。打線則在1局上半就發動猛攻，開路先鋒努特巴爾四壞、二棒近藤安打，三棒大谷夯出3分砲，也是本屆個人首轟；2局上半努特巴爾、近藤連續安打再打回2分；4、5局各得1分。

在山本退場後，高橋奎二、大勢、湯淺輪番上場封鎖澳洲打線，只有9局下半高橋宏斗挨轟丟掉唯一1分。終場日本隊以7：1輕取澳洲隊，預賽4戰全勝，以B組第1名晉級八強。

日期　2023年3月12日

時間　3小時18分

觀眾　41,664人

球場　東京巨蛋

\ 圓陣 /

牧秀悟

辛苦了！昨天是一場精彩的比賽。但如果今天贏不了球，那就沒有意義了。讓我們今天贏得漂亮，然後晉級到下一場比賽吧！

為了這個目標，今天先發的各位請盡情發揮！像這樣最強的組合，我們只剩下四場比賽可以一起奮戰了。

上場吧！今天，絕對要贏！好嗎？讓我們上場吧！來，上吧！

12 大谷翔平——一棒擊沉澳洲的「看板直擊」全壘打

大谷翔平這一棒讓整個東京巨蛋沸騰了！

B組預賽最後一戰對上同樣全勝的澳洲隊，一局上半開路先鋒努特巴爾選到四壞、二棒近藤健介安打，接著上場的大谷大棒一揮，白球遙遙飛越右外野全壘打牆，剛好打在他代言的巨幅廣告看板上。

這是大谷在本屆WBC的第一支全壘打，上次在東京巨蛋開轟是二〇一六年五月十一日，相隔近兩千五百天，當時他還效力日本火腿，對手則是歐力士。

提到大谷在東京巨蛋的全壘打傳說，就不得不提二〇一六年十一月十三日，備戰第四屆WBC的日本武士隊與荷蘭隊的強化賽。大谷在七局上半一棒將球打上東京巨蛋界內區垂直上方的屋頂，而且球鑽進屋頂的縫隙消失了，沒有掉下來。這是繼二〇〇二年七月松井秀喜以來的第一次，裁判援引東京巨蛋特殊規則，判定為場地二壘安打。

「從小我就一直夢想著這一刻，一直渴望能早點擊出全壘打，如今終於打出去了！」

——大谷翔平

據估計，這一球的高度達四十至五十公尺，飛行距離則超過一百六十公尺（約五百二十四英尺）。

這一顆消失的白球在天花板內滾動，最後落在球場外圍、右外野方向的圍牆邊，隔天被工作人員取回後請大谷簽名，陳列在東京巨蛋內的野球殿堂博物館。而這支超怪力二壘打也引發美日媒體與球迷熱議，有美國媒體稱呼大谷是「大聯盟以外的最強打者」，日本網友則以「滾回漫畫的世界」來表達對他的崇拜。

「大谷是金字塔尖端中的尖端打者」

回到這場對澳洲的比賽，大谷的全壘打幫助日本武士隊一開賽就取得三分領先。二局上半攻勢再起，八棒中野拓夢安打上壘，靠著努特巴爾、近藤的連續安打再下兩城，比數拉開為五比〇。在先發投手山本由伸四局一安打無失分、八次三振的壓制之下，終場日本武士隊就以七比一輕騎過關，全勝晉級八強。

前日職名捕手、第一屆WBC冠軍隊成員谷繁元信分析，日本武士隊分組預賽四戰全勝的主要原因是先發前三棒的打擊表現超乎預期。擔任第一棒的努特巴爾即使面對陌生投手，也展現出「從第一球開始就積極出棒」的心理強度。

在大聯盟，打者必須面對各式各樣的投手，首次投打對戰的機會非常多，在習慣面對陌生投手的情況下，打者能以自己的節奏展開攻擊。反觀日本打者往往為了觀察首次對戰的投手而失去擊球先機，相較之下，努特巴爾是更適合WBC這種大賽的打者。

二棒近藤則扮演串連起努特巴爾與大谷的關鍵棒次，有趣的是，若非鈴木誠也因傷退賽，近藤可能連上場的機會都沒有。試想「一棒努特巴爾、二棒大谷、三棒鈴木」雖然也不差，但與本次四連勝的氣勢畢竟是不同的。

至於三棒大谷，谷繁特別點名他在三月六日對阪神強化賽那支左膝跪地、單手扛出去的全壘打：「我實在想不到有任何打者能用這種擊球方式，將球打得這麼遠。我自己以捕手身分參加超過三千場比賽，對戰過各種打者，但那支全壘打真的讓我驚愕不已……他具有擊出強力飛球的技術，揮棒速度極快，再加上爆發力與離心力，才能將球打得這麼遠。我認為過去從來沒有一位日本人能這樣擊球。」

不過谷繁也點出武士打線的隱憂，那就是陷入打擊低潮的村上宗隆。「這是我們的第四棒嗎？」谷繁反問。

身為日職史上最年輕的打擊三冠王，雖然許多人說「只有村上才能接近大谷（的水準）」，但他在四場分組預賽的打擊率僅有一成四三，成為媒體與球迷的眾矢之的。

「大谷是金字塔的尖端，甚至是尖端中的尖端，如果碰到就有可能受傷（笑）」谷繁說：「如果能理解並接受『自己與大谷是不同等級的存在』這個事實，應該就不會感到困擾了。但村上畢竟只有二十三歲，這麼年輕就在日本登上頂峰，確實該有強烈的自信。正因如此，他有資格挑戰大谷的境界，不過前提是不能因此而迷失自己的風格。」

最後，谷繁道出他對村上的期許：「只要維持自己的成長步調，村上就能接近大谷的水準。在日本球界能登上金字塔頂端的打者，除了村上之外沒有其他人了。」

日本野球「先驅者」精神的傳承

在賽後英雄訪問的舞台上，大谷感性回應自己在WBC的第一支全壘打：「從小我就一直夢想著這一刻，一直渴望能早點擊出全壘打，如今終於打出去了！」

大谷實現自己孩提時的夢想，打出日本武士隊贏得這場比賽的關鍵一擊。澳洲隊總教練戴夫・尼爾森（Dave Nilsson）深有同感：「我們敗戰的原因在於大谷那支五百英尺等級的全壘打。如果比賽一開始就被日本取得領先，形勢就會變得非常困難。」

由尼爾森來評價日本武士隊是再公允也不過的了，因為他與日本野球有極深的淵源。尼爾森是大聯盟史上最多轟（一〇五支全壘打）的澳洲籍選手，一九九九年效力釀酒人期間曾經是野茂英雄的捕手搭檔；隔年效力日職中日龍隊；二〇〇四年雅典奧運擔任澳洲國家隊隊長，率領球隊在準決賽以一比〇險勝日本，是澳洲奪下銀牌的靈魂人物；二〇二二年他還引薦陽岱鋼加盟澳洲職棒布里斯本俠盜隊（Brisbane Bandits），對於日本職棒有極為深入的瞭解。

尼爾森非常肯定本屆日本隊的實力：「日本武士隊是真正的世界第一，他們擁有強力打線，投手力與防守也非常出色。即便我們竭盡全力，也難有贏球的機會。」

當然，讓他印象最深刻的是日本野球長足的進步：「日本武士隊不論在哪個時代都是非常強大的，但若要論選手的進步幅度，過去五年和十年特別顯著。以大谷和村上為首，他們在打擊區的表現非常出色，讓人印象深刻，而且技術層面有明顯的提升。」

從「龍捲風」野茂的隊友，再到二十多年後「二刀流」大谷的對手，澳洲棒球傳奇尼爾森見證的不僅是日本野球的進步，更是「先驅者」精神的傳承。

13 成為「世界最強投」——山本由伸的野望

身為「武士四本柱」最後一位登場的山本由伸，事實上他在賽前的狀況非常不理想。

牛棚捕手鶴岡慎也透露，直到比賽前兩天的牛棚練投為止，山本的曲球幅度不對，快速指叉球掉不下來，各種球路投不進好球帶，幾乎沒有準度可言。為了確認手指握球的觸感與變化球的軌跡，他一球一球向鶴岡仔細詢問狀況，馬上做出對應的修正。

果然開賽後山本在一局下半就以快速指叉球拿下兩次三振，原本令教練團擔心的曲球及快速指叉球都精準地控在低位。鶴岡分析山本的六大球種：速球與快速指叉球的「高低差」強力對決，卡特球、滑球、二縫線速球攻擊好球帶「左右兩側」，混合慢速曲球的「快慢速差」，關鍵時刻每一個球種都可以作為決勝球。

第一、二屆WBC的MVP松坂大輔，分析山本這場比賽的八次三振「有

「從今天起，我必須停止崇拜，努力成為讓他人崇拜的選手。」

——山本由伸

五球都是高速指叉，與直球球速差異不大，而且在下墜前的軌跡幾乎相同。即使你知道他要投指叉球也很難打得到，何況首次對戰的打者，更是不可能。」

二十四歲的山本由伸站上世界舞台，成為與大谷、達比修比肩的日本巨投。不過僅僅十年前，連山本的初中教練都不看好他將來能打職棒。

不為人知的少年野球人生

由伸的父親是讀賣巨人軍的球迷，他的名字是祖母從母親「由美」和父親「忠伸」名字的各一個字組合而成，恰好與巨人球星高橋由伸同名。

由伸對棒球的興趣大約是從兩歲開始的，當時父親參加公司的軟式棒球比賽，他則帶著玩具球棒在場邊玩耍。

小學時期的由伸參加岡山縣當地、由父親擔任教練的伊部強力者隊，升上初中後則加入東岡山少年棒球隊，由於身材瘦小的關係，教練開玩笑說他穿上球隊制服時，就像穿著大一號的「法被」（外套式的和服上衣，衣擺及腰，袖口寬大）。

初中時期的由伸給人的印象就是隨處可見的平凡野球少年。前兩年因為學長的關係，他在正式比賽只出賽過一場。初中三年級成為固定先發後，由伸甚至不是球隊的王牌投手，他穿的四號球衣是二壘手常見的背號，而不是王牌投手的一號。

擔任球隊先發二壘手及第二棒的由伸，不只球技與體型平凡無奇，就連練球都抱持能混則混的消極態度。教練形容他擅於掌握「剛好不會挨罵的界線」，一旦教練發現他偷懶，正要開口提醒時，他就突然努力起來；就算教練真的出言責罵，他則回以狡獪的笑臉，讓教練罵不下去。

由伸棒球生涯的轉捩點是初中三年級的最後半年。在全國大賽第一輪遭淘汰之後，由伸因緣際會錄取宮崎縣的棒球強豪校、曾孕育出田中幸雄等職棒選手的都城高校。原本已經從東岡山少年棒球隊半引退的他，想在高中強豪校以投手身分堂堂正正一決勝負的鬥志熊熊燃起，竟然自己拎著手套主動回來參加團隊練習，一有機會就在牛棚練投。就這樣，由伸在初中最後半年的投球技術突飛猛進，夏季全國大賽的球速大約一二〇公里，畢業前已經進步到一三〇公里以上。東岡山少年棒球隊藤岡末良會長忍不住感嘆「早知道當初就多讓他練投了」。

即便如此，這群初中的教練與隊友仍不相信身材瘦小的他有打職棒的才能。「由伸高二那年，我們聽說他投出一五〇公里的球速，但每個人都不相信，大家都在問『真的是那個由伸？不是同名同姓？』」教練笑著說。

以「世界最強投」為目標的「標槍投法」

二〇一六年選秀會以第四指名加入歐力士的山本以「標槍投法」聞名，二〇二三年則進化為特異的「不抬腳快投」，而這是有典故的。

新人年（二〇一七）的四月，山本首次拜訪「BC訓練」推動者、柔道整復師矢田修。雖然山本尋求協助的動機是高中以來困擾他的右手肘疼痛問題，當時的他甚至還沒在職棒登板，但根據矢田的證言，年僅十九歲的山本已經展望更遠大的目標。「雖然當時的球技與現在不可同日而語，但在我眼前，這裡就有一位『全世界最強的投手』，我們是以這樣的基準來進行對話。所以他並不以現在的成就而感到滿足，因為不管日本一或大聯盟，都只是他成為『世界最強投』的過程。」

當時矢田的訓練方式被視為異端邪說，為了激發山本的決心，矢田決定當頭棒喝：「就算你把睡覺的時間都拿來練投，如果只是因循現有的投球方法，你絕不可能實現理想。為了要達到那個境界，你必須全面改變。」

二〇一七年球季結束後，山本與同樣接受矢田指導的筒香嘉智一起自主訓練。他從球季期間每兩至三週接受一次指導，到休季期間每天從早到晚全心投入，隔年（二〇一八）脫胎換骨，防禦率由菜鳥年的五．三二大幅進步到二．八九。二〇一九年，山本以一．九五的防禦率摘下洋聯防禦率王，距離初中畢業不到六年。

傳承自鈴木一朗的「探究心」

什麼是「BC訓練」？這是以「5B」為核心的訓練菜單，代表「呼吸」（Breath）、「棒」（Bar）、「碗」（Bowl）、「板」（Board）、「橋」（Bridge），其組合及延伸共有三百多種訓練項目，目的在感知身體重心，修正偏差，有效運用深層肌（inner muscle），將全身合為一體來進行運動。當投手學會依照自己的意志，運用自如地操控身體動作時，就能投出強力速球；同時提高動作的重複性（repeatability）與再現性（reproducibility），強化控球能力。

標槍投法就是這種運動方式的體現。山本並不是真的投擲田徑場上的標槍，而是使用一種七十三．五公分長、四百公克重、名為「Flecha」的訓練工具來導入標槍投擲的訓練。對山本來說，硬式棒球重量約一百五十公克，但Flecha卻有四百公克重，在助跑後投擲標槍的情況下，實際承受的負荷遠超過四百公克，因此必須使用全身力量，否則將導致肩膀與手肘受傷。換言之，如果投手能將投擲標槍的全身力量運用在投球上，自然就能發揮更大的力量，投出更快的球速。

這也就是為什麼山本不必像傳統投球一般高抬腿來蓄積能量，只要控制身體重心，在向前滑步的同時使用全身、而非手臂或手肘的力量投球，就能產生將近一六〇公里的球速。

山本「不抬腳快投」有部分靈感來自上古神投澤村榮治。你一定覺得奇怪，澤村不是以高抬腿而出名嗎？三重縣伊勢市（澤村的出生地）宇治山田車站前還有他高抬腿投球的銅像。但山本參考的是昭和十一年十二月澤村沒有抬起左腳投球的一段影片。

山本在二〇二一至二〇二三年，連續三年獲得象徵日職投手最高榮譽的澤村賞。這不僅證明山本是當代日職第一強投，他更從近百年前澤村鮮為人知的投球動作中尋找靈感。而這正是山本的探究心使然。

二〇二二年球季結束後，儘管連兩年獲得洋聯投手四冠王及日職「澤村賞」，但山本依舊果斷進行投球機制的改造。有歐力士球團高層評價他的探究心與歐力士大賢拜、「朗神」鈴木一朗一脈相承：**「一般來說，取得如此成就的選手是不會輕易改造的。但一朗也是如此，不斷求新求變，挑戰更高的水準。他們已經到達我們無法想像的境界。」**

二〇二三年十二月二十一日，洛杉磯道奇隊與山本由伸簽下十二年三・二五億美元合約。以少棒時期的岡山縣河川敷球場為起點，即便新球季到了海洋的彼岸，只要秉持這股「探究心」，山本的未來是無可限量的。

山本在都城高校的恩師、三十九歲的森松賢容（現任延岡學園高校棒球隊監督），對他加盟道奇的感言與祝福：

「雖然從沒在大聯盟投過任何一球，卻簽下十二年的大型合約。原本期望他能在職棒打個十年，如今看來，他將成為征戰二十年的戰士。」

「我在他初中三年級就認識他了。第一次看到他是正在做守備特訓的二壘手，當時純粹覺得他戴上手套的姿態非常耀眼。」

「他擁有將失敗轉化為成功、極為出色的『徹底力』，今年日本大賽就是一例。他在第一戰大量失分慘敗，卻在第六戰徹底反擊，非常典型的『由伸風格』。」

「在WBC登上世界一之後，他就像一個野球少年般，打電話跟我分享他的新發現，包括與大谷選手、達比修選手一起比賽的感覺，以及自己在牛棚的投入。」

「他對身體的保養也非常徹底。記得是（日職）第三年吧！我們相約吃晚餐，他會在自己設定的時間內吃完，接著只喝水和烏龍茶，剩下的時間都在熱切地聊棒球。」

「在餐桌上，他提到自己想將『B級限定』的歐力士隊打造成『日本一』，以及渡海挑戰大聯盟的野望。如今能一一實現目標，只有『了不起』這個詞可以形容了。」

「希望他在下一個舞台，仍是那個永遠的野球少年。」

題外話：由伸的「祕密任務」

二〇二三年六月二日，本屆WBC日本武士隊的紀錄片《超越崇拜的武士們邁向世界一的紀錄》（日文片名《憧れを超えた侍たち世界一への記録》）在日本上映。這部電影的「臉」，也就是海

報，是從日本武士隊三壘休息區的角度拍攝冠軍戰最後一個打席，畫面前方是斗大的WBC彩色標誌，後方則是投手大谷與打者楚奧特對峙的場景。

至於這張經典照片是誰拍的？答案不是攝影師或定點式攝影機，而是山本由伸。因為山本已經在前一天的準決賽上場中繼，冠軍戰幾乎確定不會登板投球，因此山本便拿著導演三木慎太郎交付給他的GoPro（小型攝影機），從選手的視角記錄再見三振一瞬間衝進球場慶祝的過程，為觀眾營造極致的沉浸感。

而且這對山本已經不是第一次了，兩年前他在東京奧運金牌戰也肩負相同的任務，三木導演大讚他「即使跨越場邊欄杆，攝影機也沒有晃動，甚至還拍到宮城（大彌）與鶴岡（慎也）從牛棚跑過來的畫面」。

至於栗山對攝影師介入他和選手之間的神聖空間頗為不適應，會讓他無法說出真心話，三木導演改以定點式攝影機、選手手持、或讓攝影師遠距離拍攝等不同方式，因此許多時候栗山並不知情。

六月四日，栗山監督與三木導演共同出席電影首映會，對他來說是驚喜，「我看到許多連我都不知道的場景，原來某個選手說過這句話、有過這樣的表情。」更是滿滿的感動，「不管再看幾次，我都會感覺眼眶發熱。」

八強賽：對義大利

八強賽

	1	2	3	4	5	6	7	8	9	R	H	E
義大利	0	0	0	0	2	0	0	1	0	3	8	1
日本	0	0	4	0	3	0	2	0	X	9	8	0

勝利投手　大谷（2勝0敗，防禦率2.08）

敗戰投手　拉索沙（0勝1敗，防禦率13.50）

全 壘 打　岡本（1）；吉田（1）；多明尼克·佛萊契（1）

比賽經過

日本隊先發投手大谷4.2局失2分。3局下半靠著岡本3分砲在內攻下4分，奠定勝基；5局下半大谷、吉田保送，村上、岡本連續二壘安打再追加3分，拉大差距。

7局下半吉田首轟，帶動日本隊再下兩城，終場就以9：3擊敗義大利，連5屆晉級4強。

日期　2023年3月16日

時間　3小時24分

觀眾　41,723人

球場　東京巨蛋

\ 圓陣 /

努特巴爾

上場吧！身為家人，我們還剩最後三場比賽。今天這場比賽將帶領我們前進邁阿密。

帥氣地以我們的風格贏球，然後在飛機上開趴吧！加油啊！來！上場吧！

14 大谷翔平——「甲子園戰法」對決「極端防守布陣」

「我認為大谷是繼貝比魯斯之後最偉大的選手！」

「他非常獨特，可能是一輩子才會遇到一次的對手。」

說這些話的是義大利隊總教練邁克・皮亞薩（Mike Piazza）。擁有義大利血統、二〇〇六年首屆WBC義大利隊成員的他，另一個廣為人知的身分是美國國家棒球名人堂成員，大聯盟生涯通算打擊率三成〇八、二一二七支安打、四二七支全壘打，被譽為「大聯盟史上最強的打擊型捕手」。

皮亞薩在日本擁有高知名度。他是「龍捲風」野茂英雄在一九九五年加入道奇時的捕手搭檔，還曾經到日本拍攝廣告；日本武士隊監督栗山英樹在一九九五年擔任道奇隨隊記者期間多次採訪皮亞薩，就連投手教練吉井理人效力大都會期間，兩人也曾是投捕搭檔。

該怎麼定義這場日本與義大利的八強賽？我認為這是兩大教頭「甲子園戰法」與「極端防守布陣」的對決。

「我不會將個人的自尊心，置於日本的團隊勝利之上。」

——大谷翔平

栗山英樹的「甲子園戰法」

早在WBC開賽前，日本武士隊教練團就將八強賽視為本屆賽事投手布局的樞紐，原因有三：一、八強賽將是日本隊在東京的最後一場比賽，在家鄉同胞面前有輸不得的壓力；二、八強之後是單淘汰賽，比賽張力更勝分組預賽；三、雖然日本隊在八強賽的對手並非原本預期的古巴或荷蘭，但義大利是他們從預賽以來所遭遇到第一支以美國職棒大小聯盟選手為主體的球隊。

栗山監督將這場比賽定調為「一場不一樣的戰鬥」，是「與大聯盟對決的真正開始」，更是「生死決戰，贏了到美國，輸了解散回家」。

日本武士隊負責事務性工作的經理會做出各種預想，他在更衣室白板上畫出球隊輸球與贏球的不同時程表。但栗山監督告訴所有人：「請忘掉輸球的可能性，我們不會輸的。我們一定會戰勝義大利，所有人一起前往美國。」

栗山監督這麼解釋：「人往往會被既定印象所牽引，如果把輸球後的種種訊息留在腦海中，可能會不自覺地將思維導到那個方向。我對經理感到不好意思，但為了消除既定印象，我宣示『贏下比賽，前進美國』。」

為了贏得這場關鍵戰役，栗山提出甲子園戰法，以高校野球的精神全力投入戰鬥。核心人物正是大谷翔平，他將以投打二刀流重現甲子園場上王牌投手兼任主力打者的高校野球精神。

「這是我內心的感覺，我認為這代表夏季甲子園的形象，更是日本文化的一部分。我們要回到原點，竭盡全力，戰鬥到底，不是為了自己，而是為了支持我的人和我的家人。」栗山監督在賽前記者會說。

皮亞薩的「極端防守布陣」

在義大利隊闖過A組預賽、確定成為日本武士隊在八強戰的對手之後，日本媒體聚焦於義大利隊在預賽成功的極端防守布陣，尤其日本前五棒都是左打，義大利隊勢必將游擊手放在二壘右後方、二壘手靠近一壘壘包、一壘手靠近邊線、三壘手則站在游擊區的方式加以反制。總教練皮亞薩在賽前記者會也不諱言：「大膽的防守布陣得益於精密的數據分析。面對日本這樣的強隊，守備至為重要，不容許任何失誤。我希望防守布陣能發揮作用，打出一場精彩的比賽。」

這一招在大谷的首打席就發揮成效。一局下半無人出局一二壘有跑者，大谷打出穿越投手丘及二壘壘包的強勁平飛球，眼看就要穿出內野，卻被站位在二壘後方的游擊手飛身接殺。

極端防守布陣壓制日本武士隊先馳得點的機會，卻也成為大谷扭轉戰局的契機。

三局下半一出局，兩隊〇比〇戰成平手，第二棒近藤健介四壞保送上壘後，下一棒大谷突如其來向三壘邊線觸擊，投手慌亂中接球傳一壘失誤，形成一、三壘有跑者的得分契機。吉田正尚的游擊滾地球先取得一分領先，村上宗隆四壞保送後，岡本和真一棒將球夯出左外野全壘打牆外，日本隊單局攻下四分。

這是大谷基於比賽直覺所做出的瞬間判斷，他一向很清楚對手討厭什麼，以及如何才能幫助球隊贏球。二〇二一年六月十六日天使對運動家的比賽，大谷在前一個打席打出單季第十九轟之後，洞察對手提防他打長打的心理，利用突襲短打上壘，就是一例。

難能可貴的是，大谷前一戰對澳洲才打出直擊廣告看板的三分全壘打，難道他不想全力揮棒，回應滿場同胞球迷的期待嗎？不，大谷將栗山監督「我們希望先得分」這句話放在第一位，不僅展現自己超高的棒球智商，這或許也是大谷從小打棒球所培養出來的能力。

大谷從小在球隊中都是最突出的存在，他在每個打席都有能力一棒影響比數。但或許是過去累積許多球隊輸球的經驗，他很清楚，棒球不是光靠他一個人就能贏球。所以這不僅是棒球智商，更是成熟、學習與成長。

大谷在賽後記者會上如此評價自己的突襲短打：**「在規避風險的同時，我做出了追求高報酬的選擇，結果成功創造出一個大局，真是太好了。在那個局面之下，我不會將個人的自尊心，置於日本的團隊勝利之上。」**

這就是大谷的團隊精神。

「投手大谷」的「雄叫」

呼應恩師所說「一場不一樣的戰鬥」，投手丘上的大谷也展現完全不同的樣貌。他幾乎每投一球就會發出雄渾低沉的喊聲（日文漢字為「雄叫」），聲音大到彷彿整座東京巨蛋都聽得見，代表他在投每一球的同時注入了多少熱情與決心，這或許也是他向隊友傳達「無論如何一定要贏」的訊息吧！

大谷在這場比賽前四局無失分，最快球速高達一〇二英里，五局上半兩出局後氣力放盡、丟掉兩分，雖然日本仍以四比二領先義大利，但他在退場時還是向栗山監督低聲說「對不起」，可見他對這場比賽有多在乎。

栗山監督也肯定大谷的投球表現：「從第一局開始，大谷就一球一球地發出喊聲，這種想要盡全力投好每一球的心情，已經傳達給所有人，包括我在內。」

而在擊敗義大利之後，栗山監督也表達對於美國之行的期許：「為了棒球的發展，我們必須前往美國，打敗大聯盟選手，否則無法繼續前進。我們必將全力以赴，贏得勝利。」

15 達比修有——「末代武士」在日本的終局之戰

「達比修『末代武士』的覺悟：『對我來說，這可能是最後一次了』。」

二〇二三年三月十五日，日本媒體以斗大的標題稱呼達比修有為「末代武士」（湯姆・克魯斯、渡邊謙、真田廣之主演的好萊塢電影，英文片名“The Last Samurai”）。因為隔天日本武士隊在WBC八強賽對上義大利隊，極有可能是他生涯在日本國內的最後一次登板。

三十六歲，身為本屆日本武士隊最年長的選手，達比修在三月十日對韓國隊先發三局責失兩分成為勝利投手，距離他上一次在WBC登板——二〇〇九年三月二十三日第二屆冠軍戰，對手同樣是韓國——相隔五千零九十九天。

身為唯一全程參加宮崎訓練營的大聯盟選手，達比修感性道出自己對於「日本本土終局之戰」的體悟：

「今年我就滿三十七歲了。雖然近期才（與教士隊）簽了一張（六年）長約，但冷靜想想，不管自己再怎麼努力，可能都無法保證能長期維持現在的狀

「對我來說，這可能是最後一次了，我會懷抱感恩的心情站上投手丘。」

——達比修有

態。」

「包含年齡在內，我無法保證自己三、四年之後的實力。既然沒有實力就無法入選代表隊，從這個角度思考，我認為這是我最後一次參加WBC了。」

「對我來說，這可能是最後一次了，我會懷抱感恩的心情站上投手丘。」

二〇二三年WBC的「隱藏版」MVP

這也正是達比修從第一天開始就全程參與宮崎訓練營的主因。身為二〇〇九年WBC冠軍隊成員，達比修回憶說：「當時我躲在賢拜的背後，只想做自己分內的事。跟那個時候相比，我的個性已經迥然不同了。現在的我做任何事都會優先考慮整個團隊，就像我想讓大家更瞭解我，倘若中途才參加訓練營是很難做到的。」

這就是為什麼宮崎訓練營稱為「達爾塾」。達比修毫不保留地傳授自己的棒球經驗與智識，並且努力拉近與年輕隊友間的距離，「要說建議什麼的，往往會給人『上對下』的感覺，這不是我的本意。」「我也是來學習的，在互相交換意見的過程中共同成長，這才是我的期待。」

不只當日本野球的傳道師，達比修還致力於營造團隊的氛圍。他一再向後輩傳達一個訊息：「只要開心打球就好，不要給自己太大的壓力。」比賽開打後，他則安慰表現不好的隊友：「棒球只是一項運動，無須太在意，自己的人生才是最重要的。不要因為棒球而沮喪。」

達比修為團隊所做的一切，栗山英樹監督都看在眼裡。栗山曾在媒體面前稱呼本屆日本代表隊為「達比修日本」，這是對達比修最高的肯定。

有日本媒體將達比修譽為本屆冠軍的「隱藏版」MVP，曾經率領日本兩度在WBC封王的大賢拜鈴木一朗也極力稱讚。不過面對一朗的讚譽，達比修反倒是害羞了起來：「我沒有什麼值得一朗桑讚美之處，這是我的榮幸，給了我很大的信心。一朗桑最後一次參加WBC是二〇〇九年，當時他三十五歲，就跟我現在的年紀差不多，他在百忙之中將自己奉獻給日本代表隊，還必須處理球隊的各種事務。如今自己也到了這個年紀，逐漸意識到這一點。雖然我和一朗桑的行事風格不同，但我們處在相似的位置與立場。看到一朗桑當年的任重道遠，激發我各種不同思考，也讓我更有自信。」

除了一朗之外，另一個讓達比修感激不已的賢拜則是藤川球兒。藤川原本是二〇〇九年WBC日本武士隊的守護神，因為狀況不佳，冠軍戰被達比修取而代之，然而藤川並未因此而消沉，反而盡力提供小老弟各種建議。

「我知道球兒桑對我取代他擔任終結者這件事並不開心，但他卻不藏私地給我建議，告訴我該怎麼做。我對他不勝感激。」達比修在賽後記者會說。

這也正是日本野球傳承的可貴之處：截至二〇二三年為止，達比修在大聯盟十一年、兩百六十六次登板都是擔任先發投手，如果不是十四年前藤川無私的提點，協助年僅二十二歲的達比修順利終結冠軍戰，日本武士隊能否衛冕還未可知；有了那場戰役投出再見三振的「大心臟」思維與成功經驗，栗山監督才能放心讓達比修在本屆八強賽、冠軍戰兩度中繼登板。

「大谷→達爾的華麗接力」

這場八強賽的另一個觀戰重點，則是大谷先發、達比修中繼的「大聯盟王牌華麗接力」。

相差八歲的達比修與大谷有著驚人的相似之處。兩人都是日本火腿的選秀會第一指名，入團後先後住進「勇翔寮」（球員宿舍）四〇四號室，先後穿上代表王牌的十一號球衣。

雖然兩人效力火腿的期間並沒有重疊，但達比修在二〇一二年底大谷與火腿簽約後，曾經以賢拜的身分發訊息鼓勵他：「祝你好運，幾年後我在大聯盟等你。」大谷則維持一貫的恭謹與禮貌：「非常謝謝您百忙之中抽空回覆，我會盡全力以大聯盟為目標前進，再次感謝您。」而兩人的大聯盟之約也在五年後付諸實現。

大谷曾經形容達比修吸引他的地方是「一種投手的氛圍，覺得很有氣勢、很帥氣」。當兩人從多年來「亦師亦友」的關係進化到二〇二三年WBC的親密戰友，彼此之間更多了一份惺惺相惜之情。一月六日「WBC成員發布」記者會上，大谷形容自己與達比修同隊「是一件非常特別的事，他是球團（日本火腿）賢拜，由於時間錯開的關係，我們沒有真正同隊過。他是我在最享受棒球的那段時期引領全日本的投手之一，能和這樣的選手共同參加比賽，對我個人和球隊都是非常棒的事。」

三月十四日的記者會上，達比修則稱許大谷「在投打兩端都是非常具有影響力的選手，當他打出安打或全壘打時，全隊都會感到振奮。無論是在更衣室或球場上，他都是全隊的核心，與其他選手保持良好的溝通，我認為這對球隊來說是非常重要的。」

一位是七彩變化球職人、堪稱大聯盟史上最偉大的日本投手，另一位則是二刀流先驅者、近年來大聯盟頭號球星，達比修與大谷的「夢之共演」，真的是漫畫才看得到的劇情。

披著義大利外衣的美國B隊

達比修擔任對義大利八強賽的第四任投手，中繼兩局失一分，與伊藤大海（〇・一局無失分）、今永昇太（一局無失分）、大勢（一局無失分）共同守住大谷的勝投，終場日本武士隊就以九比三擊敗義大利隊。

賽後發生一個有趣的插曲：栗山監督在接受賽後訪問時，大谷走到義大利隊休息區前找天使隊友大衛・佛萊契（David Fletcher）合照，全場觀眾一片喧嘩聲，害栗山的訪問硬生生被打斷。他只好一邊看著愛徒一邊苦笑說：「不好意思，請讓我繼續說完……」

由於A組預賽古巴、義大利、荷蘭、巴拿馬、台灣戰績同為兩勝兩敗，經比較失分率後由古巴、義大利驚險晉級八強。佛萊契一到日本就去吃有名的「一風堂」拉麵，還請萬能的水原一平代訂東京一家高級壽司餐廳，一行五人吃掉約新台幣五萬五千元。

作為世界知名的足球強國，義大利境內的棒球場少得可憐，倘若有球擊出界外，觀眾會高喊「越位！越位！」有趣的是，部分義大利人是透過日本動漫《巨人之星》、《鄰家女孩》才認識棒球，只是《巨人之星》男主角星飛雄馬在義大利變成了湯米（Tommy），父親則稱呼為「Papa」。

義大利國內的棒球競技人口不到五萬人，WBC賽事只在YouTube而非電視轉播，收視人數寥寥可數。八強賽遭淘汰的隔天，義大利代表隊在東京的機場就地解散，絕大部分來自大聯盟和三A的選手返回北美，只有四名義大利A組聯賽選手返回本國，難怪媒體戲稱為「披著義大利外衣的美國B隊」。

儘管如此，這趟東亞之旅戲劇性地翻轉許多義大利選手對棒球的觀感：「我從十幾歲開始就在美國打棒球，但只有在東京巨蛋才能帶來這樣的感動。看到熱情的棒球迷以及爆滿的觀眾，我不禁胸口發熱。」「日本球迷對於敵隊選手的尊敬與運動家精神，是我從來沒有過的經驗。」

雖然歐洲的棒球實力還不足以撼動世界列強的版圖，但本屆WBC捷克、義大利等隊在東京的奇幻體驗，已經在歐洲大陸播下希望的種子。

準決賽：對墨西哥

準決賽

	1	2	3	4	5	6	7	8	9	R	H	E
墨西哥	0	0	0	3	0	0	0	2	0	5	9	0
日本	0	0	0	0	0	0	3	1	2x	6	10	0

勝利投手	大勢（1勝0敗，防禦率0）
敗戰投手	蓋拉葛斯（0勝1敗，防禦率6.00）
全 壘 打	烏瑞亞斯（1）；吉田（2）

比賽經過

前3局無失分的先發投手佐佐木在4局上半被烏瑞亞斯掃出3分砲，日本隊以3分落後；7局下半2出局後日本隊近藤安打、大谷四壞，第4棒吉田以3分砲追平比數。

8局上半日本隊中繼投手山本連掉2分，日本隊再以3：5落後，8局下半山川高飛犧牲打追回1分。

9局下半率先上場的大谷敲出深遠二壘安打，吉田選到四壞，下一棒村上再見安打終結比賽。

日期	2023年3月20日	時間	3小時36分
觀眾	35,933人	球場	龍帝霸球場

\ 圓陣 /

達比修有

大家辛苦了！從宮崎到現在已經一個月了。低調地說，這支由球迷、監督、教練、工作人員還有各位選手共同打造的日本武士隊，不論團隊合作或實力，都是本次大會的第一名。

能在這支球隊共同奮戰的時間已經不多了，但如果今天就是最後一場比賽的話，那也未免太可惜！讓我們全力出擊，擊敗墨西哥代表隊，然後明天再接再厲。

來吧！上場吧！

16 栗山監督的「共感力」，如何打開村上宗隆的開關

牧原大成的人生從來沒有這麼緊張過。

二〇二三年三月二十日，WBC日本對墨西哥的準決賽，九局下半日本武士隊以四比五落後一分。首名打者大谷翔平將墨西哥隊終結者吉凡尼·蓋拉葛斯（Giovanny Gallegos）的第一球打成中右外野之間深遠的二壘安打，站上二壘壘包的大谷不斷向上揮舞雙手，對著場邊隊友高喊：「Come on! Come on!」（來吧！來吧！）

但在全場近乎暴動的氣氛中，只有日本隊休息區長椅上的城石憲之教練與牧原兩人表情木然，彷彿活在另一個平行時空。

準決賽：日本武士隊的「鬼門」

日本媒體將這場對墨西哥的準決賽稱為「鬼門」。果不其然，這正是日本武士隊在本屆最接近輸球與淘汰邊緣的一場比賽。

「期待不是用來被滿足，而是要加以超越。」

——大谷翔平

鬼門一說源自二〇一七年第四屆WBC。日媒在開打前統計，自從二〇〇〇年雪梨奧運首度開放職棒選手參賽以來，截至二〇一七年一月止，日本武士隊在這段期間參加了三屆奧運、三屆WBC、一屆世界十二強棒球賽，全部都打進準決賽。至於這七場準決賽結果如何？

兩勝五敗！

兩場勝利是第一屆和第二屆WBC準決賽，日本最後都獲得冠軍。換言之，沒有奪冠的其他五項國際賽事，日本全都栽在準決賽。結果兩個月後舉行的第四屆WBC，歷史又再度重演，日本武士隊在準決賽以一比二敗給美國隊，又一次栽在鬼門之前。

本屆墨西哥隊陣中有多達二十名大聯盟選手。為了闖過鬼門，日本派出當今日職最強的兩大先發投手佐佐木朗希、山本由伸接力。先發的朗希前一戰對捷克主投三・二局八次三振無自責分，卻在四局上半挨了路易斯・烏瑞亞斯（Luis Urias）一發三分彈；好不容易七局下半靠著吉田正尚回敬三分彈追平比數，中繼三・一局的山本卻又在八局上半丟掉兩分。隨著日本隊屢次留下得點圈殘壘、投手群又無法有效壓制墨西哥打線的情況下，怎麼看都是一場典型輸球的比賽。

不過若要戰勝日本武士隊，得先過大谷這一關。

「就從現在開始，振作起來吧！」

墨西哥先發投手派翠克・山多瓦（Patrick Sandoval），正是大谷在天使的好隊友。山多瓦賽前透露大谷的個性「隨和、好相處」，一旦站上球場「就會變成真正的殺手」，這場比賽馬上應驗了他的觀察。

這個場景就發生在四局下半。前一個半局朗希挨轟，日本武士隊以三分落後，四局下半大谷登場打擊，日媒形容他「抬起下巴，露出鬥犬般挑釁的表情，彷彿在對山多瓦說『走著瞧』、『有膽投給我打』！」

九局下半日本武士隊落後一分的最後反攻機會，身為該局首名打者的大谷又再次流露殺氣，他在走出替補席前說了一句話：「我要打安打！」

由於邁阿密龍帝霸球場（LoanDepot Park，馬林魚隊主場）一、三壘場邊休息區的長椅與打擊區的距離較近，教練團和隊友明顯注意到大谷握著短棒走進打擊區，握棒的右手與球棒握柄明顯有空隙，宣示力拚安打上壘的決心。接著他就用這種罕見的握棒方式，將好球帶之外的外角壞球打成中右外野間深遠的二壘安打！

大谷一邊衝刺跑壘，一邊用右手甩掉頭盔，站上二壘後不斷向上揮動雙手。「就從現在開始，振作起來吧！」這是他用手勢想傳達給場邊隊友的訊息。

牧原：開什麼玩笑！拜託饒了我吧！

鏡頭轉回日本武士隊的場邊替補席。九局下半開始前，身為球隊的內野守備、跑壘兼戰術教練，城石的工作是為各種可能發生的情境擬定策略，並通知選手做好上場的準備。

落後一分的日本隊，將輪由三棒大谷、四棒吉田正尚、五棒村上宗隆上場打擊。城石教練的盤算是：不管大谷打擊結果如何，只要吉田上壘代表追平分或超前分，就要派周東佑京代跑，所以他早就通知周東提前準備了；但如果前兩名打者大谷、吉田都上壘，無人出局攻占一、二壘，那麼除了周東代跑吉田之外，還要派代打接替下一棒的村上執行犧牲觸擊。

城石教練心意已定，他向栗山監督報告：「為了因應一、二壘有跑者的狀況，我會在村上的棒次提前安排能夠執行觸擊的選手。」

接著，在大谷安打站上二壘的同時，城石走到牧原身邊通知他：「如果吉田四壞保送之後攻占一、二壘，你就要做好上場短打的準備。」

結果呢？牧原臉色慘白，一臉困惑與不安，雖然沒開口，但他臉上的表情明顯寫著：「開什麼玩笑，這種局面叫我上去代打觸擊？拜託饒了我吧！」

城石教練完全理解牧原的心情。當時二、三壘屬於強迫進壘的狀態，一旦觸擊失敗，得點圈跑者出局、甚至雙殺，極可能斷送球隊得分的機會，進而輸掉整場比賽。就以八局下半為例，即便是公認的觸擊高手源田壯亮，也是連續兩次觸擊出界之後的第三次觸擊才成功，足見比賽後段落後一方的壓力有多大。

為了緩和牧原焦慮的心情，城石教練瞎掰了一段毫無根據的話：「沒問題的，跑者是翔平，守備好的外國人投手又很少見。只要你點成滾地球，他一定能安全上三壘。」不過這番話並沒有發揮效果，因為牧原心不在焉，顯然完全沒聽到。

無人出局，二壘上有大谷，下一棒吉田的第一球是壞球。就在此時，栗山監督明快地做出決斷，他決定將命運交給村上，讓村上放手去打，「就交給阿宗吧！」栗山對城石說。

聽到監督的指示之後，城石教練立馬去找牧原，告訴他「不用上場了」。牧原聽到後露出既欣慰又開心的表情說：「對嘛！還是交給阿宗吧！」

職棒選手很少會說這樣的話。既然參加比賽，就要把握上場的機會，因此「讓其他選手代替自己上場比較好」這種話幾乎是說不出口的。不過WBC就是如此地「壓力山大」，據說牧原在賽後告訴隊友，他的人生中「從來沒有這麼緊張，甚至想吐」。

栗山監督：交給阿宗了，放手去打吧！

在吉田獲得三壞球之後，場邊的周東已經準備好上場代跑，下一棒即將輪到前四個打數無安打、苦吞三次三振的村上。才剛回到栗山監督身邊的城石，馬上又收到第二道指示：「你去告訴阿宗，監督說這場比賽就交給他了！」栗山對他說。

不過這次輪到城石教練猶豫了：「不是有打擊教練在嗎？為什麼要我去傳話……」此刻在場邊等待上場打擊的村上，情緒應該是極度緊繃的，畢竟他的打擊近況不理想，隨時有遭取代的危機感。這時城石教練走上前以堅定的態度告訴村上：「監督說就交給阿宗了，你放手去打吧！」

栗山監督對村上忐忑的心情掌握得極為精準：當周東離開替補席上場時，村上一度誤以為這是要接替自己的代打者；等他發現周東是代跑而非代打後，他又開始疑心是否還有其他代打正要上場。所以栗山監督「就交給阿宗了」這句話來得正是時候，馬上穩定了村上原本混亂與不安的情緒，也才有接下來的再見安打。

在贏球之後，城石教練終於理解了栗山監督派他去傳話的目的。明明可以指派打擊教練吉村禎章去傳達，或是由栗山本人告知，為什麼非要由城石去告訴村上？

兩個原因：一、國家隊教練和選手來自不同職棒球團，難免有隔閡，然而城石教練與村上同屬養樂多燕子隊，溝通相對容易；二、考慮到城石平常就與選手們互動密切，願意傾聽意見，因此栗山監督一開始在招募城石進入教練團時，就明確告知他要扮演這樣的角色，或許正是為了這一刻在做準備吧！

「相信、託付、感謝」的循環

栗山監督對村上的堅定信念，造就了這支再見安打，成為日本武士隊奪冠的關鍵。也許有人會說，「成王敗寇」，如果村上沒打安打、球隊輸球，不難想像會有多少人指著栗山的鼻子痛罵：

「村上是『日本限定』，一到國際賽就變成雜魚。」

「已經沒有『村神』了，現在打擊的不過是個『村民』。換人吧！栗山！」

「明明知道他打擊不振，為什麼不換代打？」

「落後一分，不是應該先觸擊推進嗎？等到一出局二、三壘有跑者，不用安打都能搶分，這不是常識嗎？」

明知道一旦輸球，就是千夫所指，但在這種壓力之下，栗山監督選擇讓村上「放手去打」，這才是真正的信任與勇氣。日本武士隊首席教練白井一幸在日本火腿球團期間與栗山共事多年，他形容栗山監督對選手是一種「相信、託付、感謝」的循環，即使選手表現不佳，栗山也會說「這全是我的責任」、「對不起，是我自己的判斷失誤」。

這就是栗山監督的「共感力」。所謂共感力，指的是「藉由與他人共享彼此情感，所發揮的力量」，栗山展現了與村上共同承擔責難的決心，再藉由細心、同理心的舉動，安定村上的心情、提高他的集中力。日本野球以「細膩」著稱，許多人以為所謂的細膩僅限於基本動作、情蒐、戰術等，然而栗山監督與日本武士隊在本屆WBC展現心理與精神層面的「細膩」與「共感力」，才是日本野球讓人無法模仿、也無法超越的精髓所在。

棒球是結果論的運動，這是我們無法否認的。而這支再見安打既是村上宗隆的勝利，更是栗山監督的勝利。

17 村上宗隆——再見安打的幕後祕辛

本屆WBC落幕後，大聯盟官網選出WBC史上最偉大的比賽前十名，第一名正是這場日本武士隊六比五逆轉擊敗墨西哥隊的比賽。以下是這場準決賽幾個有趣的花絮：

・這場比賽的開球嘉賓是松坂大輔，別具歷史意義。松坂在二〇〇六年第一屆WBC複賽對墨西哥先發並拿下勝投，率領日本以六比一勝出。這也是兩隊在這場比賽之前的唯一一次交手。

・二十一歲的先發投手佐佐木朗希在四局上半挨轟，日本以三分落後。攻守交換時，攝影機拍攝到他坐在替補席長椅默默流淚的畫面。栗山監督表示：「看到那一幕雖然感到抱歉，但我覺得對他是好事。」接著解釋了原因：「我深信，未來的他必將成為扛起日本大旗的主力投手，如果能承擔悔恨、遺憾、痛苦的心情，他一定會變得更堅強。正因為他打從心底感受到棒球的嚴峻與困難，我相信這會成為他更進一步飛躍的契機。」

「儘管台灣和韓國不幸在預賽輸球，但如果我們贏得優勝，應該能激發他們『下一次我們也可以』的心情。」

——大谷翔平

・二〇二一年從日職引退、之後被栗山監督延攬為武士隊牛棚捕手的鶴岡慎也，九局下半在村上宗隆安打、周東佑京奔回本壘得到致勝分的那一瞬間，興奮地從牛棚衝進場內與選手們擁抱在一起。鶴岡開玩笑形容自己「十九年職業生涯有十二次盜壘成功，但這應該是一生之中跑最快的時刻」。賽後當選手們在三壘邊線排成一列向觀眾鞠躬時，鶴岡不自覺地與選手們排在一起，其他隊職員趕緊提醒他：「鶴桑，不行不行，你要來這邊哦！」日本武士隊在最後三局得到六分，完成戲劇性的大逆轉，想必也讓許多電視機前的棒球迷興奮到忘我了。

村上：這是最棒的一擊

這場比賽的主角是九局下半擊出再見安打的村上，但前兩名打者大谷翔平、吉田正尚居功厥偉。率先上場的大谷有能力一棒追平比數，但他選擇握短棒力拚上壘；接下來是前一個打席開轟的吉田，冷靜選球、不揮大棒，選到四壞上壘。他們為村上鋪墊了英雄的舞台。

至於吉田保送上壘的同時，場邊等待的村上猶如洗了一場三溫暖。當城石憲之教練走向他時，他疑懼的眼神彷彿在問：「你來做什麼？是要叫我觸擊？還是要換代打？」當城石教練傳達「監督說就交給阿宗了」這句話之後，村上望向打擊區，似乎想集中精神。城石鼓勵他「放手去打吧！」輕輕拍了拍他的背，將他推上場。

城石的鼓勵至為重要，村上在賽後記者會就說：「無人出局，一、二壘有跑者，我曾經想過犧牲觸擊。但城石教練告訴我『監督說交給你了，放手去打』，這才讓我下定決心。」

「我從小就夢想能在WBC有活躍的表現，這是最棒的一擊。」村上邊說邊露出笑容。

「谷巨肌」對村上的衝擊

回顧這場比賽的賽前打擊練習，大谷拎著球棒走進打擊區，全場響起熱烈掌聲，就連墨西哥選手也放下手邊正在做的事，站在場邊圍觀。大谷第一次揮棒就將球打上右外野看台觀眾席的第五排，最終二十次揮棒有多達十一球飛越全壘打牆。

日本媒體稱呼這是「大谷翔平的打擊練習見學會」，每場比賽前對手圍觀大谷的室外打擊練習，已成為這屆賽事的常態。但你能想像嗎？村上在本屆WBC的打擊低潮，竟然與大谷賽前打擊練習有關。

時間回到壯行賽。三月四日，大谷在萬特力巨蛋名古屋（Vantelin Dome Nagoya）的賽前打擊練習夯出一發推定飛行距離一百六十公尺的特大號全壘打，全場驚呼。

「根本是異次元！」岡本和真表情愕然。

「真想退出棒球界！」山川穗高苦笑搖頭。

源田壯亮轉頭開玩笑地問村上：「認輸了吧？」

此時，細心的達比修有觀察到村上異樣的神情，「所有人都驚嘆於大谷的揮棒，只有村上君一臉不服氣。當隊友告訴他『你贏不了大谷的啦』，他反問『怎麼可能』、『我可不想輸』。自從獲得三冠王以來，他一直有這種情緒。」

現場採訪的媒體記者也嗅到這股不尋常的氣氛：

「看到大谷規格外的擊球，讓他萌生『我不能輸給翔平桑』的強烈鬥志，反而變得有點緊繃。」

「大谷超乎常人的一擊，動搖了三冠王的自信。相較於將大谷視為偶像的岡本，要強好勝的村上『只想著要贏』，難怪會有受挫的心情。」

岡本和真（讀賣巨人，二十六歲）與村上宗隆（養樂多，二十三歲）同為央聯新生代的天王打者，兩人在WBC期間同樣深受大谷影響，但面對「大谷風暴」的心態與應對方式卻大相逕庭。岡本在二〇二三年打出生涯新高的四十一轟，三度登上央聯全壘打王，巨人隨隊記者們一致認為「轉機是三月的WBC」：

‧「近距離觀察大谷的打擊，顯然對他形成強烈的刺激。岡本熱切地向大谷尋求訓練方式與打擊技巧的建議，並在WBC結束後實地應用，實力明顯提升。」

‧「他的腹部明顯比去年結實，揮棒更加犀利。聽說他從春訓一開始就積極鍛鍊，但WBC期間看到達比修與大谷的體型之後，應該更強烈地意識到這一點吧！」

‧「去年球季他總是一張撲克臉，但今年被三振之後會怒摔球棒，據說也是受到大谷的影響，不再掩飾自己的情緒。」

岡本曾在受訪時自評，大谷對他最重要的打擊建議在於軸心腳與身體的使用，這一點與球評達川光男的觀察不謀而合：「他以前左腳跨步時會朝三壘方向打開，但現在能穩定地朝投手方向跨步，因此更能打得到外角滑球。」

反觀村上呢？不只WBC打擊不振，開季後他在四月份的打擊率只有一成五二、一支全壘打。受到「谷巨肌」的衝擊，村上在WBC結束後投入重量訓練，結果反而破壞打擊的平衡。據報導他在五月中旬回歸原本的訓練方式，打擊才開始回溫。

實踐大谷的建議固然重要，但對村上來說，更重要的或許是思考「什麼才是自己應該有的打擊方式」。

王貞治：身為棒球選手，這是極具意義的棒球人生

回顧三月十日對韓國的預賽，三局下半日本無人出局攻占二、三壘，輪到第三棒大谷上場打擊，韓國投手元兌仁選擇敬遠保送大谷形成滿壘，想抓下一棒的村上。據日媒報導，這是村上進入職棒以來，第一次遇到對手故意保送前一棒來和他對決。

無人出局，滿壘，有太多種不用安打就能得分的方式，結果村上卻打成游擊上方的內野飛球直接判定出局。不只球場上的屈辱，網友更是毒舌：「根本是大型電風扇！」「村上還是打他的奧運第八棒吧！」

不過換個角度思考，及早面對挫折未嘗不是一件好事。一名前洋聯球團監督就說：「我認為對村**上來說是件好事。就算你在日本是頭號球星，也總有更高的存在，足以意識到自己不過是個井底之蛙。正當他有點得意忘形之際，遇到了大谷，更能激發他強烈的上進心。」**

二十二歲就成為日職史上最年輕的打擊三冠王，二十三歲成為日本武士隊的先發第四棒，王貞治非常理解村上所承受的壓力，「他的未來將是一條披滿荊棘的道路。」王貞治說：「這是他的選擇，**他正走在別人無法挑戰的道路上。身為棒球選手，這是極具意義的棒球人生。」**

回到日本之後，村上告訴栗山監督「下一次我一定會扛起第四棒」。而這正是栗山對村上的期**許：「希望村上選手引退時能夠說『二〇二三年春天，成就了現在的我』。」**

終有一日，我們將看到村上成為背負日之丸的不動四番，甚至站上大聯盟舞台。該如何面對挫折，找到自己的打擊方式？只有村上自己才能回答這個問題。

18 少年村上宗隆的「怪童傳說」

年僅二十二歲就成為「打擊三冠王」，二〇二二年單季五十六支全壘打，改寫王貞治高懸五十八年的日職本土選手單季五十五轟紀錄，年輕的村上宗隆已經擁有許多專屬於他的傳說。

左打的村上雖然在比賽中以強拉至右外野看台的暴力全壘打而出名，但媒體觀察他在使用T座練打時，更常將球對準中外野或左外野方向打。這一點頗有日職傳奇球星鈴木一朗的風格。

接著讓媒體瞠目結舌的事情發生了。在村上大約揮棒十次之後，媒體發現他右腳踩踏的地面像爆炸般凹了一個洞，深度足以容納一顆球。前日職廣島、養樂多打者小早川毅彥分析：「村上揮棒時軸心腳保持不動，他充分利用跨步時地面的反作用力，展現極致的打擊技巧。因此他的長打爆發力，並不單單來自體型或肌力。」

村上在這次練打的七十次揮棒，有十球飛越全壘打牆，但他本人顯然不滿

「球隊的第四棒，就是『能左右勝敗的打者』。」

——村上宗隆

意。在團隊練習結束後，村上換穿T恤走進室內打擊練習場又打了一個半小時，在這個不對外開放的密閉空間，不時傳來他低聲自語「從內往外揮」、「感受棒頭的擊球位置」。即使已經是日職頂級打者，他還是努力追求自己理想的打擊機制，一邊練打，一邊提醒自己調整。

至於村上還有另一個與一朗極其神似之處，那就是對球具出了名的愛護。當時村上拎了兩支球棒參加打擊練習，奇特的是，另一支沒有使用的球棒是以塑膠膜完整包覆，避免受潮或遭雨水淋濕。現役時期的一朗使用具有防潮與防震功能的金屬提箱來保護球棒，金手套游擊手坂本勇人在場邊休息時為了避免手套變得太軟，會把手套冰在冰箱。村上對球具的重視與愛護，頗有賢拜的風格。

至於村上的人格與球技是如何養成的？在他的故鄉熊本，一間籍籍無名的野球塾（棒球學校），以及兩名前日職選手，共同打造了這個「怪童傳說」。

「愛睡覺的小孩才會長大」

前廣島東洋鯉魚隊選手今井讓二至今還保留著村上小時候的照片。

現年六十七歲的今井，現役時期以跑壘速度著稱，生涯六十二次盜壘成功幾乎都是擔任代跑時跑出來的。退休後今井回到故鄉熊本開了一間野球塾，有一天，村上宗隆的父親帶著他和哥哥來報名，當時村上就讀小學三年級。

村上第一次讓今井刮目相看的是他們在阿蘇市舉辦的夏季訓練營。今井引述「四百勝巨投」金田正一的名言：「腸胃不好的選手是不會有成就的。」因此今井要求每位小學生選手都要吃三碗飯。結果呢？村上一個人就吃了八碗，而且每碗飯都裝得又尖又飽滿！回憶起這件事，今井忍不住笑說：

「這根本就是漫畫才看得到的情景。」

除了吃之外，令今井訝異的還有村上的睡眠。訓練營晚上住宿時，每個房間大約住了二十個小朋友，所有小孩玩到屋頂都快掀開來了，只有村上每天晚上八點半準時就寢。他完全不在乎周遭的人，不管旁人再怎麼胡鬧，都影響不了他。

「愛睡覺的小孩才會長大」，這是村上家的育兒方針。但一個只有十歲的小孩能夠這麼堅持自己的生活步調，不在意他人異樣的眼光，也不為他人所影響，這一點讓今井印象深刻，「不論吃飯、睡覺，他總是按照自己的步調。他的個性好強且固執，一旦決定的事情就不會改變，這就是會在職棒場上成功的人間力。」

十歲那年的「廣角全壘打」傳說

當然，訓練營的重點是實地練習與比賽。今井在南阿蘇村的白水運動公園辦了一場對抗賽，左打的村上連續兩個打席夯出全壘打，第一支打到反方向的左外野全壘打牆外，第二支則是往中堅方向打。

第三個打席，就在村上準備走出休息區時，今井追了上來：「阿宗，這次試著拉打吧！」

村上聽話照做，大棒一揮，把白球送出右外野全壘打牆外！

回顧二〇二二年球季，村上在日職破紀錄的五十六支全壘打，有十八支打向左半邊，十三支打向中間，另外二十五支則是拉打到右半邊。這種「廣角打法」的技巧，原來早在他十歲那年就萌芽了。

故事還沒完，當村上第四次上場打擊時，今井再度叫住他：「阿宗，我聽說從來沒有人能在這座球場連四打席全壘打！」

村上往外野望去，對方三位外野手看到即將上場的是村上，不約而同地往後一退再退，全都貼在全壘打牆前。

最後村上「只」打了一支中右外野之間的二壘安打，不過這已經讓今井留下無比深刻的印象了。

松永浩美看到村上的「人間力」

一九八〇至九〇年代的日職迷一定記得松永浩美。生涯二〇三支全壘打，譽為「史上最強的左右開弓打者」，今井曾經邀請松永到他的棒球學校擔任客座講師。

二〇一九年，村上的第一個三十轟球季，松永在電視上看到村上的打擊姿勢，還發現他出身熊本縣，於是松永便撥了通電話給今井：「你知道養樂多隊的村上嗎？他好像出身熊本縣？」

今井聽完後笑著說：「你在說什麼啊！他就是你以前指導過的那個孩子啊！」

在松永的印象裡，村上每週都去今井的棒球學校報到，一整年下來幾乎沒有缺課過。松永記得自己曾經教過他內角球的打法：「我教他在打內角球時如何移動身體重心，如何留意腳後跟的位移。就像現在村上的打擊機制，他在揮棒時先用右腳尖向前踏步，順勢將身體重心移轉到右後腳跟。這就是為什麼他在揮棒時頭幾乎不會晃動，上半身也不會前傾。」

松永認為，棒球選手的成功，不只在體型、技術、爆發力，更重要的是他的人間力：

「他非常關心周遭的人，隨著年紀增長，他講話變得更大聲，也更加活躍。」

「他對棒球的態度總是直截了當，勇於表達自己的想法。對於自己，他總是想『我如果不練習這麼多，就無法變得更好。』」

「從當時就看得出來，不管是身體的強度、揮棒的速度，他都很適合往職棒發展。」

村上不光是打擊成就，他在養樂多隊也展現出優秀的領導能力。不僅以四番打者的身分活躍於球場上，就算坐在板凳，也不斷以喊聲鼓勵隊友，而這正是他從少年時代就開始做的事。

村上高三那年，他所就讀的九州學院高校在熊本大會決賽輸給秀岳館高校，距離甲子園只有一步之遙。看著哭泣的學弟們，身為隊長的村上率先謝罪：「我們輸了，這都是因為我們高三生不夠努力。」

接著他手指著球場上慶祝勝利的秀岳館高校棒球隊選手們，一邊告訴學弟：「注意看！這就是你們明年該做的事！這就是你們明年的樣子！」

左右勝敗的不動四番

村上宗隆曾經說過：「球隊的第四棒，就是『能左右勝敗的打者』。」

從「令和怪童」到「令和三冠王」，年僅二十三歲的村上已經在日職累積將近兩百支全壘打，但球界對他的期望絕不止於此。未來如何成為日職及國家隊那個「左右勝敗的不動四番」，進而站上大聯盟舞台，成為松井秀喜與大谷翔平之後下一個和製重砲，這不僅是村上的使命，更是宿命。

決賽：對美國

冠軍戰

	1	2	3	4	5	6	7	8	9	R	H	E
美國	0	1	0	0	0	0	0	1	0	2	9	0
日本	0	2	0	1	0	0	0	0	X	3	5	0

勝利投手　今永（1勝0敗，防禦率3.00）

敗戰投手　凱利（0勝1敗，防禦率8.31）

救援成功　大谷（2勝0敗1救援，防禦率1.86）

全 壘 打　村上（1）；岡本（2）；透納（5）；史瓦伯（2）

比賽經過

美國隊及日本隊先發投手分別為凱利、今永。2局上半美國隊靠著透納的陽春砲先馳得點，但下半局日本隊先由村上陽春砲追平比數，岡本、源田連續安打，中村四壞保送，努特巴爾滾地球護送岡本回本壘，以2：1反超前；4局下半岡本陽春砲，將領先差距拉開至2分。

8局上半中繼投手達比修被史瓦伯夯出陽春砲，美國隊追到僅落後1分；9局上半大谷主投1局無失分，對楚奧特投出再見三振，日本隊第3度制霸WBC。

日期　2023年3月21日

時間　3小時18分

觀眾　36,098人

球場　龍帝霸球場

\ 圓陣 /

大谷翔平

我要說的只有一件事，不要去崇拜我們的對手！

一壘手是高史密特，看過去中外野有楚奧特，右外野還有貝茲，我相信只要是打棒球的每個人都聽過這些名字。但是，就算只有今天，光是崇拜對手是無法超越的。

我們今天就是為了超越對手、成為頂尖而來。所以就今天一天，暫且放下對他們的崇拜吧！只要想著贏球就好。

來吧！上場吧！

19 大谷翔平——不要崇拜對手，光是崇拜則無法超越

「圓陣」的起源是美式足球，英文為“Huddle”，每次進攻前由四分衛召集，所有人圍成緊密的圓圈，藉以進行戰術傳達、激勵喊話等。召集時通常由主導者喊“Huddle up!”，解散時則喊“Break!”後各自回到列陣的位置。強大的團隊能迅速集合與解散，並在短短數十秒完成溝通、促使意見一致，這是團隊紀律與凝聚力的證明。

一般認為“Huddle”的發明者是美國高立德大學（Gallaudet University，位於華盛頓特區）美式足球野牛隊（Bison）四分衛保羅・D・哈伯德（Paul D. Hubbard）。高立德大學是一所專為聽覺障礙者設立的私立大學，一八九四年，野牛隊與另一支聽障球隊比賽，哈伯德不想冒險讓對手看到他用手語向隊友說明戰術，於是要求隊友們圍成一個緊密的圓圈以防止對手看到他的手勢。畢業後他擔任堪薩斯啟聰學校的美式足球隊教練，幾年後，幾乎全美國的美式足球隊都採用同樣作法。

「不要崇拜對手，光是崇拜則無法超越。」

——大谷翔平

時至今日，"Huddle" 廣泛運用在棒球、籃球、袋棍球（lacrosse）等各種團隊運動，例如棒球比賽過程中教練喊暫停，與投捕、內野手圍在投手丘討論，就是其中一種形式的呈現。

成為「世界一」不只是實力，更是精神力

在公布與美國的冠軍戰先發名單之前，日本武士隊栗山英樹監督先向全隊信心喊話：「為了擊敗實力堅強的美國隊，我們召集了各位。但只要大家正常發揮，我們才是最強大的一方。」接下來賽前練習結束後、正式上場前，就是大谷翔平在球員休息室這段被形容為「撼動靈魂」的「圓陣」演說。

只是在此之前還發生了一件意外插曲，栗山監督在五月七日受邀上朝日電視台《緊急特報！日本武士隊WBC世界一的狂熱》特別節目時透露這段祕辛：賽前大谷專屬翻譯水原一平抱著大約兩打的球從監督室門口經過，隔沒多久又抱著球折回來。栗山一問之下才得知，原來周東佑京是「神鱒」楚奧特的鐵粉，他託一平去要簽名球，楚奧特不但答應，還很爽快地為每個人都簽一顆，據說所有日本選手在賽前收到簽名球時都非常開心，最後就連栗山監督也拿了。

球評古田敦也聽到這段內幕之後就說：「大谷大概是看到後才這麼說的吧！」栗山監督則表示，雖然他沒有問過大谷，但的確有這樣的可能性。

一名日本運動記者表示：「我相信大谷能理解周遭人的心情吧！但也正因為如此，他才認為有必要平復一下心情，讓所有人的思緒回到正軌。成為『世界一』不只是實力，精神上更不能輸給對手。那段『不要崇拜對手，光是崇拜則無法超越』的發言，應該蘊含了這樣的心情。」

毫無疑問，大谷這場激勵演說，必將成為運動史上未來十年、三十年、甚至一百年後傳頌的經

典。不過我認為這段名言不僅僅是大谷看到楚奧特簽名球之後的反射性思考，更融入了他一路走來超乎年齡與外表、無與倫比的強大心理素質。

超越對手，才能成為頂尖

還記得花卷東高校棒球隊監督佐佐木洋「先入為主的觀念，將使可能成為不可能」這句話嗎？這堪稱是影響大谷人生最重要的一句話。就如同許多人形容大谷的圓陣精神喊話撼動靈魂，大谷同樣形容佐佐木監督的這句話「撼動他的靈魂」。

至於大谷為什麼向隊友喊話要「超越對手」？「超越」對他有什麼特殊的意義？

眾所周知，大谷是因為崇拜高他三屆、同樣出身岩手縣的左投菊池雄星，才選擇就讀花卷東高校。可是從大谷的思考模式、談話內容、目標設定，你會發現他要的不只是追隨，更是超越。理由很簡單：不超越菊池，怎麼成為全國最佳投手？

佐佐木監督從不否認他是「以雄星為教科書來育成大谷」，雖然他勉勵大谷「追隨成功者（即菊池）的腳步，才是確保成功的方法」，但他卻給大谷訂定更高的目標：「這就是為什麼我告訴大谷『不要有想成為雄星那樣的想法』，因為如果你只想和別人一樣，那你永遠不會比他們好。你要想的是如何超越他們。」

佐佐木監督曾經給菊池填過一張曼陀羅計畫表，菊池的高中目標之一是「投球極速一五五公里」，不過三年後當大谷填同一張表時，他將目標設定在難度更高、近乎不可能的一六〇公里；菊池在日職選秀會獲得六支球團第一指名，大谷便將目標進一步設定在「八支球團第一指名」。為了達成上述目標，高中入學時體重只有六十三公斤、被形容為「鉛筆人」的大谷，被佐佐木監督要求一天吃十碗飯（早餐三碗，午晚餐七碗），常常吃了又吐，吐了又吃；此外，他還被嚴格要求一天至少睡足八個半到九個小時。

看到這裡，你發現了嗎？大谷為人稱道的「谷巨肌」與「睡眠管理」，其實從高中時代就根深蒂固地內化成為生活的一部分，而這一切的動機，不只是因為他「崇拜」菊池，「模仿」松井與達比修，或是想「追隨」一朗成為職棒選手，更重要的是「超越」他們。

這就是大谷向隊友喊話「超越對手，成為頂尖」的目的所在。因為對他來說，「超越」才是對偶像最崇高的致敬。大谷在賽後記者會也說明這樣的想法：「我們常在不知不覺中，對美國棒球懷抱非常尊敬的心情，這會讓我們的眼神變得謙卑而軟弱。只要今天，我希望大家暫時忘掉這件事，以平等的立場，務必贏得勝利。」

戰勝自己、超越極限，才是真正的強者

大谷也有自己崇拜的對象。其一是隊友楚奧特。大谷剛到美國時被問到最想要的東西，他的回答是「向隊友楚奧特請教打擊技巧，畢竟水原常說他是世界上最好的棒球選手之一」；另一位則是「木屐」貝茲（Mookie Betts），二〇二三年明星賽期間，大谷被問到誰是他心目中「最厲害的選手」，他回答貝茲：「他能守游擊，又能守右外野，沒有人能做到如此高水準的全方位表現，他實在太強大了。」

在大谷「不要崇拜對手，光是崇拜則無法超越」的演說中提到三名大聯盟選手，其中兩位正是楚

奧特與貝茲，不難想像他在潛意識中對這兩名球星的景仰之情。不過正如他在冠軍戰後所言：「如果什麼都不想，就會不自覺對著『啊！那是楚奧特耶！』這樣的選手產生敬畏之心。所以我想保持『不能輸』的心態去面對他們。」

對大谷來說，想要成為世界一，光是崇拜對手是無法超越的。然而超越偶像談何容易，除非摒棄「崇拜對手」、「自認不如人」這些先入為主的觀念，才能「化不可能為可能」。

反過來說，如果只想成為某個人，而不是有意識地超越你所憧憬的存在，那要如何開創新局？這就是為什麼大谷立定志向「要做就做別人做不到的事」。

老子《道德經》有云：「勝人者有力，自勝者強。」戰勝對手固然是力量的展現，但老子認為更進階的是「自勝者」。就如同大谷在冠軍戰再見三振楚奧特的那一球，大谷在賽後自評「如果不投出超越自己極限的球，就無法壓制這樣的打者。」換言之，唯有戰勝自己、超越極限，才是真正貫徹意志力的強者。

法國文豪雨果（Victor Hugo）曾說：「所謂活著的人，就是不斷挑戰的人，不斷攀登命運峻峰的人。」敢於挑戰，不斷超越，這不就是大谷野球人生的寫照？從他說過的這幾句話，不難看出他對自己的期許：

「期待不是用來被滿足，而是要加以超越。」

「就算是處在極佳狀態，與其維持，我更希望去嘗試能超越的方法。」

除此之外，深究大谷的圓陣演說，還有以下兩個更深層的意義：

一、恩師栗山監督在宮崎訓練營的第一天曾說：「我們要在棒球的發源地打敗美國隊」，大谷則在大會的最後一天以「超越對手、成為頂尖、只要想著贏球就好」加以呼應。

二、日本武士隊首席教練白井一幸透露，前一天在準決賽驚險逆轉擊敗墨西哥之後，內部確實有鬆懈的跡象，選手間似乎萌生一種「比起『絕對要贏美國』，更多的是『終於能和美國交手』」的放鬆心情。大谷感受到團隊的氛圍，於是在最適當的時機發出最精準的訊息：「我們是為了超越美國隊，成為世界一，才會來到這裡」，這番話一舉扭轉了團隊的氣勢。白井教練就說：「如果沒有這番話，我們還不知道能否贏得冠軍。」

敢於挑戰、不斷超越的野球少年

由三木慎太郎執導、本屆WBC日本武士隊的紀錄片《超越崇拜的武士們邁向世界一的紀錄》，這個片名的靈感正是來自大谷圓陣的精神喊話。栗山監督在電影首映會上這麼回應：「**大谷翔平之所以如此了不起，不僅在於他的天賦與能力，更在於他的『野球腦』（棒球智慧）。**」

一個有趣的社會現象：二〇二三年四月二十五日，亦即WBC結束後一個月，東京商工會議所發布「理想上司」形象調查，大谷高居第一名。相較於同年二月WBC開打前，明治安田生命保險公司調查顯示大谷是「理想的新進社員」第一名，這種感覺就像在WBC之後，大谷一下子從新進社員晉升為上司了。

東京商工會議所分析大谷獲選為第一名的原因，在於他重視人際關係與團隊合作，包括冠軍戰的圓陣演說鼓舞全隊士氣、八強賽對義大利「我沒有把自尊置於勝利之上」的發言，在在彰顯他團隊至上的態度。

另一個值得重視的問題是「大谷的價值觀對日本社會的逆襲」。大谷所說「不要崇拜對手，光是崇拜則無法超越」這句話，就像網路社群的短語，對於不同年齡層都能引起共鳴。

長久以來，日本國內一直有「國際競爭力下降」、「低成長」的批判，對於世代論有深入研究的千葉商科大學常見陽平副教授就說：「由於社會普遍存在的停滯感，對於不斷超越極限的大谷翔平特別嚮往。若能思考如何才能像他一樣活躍，世界一定變得更加明亮。」

敢於挑戰，不斷超越，大谷正以這樣的姿態，吸引全日本、甚至全世界的目光。

20 達比修有——午夜一點半的神祕電話

WBC準決賽墨日大戰結束後，日本武士隊投捕教練村田善則回到飯店，都已經是隔天凌晨一點了。

午夜一點半，房間電話突然響起。村田接起話筒，另一端傳來熟悉的聲音：「不好意思，我現在帶資料過去找您！」

是達比修有！

三月二十六日，日本武士隊凱旋歸國後，日本電視台「真相報道バンキシャ！」節目播出村田教練的專訪，回顧這段戰勝美國隊奪冠的幕後祕辛。

達比修的「神鱒攻略法」

達比修一進門就告知村田教練，他手上有「相當可靠的數據」。經過他深入分析後，村田教練意外發現：「在楚奧特前一年的打擊數據中，他打四縫線速球的表現竟然最不出色。」

「如果不投出超越自己極限的球，就無法壓制這樣的打者（楚奧特）。」

——大谷翔平

「印象中，對強打者投直球是有點恐怖的事，不是嗎？但當達比修告訴我『一定要勇於直球對決』時，我原本堅定不移的想法開始改變了。」

達比修主張「楚奧特不擅於打直球」，他用手上的數據說服村田教練，進而形成冠軍戰當天的「神鱒攻略法」，「我們得出的結論是：如果不敢這麼投（直球對決），你將很難壓制這樣的打者。」村田教練說。

達比修說對了嗎？我們從冠軍戰楚奧特五個打席的結果驗證如下：

・第一個打席（一局上半，投手為今永昇太）：二壘安打

楚奧特咬中今永的第三球──好球帶正中下墜、時速七十三．七英里的曲球，一棒掃成右外野方向二壘安打，但前一球對偏高的四縫線速球卻是揮棒落空。

・第二個打席（三局上半，投手為戶郷翔征）：三振

戶郷先用四縫線速球連搶兩個好球數，在球數領先之下，最後以快速指叉球奪下三振。

・第三個打席（五局上半，投手為高橋宏斗）：三振

高橋在這個打席的前五球有四球都是四縫線速球，貫徹教練團的「直球攻略」，最後靠快速指叉球讓「神鱒」揮空三振。

・第四個打席（七局上半，投手為大勢）：右外野飛球接殺

無人出局，一、二壘有跑者，大勢依舊貫徹直球攻略，第一球是時速九十五．二英里、偏內角的二縫線速球，楚奧特打成界外；第二球是時速九十五．三英里、好球帶內角壓線的二縫線速球，右外野飛球接殺。

・第五個打席（九局上半，投手為大谷翔平）：三振

九局上半兩出局的「天使Troutani內戰」，大谷與楚奧特的至尊對決。大谷第一球滑球沒投進好球帶，接著連塞四顆四縫線速球，其中投進好球帶的速球都造成楚奧特揮空。兩好三壞滿球數之下，大谷最後以橫掃球拿下再見三振。

總計楚奧特在冠軍戰五個打席，面對日本武士隊五名不同投手、共計二十二球，其中有多達十四球是速球。進一步分析，這十四顆速球有八球投進好球帶或造成打者出棒，結果如下：

揮棒落空：三球

擊球出界：三球

未揮棒被判好球：一球

打進場內出局：一球

能讓「地表最強打者」單場五打數一安打（唯一的安打是打曲球），狂吞三次三振，而且最後一個打席被大谷三振的三顆好球都是揮棒落空。對照楚奧特大聯盟生涯前十二年、六一七四個打席，只有二十四個打席是三顆好球都揮空三振，平均一年僅發生兩次，機率僅〇．三九％。所以達比修的「神鱒直球攻略」成功了嗎？答案不言自明。

短期比賽資料分析的重要性

相較於大聯盟、日職賽季會與同一隊反覆交手，WBC則是「一棒定勝負」的比賽，因此賽前的情蒐至關重要。二〇〇九年第二屆WBC就是一例。

在準決賽對上美國隊之前，從讀賣巨人隊徵召的首席記錄員三井康浩等人經過研究分析後，破解美國隊先發投手洛伊・奧斯華（Roy Oswalt）投不同球種時的小動作，協助日本武士隊提前在第四局打爆這位太空人王牌投手（先發三・二局失六分，自責分四分），最終完成二連霸的偉業。伴隨著科技發展，如今除了這些肉眼觀察可見的投手投球癖好之外，在許多已導入Trackman棒球追蹤系統的球場，還能蒐集到投球球速、轉速、變化量，以及打者的擊球速度、飛行距離、揮棒軌跡等各種數據。

有鑑於短期決戰情蒐的重要性，經驗豐富的村田善則就成為不二人選。他堪稱近年來日本武士隊最資深的教練團成員，從第三屆WBC山本浩二監督任內擔任記錄員開始，接下來在小久保裕紀（第四屆WBC）、稻葉篤紀（東京奧運）、栗山英樹（第五屆WBC）等監督任內擔任投捕教練，負責分析對手的打擊資料。以東京奧運為例，村田負責分析對方打者，首席教練兼打擊教練金子誠則分析對方投手，他們整合了數據體育場（Data Stadium Inc.）等運動數據公司蒐集的影片及數據資料，將資料分析、召集會議、教練職能一次完成。

「我和栗山桑過去從沒共事過，所以這次受徵召是我完全沒意料到的，真的很驚訝。」村田教練說。但這正是他多年來資料分析能力獲得高度肯定的證明。

村田教練點出本屆WBC情蒐與資料分析的複雜性：

「由於不同聯盟的投手水準有顯著差異，即使該聯盟數據顯示，某些打者擅長打特定進壘點或特定球種的來球，我們仍須深入思考他們是如何擊球的。」

「首先，我們必須先蒐集所有可得的資料，從中研判對方打者的擊球傾向，然後思考這樣的資訊如何提供日本投手運用。」

「即便如此，這仍然不是最終的解答。在比賽開始後，我們必須隨時掌握對方打者對於不同來球的應對方式，作為下次打席或下下次打席我方投手投球時的參考。」

儘管在資料分析投入大量時間與心力，但村田教練仍不忘強調「投手臨場表現」與「投捕溝通」才是最重要的。「數據僅僅是陷入困境或迷惘時參考的，我們不希望投手只盯著數據，而應該著重在實際的溝通與表現。」村田說，此外表達方式也很重要，「數據再詳細，如果用不到也沒有價值。我會將焦點放在遇到困境時能派上用場的數據，並且思考如何簡單地向選手傳達這些訊息。」

順帶一提，當日本武士隊以三比二擊敗美國隊、贏得冠軍的瞬間，全體隊職員衝進場內慶祝，只有三名成員站在三壘看台默默支持並注視這場勝利，他們是數據體育場的數據分析師。

數據體育場從二〇〇七年第二十四屆亞洲棒球錦標賽（北京奧運資格賽）就負責製作選手選拔資料、蒐集海外聯盟的數據和影片，並整理成為可供團隊活用的報告。山田隼哉與河野岳志負責野手，山田還負責與日本職棒聯盟的協調事項、全隊任務管理，並在賽前的野手會議中簡報分析對方投手的特性；佐藤優太則是負責投捕搭檔。

身為本次冠軍隊的智囊團，三位分析師對於日本武士隊的「大腦」達比修佩服得五體投地。「在對韓國賽前的投捕會議上，達比修投手坐在一旁，他一邊用平板查看數據，一邊分析對戰選手的狀況，我能感受到他和我們是不同的水準。不管是數據的解讀能力、運用方式，以及要從哪裡查找什麼樣的數據等，這些似乎已深植於日常，成為他從習慣中培養出來的技能。」佐藤欽佩地說。「看到這一幕，我意識到自己必須做好準備，才能妥善且精準地回答選手的問題。」

山田則說：「分析師與選手是共同成長的。隨著選手實力的提升，我們也必須更上一層樓，承受更大的壓力。」

達比修：日本武士隊的大腦，雲端之上的存在

棒球比賽固然是選手個人鍛鍊的成果，但同時也是高度的情報戰，關鍵在於如何活用資訊。咀嚼、消化資料背後的意涵，將之言語化，向球隊提供適切的建議，這就是村田善則教練與數據分析師扮演的角色。

然而，達比修的實戰經驗與數據解讀能力毫無疑問是雲端之上的存在。就像我最愛的日劇《東京大飯店》中，木村拓哉飾演的主廚尾花夏樹，經常藉由食材在烹調時發出的聲響，判斷食物熟度、起鍋時間。被譽為「變化球職人」的達比修，不也具有同樣的「職人技」嗎？

達比修投不同變化球時的指尖觸感、遇到各種狀況的應變與配球方式，都是日本野球最珍貴的「身體經驗」。透過世代傳承與運動科技，將這些身體經驗轉換為更容易分析且可持續學習的「數據經驗」，正是日本武士隊在國際賽強盛的原因所在。

21 大谷翔平的「直球談判」；日本棒球史上最極致的景色

場景一：二〇二三年三月十八日（準決賽前兩天），邁阿密佛羅里達國際大學

前一天凌晨三點才飛抵邁阿密的日本武士隊，這一天下午在距離大會比賽場地龍帝霸球場不到二十分鐘車程的佛羅里達國際大學，進行赴美以來的首次全員練習。

陽光燦爛的棒球場上，栗山英樹監督與大谷翔平聚首交談了一段時間。事實上，要看到兩人在眾目睽睽之下如此長談，這可是很罕見的。

沒有人想得到，此刻的栗山與大谷正在為三天後的冠軍戰譜寫「劇本」：如果日本晉級冠軍戰且比分領先，大谷將在第九局站上投手丘終結比賽！

「只要一生一次就好，拜託讓我在出賽名單填上投手達比修有的名字，這一直是我的夢想，也是日本棒球迷的夢想。」

——栗山英樹

但連他們自己都沒想到，WBC史上最傳奇的一天就此誕生。

自從二〇一二年底，十八歲的大谷加盟北海道日本火腿鬥士隊以來，默契十足的兩人其實沒有類似「決賽就交給你了」、「收到」這種坦率而明確的對話。而且在兩人交談之前，栗山監督已經先問過大谷的專屬翻譯水原一平了。

栗山：「接下來的計畫，沒問題吧？」

一平：「我們都談妥了，沒問題。」

栗山：「那好，接下來我去找他本人談談。」

到底大谷與一平去「談妥」了什麼？隔天（三月十九日）大谷受訪時說出了答案。

三月九日預賽對中國、三月十六日八強賽對義大利的兩場先發都拿下勝投，率領日本武士隊晉級四強之後，天使總教練菲爾・奈文（Phil Nevin）表達天使球團的立場：有鑑於大谷即將在三月三十日擔任天使新球季開幕戰的先發投手，往前倒推三月二十四日必須在熱身賽最後一次登板調整，因此不管是三月二十日的WBC準決賽也好、二十一日的決賽也好，距離他下次在熱身賽登板的間隔時間都太短。總而言之，言而總之，奈文認為他們家的二刀流明星在準決賽之後，不會再為日本武士隊上場投球。

然而，身為天使隊，不，應該是全大聯盟的天之驕子，當大谷憑藉著強大的意志力，親自找上球團「直球談判」時，天使能拒絕嗎？

也因為這樣，才會帶出大谷在準決賽前一天的受訪內容：

「我的球團聽從我自私的請求，並且真的給了我轉圜的空間。」

「當然，我很樂意讓自己（在決賽）準備好中繼登板。」

看到這裡，你是否注意到一件事？身為日本武士隊監督，栗山對於「投手大谷」在WBC的登板日期、休息間隔，乃至於「打者翔平」的使用方式，都必須經過天使球團同意。站在日本國家隊的立場，不覺得很怪嗎？

說穿了，大聯盟本來就是商業導向，而天才二刀流大谷則是當今大聯盟最值錢、而且是獨一無二的「商品」。因此大谷在WBC期間受到的嚴密監控與保護，超乎球迷的想像。舉例來說，每天都有專人檢查大谷的健康狀態，哪怕只是些微異常，都有可能導致他被禁止出賽。

除此之外，栗山監督原本希望大谷從一開始的宮崎訓練營就全程參與，為此日本還準備了數千萬日圓作為大谷在這段期間的保險費用；而在天使球團與大谷決定留在美國春訓、並且確定無法參加前面的熱身賽之後，考量購買熱身賽門票的球迷、支付鉅額廣告費的贊助商，以及周邊商品的銷售，日方協調大谷提早一天返回日本，並且參加賽前的打擊練習。大谷爽快答應，他也在室外打擊練習時，以特大號全壘打回應望穿秋水的同胞球迷。

延續前面栗山監督與大谷的談話內容，接下來兩人還是沒正面提到「決賽登板投球」這件事：

栗山：「怎麼樣？沒問題吧？」

大谷：「看身體狀況而定。」

栗山：「知道了，我會做好準備。」

剩下的時間，兩人討論的是「狀況不好時該怎麼投」這類話題。不過在前面不到一分鐘的對話之內，他們已經把決賽的劇情勾勒出來了。默契十足的師徒倆已就「決賽第九局由你來投」、「我會盡力的」達成共識。而這就是栗山監督開玩笑稱呼大谷為「天邪鬼」的原因。

天邪鬼是日本傳說中遠古的一種妖怪，原指「妨礙上天的惡鬼」，民間傳說將之醜化為「洞察人心而惡作劇的小鬼」，到了現代則用來稱呼「不信邪又愛唱反調、我行我素的人」。

「我一直想讓翔平在決賽登板，但這傢伙就是個天邪鬼，如果我先說『你來投』，他是絕對不會投的。所以我一直在等待翔平自己說他想投。翔平就是這樣的個性，他渴望勝利，一旦開關打開（進入狀況），他一定會主動說『我要上場』。果不其然，翔平還是沒有說『我想投』，但當他說『看身體狀況而定』就是要投了吧！我相信在那個時候，翔平就已經打算在決賽登板了。」栗山監督回憶說。

場景二：三月二十日（準決賽），邁阿密龍帝霸球場

準決賽當天，栗山監督想提醒大谷做好隔天決賽二刀流的上場準備，但大谷整場比賽情緒太投入了。雖然不便打斷，但決賽前什麼都不說卻又不可能。最後栗山趁大谷經過面前時叫住他：「準備好了嗎？沒問題吧？牛棚在左外野……」

大谷打斷栗山的話：「我會上的，請不用擔心。」

對於雙方如此簡潔的對話，栗山監督解釋：「如果是在鬥士隊時期，或許還需要對他下達指示。但如今他已成為如此頂尖的選手，我相信他非常瞭解自己的狀況。如果不能投，他會自己說。所以我不要求他該如何準備比賽，而是看他自己會怎麼做。」

場景三：三月二十一日（冠軍戰賽前），邁阿密龍帝霸球場

決賽當天一到球場，栗山監督趁球隊練習的空檔親自走一趟，確認從三壘替補席走到左外野牛棚的動線。

二〇一六年日本火腿對軟銀的高潮系列賽第五戰，九局上半，栗山監督推出大谷終結比賽，他還因此飆出一六五公里（約一〇三英里）日職球速新紀錄。雖然當時以投打二刀流出賽，但替補席靠近牛棚，因此大谷得以一邊在牛棚熱身，一邊觀察比賽的進展，不必替補席、牛棚兩頭跑。

可是龍帝霸球場的不同之處在於，牛棚位於左外野後方。栗山在確認動線時，發現一條無須走進場內就可以抵達牛棚的路線，雖然必須通過長約十公尺的觀眾走道，但這至少可以讓大谷在比賽後段自在地來回穿梭替補席與牛棚。

確認無誤後，栗山走進球場，在外野幫忙撿球，同時觀察大谷傳接球的狀況。「看他投球的感覺應該是沒問題的。過去兩年翔平的進步幅度遠超過我的想像，用倍數成長來形容並不為過。他的身體有多強壯，光看他練習就足以感受到了。」栗山說。

場景四：三月二十一日（冠軍戰賽前），邁阿密龍帝霸球場

「監督，達爾說他準備好了。要怎麼安排上場順序？」投手教練吉井理人向栗山報告。

兩人討論後暫訂由達比修投第八局，大谷「原則上」投第九局。為什麼？考量二刀流的特殊角色，大谷上場與否、上場時機為何，仍須視打擊順序與比賽進展而定。

舉例來說，如果投手大谷九局上半登板被追平、甚至落後，這時就需要打者翔平留在場上帶領反

擊。不過既然他的身分已經由「第三棒指定打擊」轉換為「第三棒投手」，一旦延長賽換投，打者翔平就無法繼續留在場上打擊。對日本武士隊來說，比分落後時打者翔平的重要性遠高於投手大谷，所以硬要他上場投一局反而是不智的。當然，大谷可以在換投後改守左外野，這樣就能繼續留在中心打線，而栗山監督還真的考慮過這種可能性。

正因為比賽存在各種變數，所以除了投手教練吉井與牛棚教練厚澤和幸之外，栗山監督沒向身邊其他人透露大谷將在決賽擔任終結者的想法。原因正如前述，大谷登板與否可能隨著比賽進展而變得非常複雜，如果讓周遭的人過度期待大谷登板，可能不是明智的作法。

題外話，栗山監督為什麼堅持要讓達比修及大谷在決賽對美國隊接力投球？他在賽後說出答案：「當我想到在美國的土地上，要如何壓制大聯盟明星打線時，這兩人自然地浮現在我的腦海中。雖然在決賽推出年輕投手，但當我一一問他們時，有的說『腿在發抖』，有的說『完全不記得了』，每個人都非常緊張。我想，只有他們兩人可以克服這種場面。」

場景五：三月二十一日（冠軍戰五局結束後），邁阿密龍帝霸球場

大谷第一次走進牛棚是在五局結束後，當時他才剛打完第三個打席，打者工作暫告一段落。

「這傢伙大大方方地走在路中央，根本不用繞路嘛！」栗山監督苦笑。

大谷沒有從替補席後方的動線低調走向牛棚，而是拎著手套和水壺，堂堂正正地穿越球場界外區。之後他就這樣小跑步來回三壘替補席與左外野後方牛棚，職棒場上很少見到如此特殊的場景。

另一個罕見的場景，則是達比修、大谷兩名大聯盟王牌同時在牛棚熱身，就連轉播球評松坂大輔也難掩興奮：「我猜八局應該是達比修有，九局大谷翔平！」

六局下半日本打了六人次，大谷趕緊從牛棚跑回替補席，戴上護具準備上場，在沒有打擊機會之後原路折返牛棚熱身；七局下半大谷再度從牛棚回來打擊，還跑出內野安打；下一棒吉田正尚打出游擊滾地球的同時他賣力滑向二壘，全身沾滿紅土。前日職、大聯盟投手五十嵐亮太向大谷致敬：「不是大谷的話辦不到。」

場景六：三月二十一日（冠軍戰八局上半），邁阿密龍帝霸球場

「投手，達比修！」

在今永昇太、戶鄉翔征、高橋宏斗、伊藤大海、大勢前七局接力投球，只讓美國隊攻下一分之後，栗山監督在七局下半結束時向主審告知換投的決定。

達比修在二〇一一年球季結束後由北海道日本火腿鬥士隊轉戰大聯盟，同年十一月栗山才接任鬥士隊監督，因此在本屆WBC之前，兩人並沒有實際同隊過。

栗山曾經對達比修說過：「只要一生一次就好，拜託讓我在出賽名單填上投手達比修有的名字，這一直是我的夢想，也是日本棒球迷的夢想。」他在著作《栗山筆記2：世界一的軌跡》詳述當時悸動的心情：「對我來說，和他一起打球這件事，是我無論如何都想完成的願望。在這場最重要的比賽，所有人熱血沸騰的時刻，能親口說出達爾的名字，是我無上的幸福。」

栗山監督其實也明瞭達比修狀況調整不佳的事實，但他義無反顧，「投手狀況好不好，看他投幾球就能有一定程度的瞭解。這或許不是達爾的最佳狀態，但他登板投球這個決定，我沒有絲毫猶豫。

多虧了達爾，我們才能走到這一步，這支球隊甚至可以稱為達爾的球隊。就算他被痛擊，我也會打從心底接受，我可以很肯定地這麼說。」

一出局後，達比修接連被凱爾・史瓦伯（Kyle Schwarber）、崔亞・透納（Trea Turner）打出陽春砲及一壘安打，雖然解決後面兩名打者化解繼續失分的危機，但美國隊追到二比三僅僅落後一分的緊張局面。

日本棒球史上最極致的景色

大谷與天使球團的直球談判，促成他和達比修在決賽的接力登板，但兩人牛棚熱身的方式大異其趣。

由於達比修確定在日本領先時主投八局上半，因此他早在五局中途就進到牛棚熱身，專注力提升到了極限。大谷則正好相反，投打兩頭燒的他，五局結束後走進牛棚但一球未投，七局上半也只投了兩球就回到替補席，準備下半局上場打擊。

不過就在達比修八局登板之後，回到牛棚的大谷彷彿換了一個人，他完全進入實戰投球的狀態，每投一球都會發出喊聲。牛棚捕手鶴岡慎也回憶說，當時他與達比修、大谷之間沒有任何對話，「他們情緒太高漲了，有種無法接近的氛圍。」

「鶴桑，真是了不起的場面啊！」另一名牛棚捕手梶原有司轉頭說。

「真的！一般人可是看不到的。這是我們牛棚捕手的特權。」鶴岡回答。

兩名大聯盟王牌投手在日本隊的牛棚並肩熱身，鶴岡形容這是他所看過最極致的景色：「第八局和第九局，兩人分別從牛棚走向投手丘的場景，至今仍深深烙印在我的腦海裡。接下來，我們將迎來大谷選手與楚奧特選手投打對戰的最高潮。」

22 「泥濘終結者」——大谷翔平，傳說誕生之日

「我可以去站在打擊區嗎？」

二〇二三年二月，天使春訓營開始沒多久，「神鱒」楚奧特聽說隊友大谷翔平要進牛棚練投，於是興沖沖地跑去詢問大谷本人。

楚奧特想得很單純，他想喚回自己站在打擊區面對投球的感覺，及早進入狀況。不過大谷的回答出人意表：「No！」

練投結束後，大谷站在場邊與球團公關部門人員閒聊，楚奧特經過他身邊時還開玩笑抱怨「翔平不讓我站在打擊區」。

誰也沒想到一個多月後上帝的劇本，竟然安排兩人在冠軍戰最後一個打席投打對決；沒有人想像得到，二〇二三年棒球場上最絕殺的一球，竟然在大聯盟開季前就發生了！

就如美國幽默大師馬克·吐溫的名言：「有時候真實比小說更加荒誕，因為虛構是在一定邏輯下進行的，而現實往往毫無邏輯可言。」同屬天使隊的

「我想投一球，不管安打還是出局，都不會讓自己留下遺憾。」

——大谷翔平

兩人從來沒在正式比賽中對戰過，就連打擊練習也沒有。被ESPN評為當年度大聯盟選手排名第一（大谷）與第二（楚奧特）的兩人，生涯第一次對決就在世界棒球之巔。如果楚奧特擊出全壘打，兩隊戰成平手，比賽重新來過；如果大谷拿下最後一個出局數，日本武士隊將奪下WBC冠軍。

現實往往比小說更離奇，不過「傳說」不就是這樣誕生的嗎？

不留遺憾的一球

九局上半，日本以一分領先美國，球褲沾滿紅土髒汙的大谷走上投手丘。

「這應該就是翔平在WBC的想望吧！」栗山英樹監督心想：「在這麼緊張的氣氛之下，所有人團結在一起，不在乎自己的表現，只想贏得比賽。回歸棒球原點的他，正在細細品味這個時刻。」

「就是這樣的翔平，現在的他可是閃閃發光！」（雖然是球衣最髒的投手）

美國隊打擊順序由第九棒開始，如果順利拿下前兩個出局數，那麼這場比賽最後一個出局數將是「終結者」大谷與「地表最強打者」楚奧特的至尊對決！一切就彷如上帝寫好的劇本，「棒球之神也太厲害了！」栗山心想。

或許是太緊張，抑或是情緒亢奮，大谷在纏鬥七球之後竟然四壞保送首名打者傑夫．麥克尼爾（Jeff McNeil），不過下一棒貝茲打成「四－六－三」雙殺，讓故事情節又回到上帝的劇本。

轉了一圈，命運還是回到大谷與楚奧特兩人手上。

看到天使隊友「神鱒」出現在打擊區，「投球忍者」羅德．弗瑞德曼（Rod Friedman）描述大谷當時的表情：「我知道我們是隊友，但我一定要摧毀你！」

至於楚奧特呢？走進打擊區的他對著大谷微微點頭，喃喃自語。有人從他的唇形推測他可能是在說：“Alright, man. Here we go. Let's do this.”（好！來吧！來對決吧！）

深吸一口氣，大谷的第一球是外角偏低滑球，一壞球。

接著他的火球完全燃燒，連續四顆球速一百英里上下的速球，楚奧特兩度揮空，形成兩好三壞滿球數。

最後一球大谷會怎麼投？**「我想投一球，不管安打還是出局，都不會讓自己留下遺憾。」**

大谷出手了，白球以漫畫般的甩尾向打者外角急轉彎，楚奧特揮空，比賽結束！

就在這一瞬間，大谷衝下投手丘，對著日本武士隊休息區的方向張開雙臂。他興奮地甩開手套、脫下球帽，隨即被一擁而上的隊友給淹沒。

這就是日本擊敗美國、睽違十四年重返WBC世界一的一瞬間！

日本野球再次征服世界

最後這一顆橫掃球是大谷生涯最棒的一球嗎？數據會說話：首先，大谷二〇二二年球季投橫掃球的占比高達三十七％，平均球速八十六・五英里，平均轉速二四九二轉。而他三振楚奧特這一球的球速為八十七・二英里、轉速二七〇八轉。

截至二〇二二年為止，大谷在大聯盟總共投了一六五九顆橫掃球，在轉速相當的情況下，過去這一六五九球當中只有五球球速比三振楚奧特那一球還快；若將這五球視為大谷大聯盟生涯最佳的橫掃球，那麼他三振楚奧特這一球的垂直位移（八十一公分）與水平位移（四十三公分）又遠優於上述五

▲ 2023年1月6日，WBC日本武士隊先行公布12人名單，大谷翔平陪同監督栗山英樹出席記者會。大谷穿上16號球衣亮相，表明自己將以WBC史上首次的「二刀流」身分上場，並宣示「我心中想的只有優勝」。（美聯社／達志影像）

▲ 2023年3月21日WBC決賽，日本武士隊擊敗美國隊拿下冠軍，賽後大谷翔平與隊友努特巴爾一家合照。左起努特巴爾、母親久美子、大谷、父親查理。（共同社／達志影像）

▲ 2023年3月6日，日本武士隊在WBC官辦熱身賽對上阪神虎隊。擔任第3棒指定打擊的大谷翔平單場雙響砲、6分打點，包括第3局以單膝跪地之姿，將阪神投手才木浩人偏低的指叉球撈出全壘打牆外。（美聯社／達志影像）

▲ 2023年3月6日，日本武士隊與阪神虎隊的WBC官辦熱身賽，第3局夯出3分全壘打的大谷翔平，跑壘時做出研磨胡椒罐的慶祝手勢。（共同社／達志影像）

▲ 2023年3月9日，WBC的B組預賽由日本武士隊對上中國隊，大谷翔平擔任先發投手。這是大谷在WBC的生涯首戰，更是WBC史上第一位投打二刀流出賽的選手。（美聯社／達志影像）

▲ 2023年3月20日，WBC準決賽由日本武士隊對上墨西哥隊，7局下半吉田正尚擊出三分砲後，壘上跑者大谷翔平張開雙手、雀躍跑壘。這動作被網友笑虧神似動漫《怪博士與機器娃娃》女主角阿拉蕾的跑步姿勢。（路透社／達志影像）

▲ 2023年3月21日，WBC決賽由日本武士隊對上美國隊，9局上半終結者大谷翔平對「神鱒」楚奧特投出再見三振的一瞬間，捕手中村悠平接球後高高躍起，大谷則是對著日本隊休息區振臂歡呼。（美聯社／達志影像）

▲ 2023年3月21日，日本武士隊在WBC決賽擊敗美國隊封王，大谷翔平在賽後手捧冠軍金盃，向觀眾揮舞球帽致意。（美聯社／達志影像）

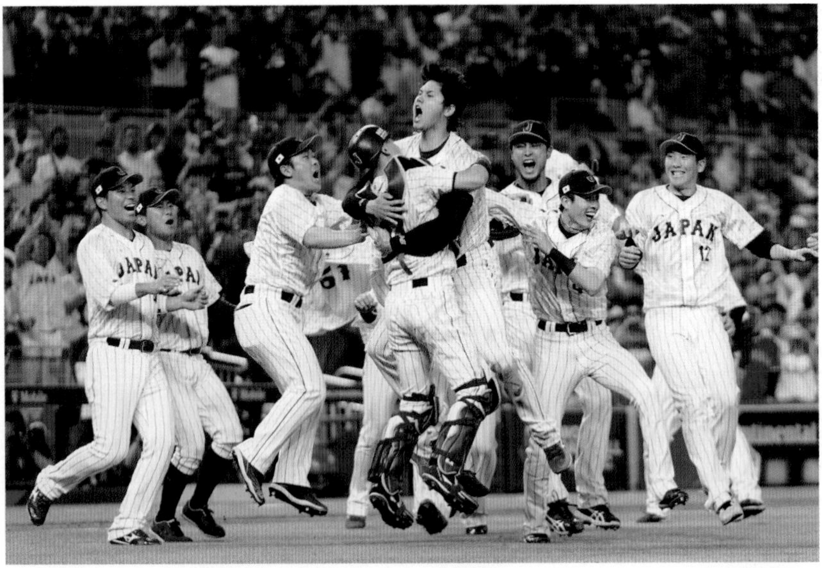

▲ 2023年3月21日，日本武士隊在WBC決賽以3：2擊敗美國隊封王，賽後大谷翔平興奮擁抱捕手搭檔中村悠平，與達比修有在內的隊友共同慶祝第3座冠軍。（美聯社／達志影像）

▲ 2023年6月17日，天使隊客場迎戰皇家隊，7局上半開轟的大谷翔平回到休息區戴上武士頭盔，滿臉笑容與隊友擊掌慶祝。（美聯社／達志影像）

▲ 2023年2月21日，大谷翔平在亞利桑納州坦佩的天使隊春訓基地，拍攝新球季的個人照。（美聯社／達志影像）

▲ 2023年6月27日，「投手大谷」對白襪隊先發6.1局被打出4支安打責失1分，狂飆10次三振，拿下本季第7勝；「打者翔平」則是單場雙響砲。他成為近60年以來第一位「單場2轟且投出10次三振」的美聯投手。（共同社／達志影像）

▲ 2023年6月30日，大谷翔平在對響尾蛇隊比賽的6局下半敲出本季第30支全壘打，成為大聯盟史上第一位連3季30轟的日籍選手。（共同社／達志影像）

▲ 2023年7月3日，同時於牛棚練投的大谷翔平與達比修有。（共同社／達志影像）

▲ 2023年3月18日，WBC日本武士隊兩名王牌投手大谷翔平與山本由伸飛抵邁阿密之後一起練球。兩人在同年12月先後加入洛杉磯道奇隊，再次成為隊友。（共同社／達志影像）

▲ 2023年12月14日，道奇球團舉行日籍球星大谷翔平的加盟記者會，大谷與總教練羅伯茲合照。（共同社╱達志影像）

▲ 2023年12月14日，道奇球團舉行日籍球星大谷翔平的加盟記者會，左起道奇共同老闆暨主席華特、大谷、棒球事務部總裁弗里德曼。（美聯社／達志影像）

▲ 2023年12月14日，道奇球團舉行日籍球星大谷翔平的加盟記者會，左起經紀人巴雷洛、大谷、翻譯水原一平。（共同社／達志影像）

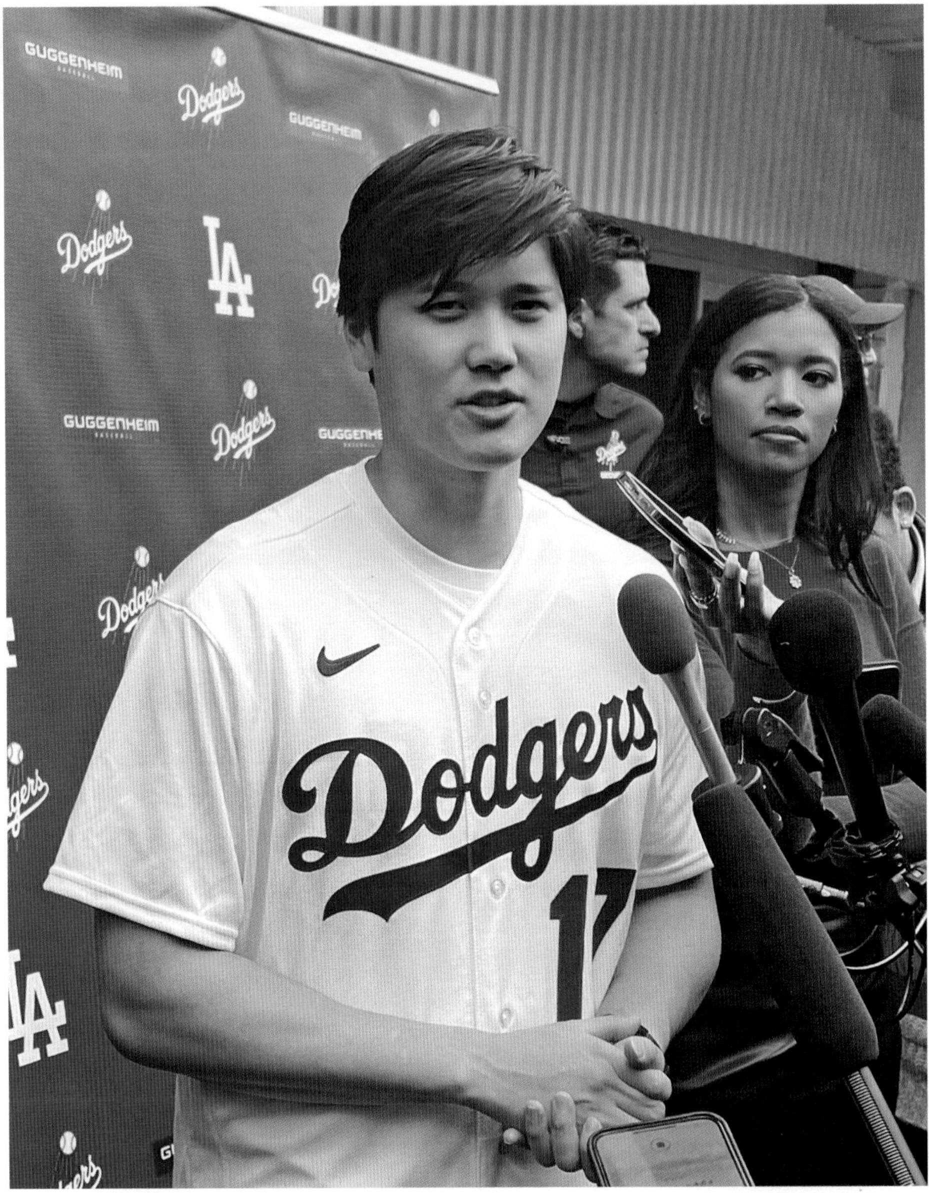

▲ 2024年2月3日，大谷翔平出席洛杉磯道奇隊在道奇球場的球迷會，現場估計湧進35,000人。
（美聯社／達志影像）

球。

不只如此，大谷這顆橫掃球的前一球，球速一〇一．六英里、每分鐘二五八一轉的四縫線速球，同樣是他生涯最絕殺的速球。截至二〇二二年為止，大谷在大聯盟累計五五八九顆四縫線速球，沒有任何一球能匹配得上這樣的球速與轉速。放大來看，就連冠軍戰對美國隊打者的十顆速球，平均球速九十九．六英里、平均轉速二五二九轉，也優於他過去六十三場大聯盟比賽的任何一場。

大谷用棒球生涯究極而完美的投球，寫下另一個神劇本：二〇〇九年ＷＢＣ，達比修有用外角滑球再見三振韓國打者，率領日本武士隊奪冠；十四年後，大谷同樣用外角滑球（別稱「橫掃球」）再見三振奪冠。而這一次是由大谷接替達比修投球，更象徵了日本野球的世代傳承，這是連棒球漫畫也畫不出來的熱血劇情。

至於這場冠軍戰的捕手中村悠平怎麼看待達比修與大谷？

關於達比修：「精密（的投球機器）。他告訴我：『雖然我可以投到一五〇公里，但請把我當作技巧派投手來引導我。』」

關於大谷：「他是外星人！佐佐木和山本也是最強的，但與這兩名最強的投手相比，大谷簡直是異次元的存在。雖然只和他搭檔過一局，但我已經充分感受到他為什麼能在大聯盟取勝。」

以下是各界對於大谷以及這顆橫掃球的評價：

「不可思議的一球！橫跨了本壘板兩端，簡直令人瘋狂。儘管（三度ＭＶＰ的）楚奧特是球界最強打者，但在三月二十一日就必須面對這樣的球路，還真是不公平。大谷所做的一切常被視為理所當然，但請記住，他不但是王牌投手，還能擊出四十五支全壘打，別再認為這是理所當然的了。我們

正在見證傳奇的誕生。」——馬克・戴羅沙（Mark DeRosa，WBC美國隊總教練）

「很棒的一球！如果楚奧特打不到這一球，我不認為有其他人打得到。」——諾蘭・亞瑞納多（Nolan Arenado，WBC美國隊第四棒）

「儘管美國隊擁有眾多明星球員和曾獲選MVP的頂級球星，卻對日本隊莫可奈何。日本隊以日職明星選手為主力，大聯盟球星達比修、大谷領軍，後者是當今棒球界最佳選手。」——《紐約時報》

「日本野球再次征服世界，這場比賽就像是一個故事的完美結局。這是棒球界引頸期盼的對決，大谷愈投愈好，速球球速達到一〇二英里（一六四公里）。」——《福斯體育網》

「他贏了第一回合。」——楚奧特

最後，聽聽「同級生」怎麼說：同為一九九四年出生的NBA鳳凰城太陽隊前鋒渡邊雄太，在WBC結束後形容大谷「現在在日本就跟神沒兩樣！」

回顧二〇二一年夏天，渡邊接受高橋由伸的訪問時就說：「大谷選手與我同年，看到他本季活躍的表現，老實說，我深受刺激，同時也有點被他的驚人表現給震撼到。我在NBA還差得遠，但看到大谷選手，現在說『我是日本人』也只是在找藉口罷了。」

水原：我從沒看過翔平那麼開心地打棒球

日本首相、前兩任WBC日本代表隊監督對於日本重回「世界一」都獻上祝福：

「恭喜WBC日本代表隊獲得優勝！準決賽對墨西哥、決賽對美國雖然都是激烈的鏖戰，但身為日本武士的你們團結一致，奮戰到底，這場勝利鼓舞了所有人。我要和大家一起分享奪回『世界一』的喜悅，恭喜你們！」——岸田文雄（日本首相）

「太棒了，真的很強大。達比修投手、大谷投手的登板讓我非常驚訝。栗山監督這次的調度大獲全勝，他們召集了一群優秀選手，但也正因為如此，調度的難度更高。他在該做決定的時候做出應有的決斷，每位選手都稱職地扮演好自己的角色。」——王貞治（第一屆WBC日本隊監督）

「狂喜亂舞！全日本為之震動！我也以同樣狂喜的心情見證這一切，想對他們說『辛苦了』。本屆日本代表隊能以優異的陣容勝出，固然歸功於日本職棒，但更重要的是栗山監督個人的人格與熱情。能在決賽戰勝棒球的發源地美國，這是意義非凡的勝利。」——原辰德（第二屆WBC日本隊監督）

以下則是日本武士隊栗山監督與幾名主力選手簡短的奪冠感言：

「我認為達爾與翔平並肩作戰，對年輕選手是非常積極而正面的影響，真是太棒了。」——栗山英樹（監督）

「我以為我會哭，但是我沒有，就是單純地感到高興。只是調整不盡如人意，留下些許遺憾。」——達比修有（投手）

「整個棒球界朝向正面的方向發展，球技水平明顯提升了好幾個等級，這種顯著的進步是最令我感到高興的。」——大谷翔平（投打二刀流）

「終於拿下世界一了，全日本的每個人都很開心。這真是一次最棒的比賽。但是為了不要讓中嶋監督生氣，我得趕緊切換心情才行。」——山本由伸（投手）

「這已經是最棒的了。雖然不知道未來還有什麼挑戰在等待我，但這將是引領我走向未來的一次美好經驗。」——佐佐木朗希（投手）

「這真是一次很棒的經驗。（三局上半三振楚奧特之後）實在太開心了，差一點就直接走回休息區。」——戶鄉翔征（投手）

「打者楚奧特，投手翔平，背景是龍帝霸球場，非常奇妙的氛圍。最後，我要求的滑球就像慢動作般投進了手套。」——中村悠平（捕手）

「大谷簡直就是漫畫中的人物！」——岡本和真（內野手）

「大谷選手在決賽中穿著沾滿紅土的球衣，從牛棚走向投手丘的那一幕，就像夢一樣。我希望三年後的所有比賽都能以第四棒上場。」——村上宗隆（內野手）

「這場棒球盛會在最高潮時圓滿結束。成為最強的球隊，看到最極致的景色，真是太棒了。」——近藤健介（外野手）

「雖然時間很短，但我們團結一致，展現極佳的團隊合作。能為全日本的每個人贏得冠軍真是太棒了。」——努特巴爾（外野手）

「能將栗山監督拋向空中真是太棒了。現在輕鬆多了。比賽中有許多令人手腳發麻的場面，粉絲的支持給了我們力量。」——吉田正尚（外野手）

「我從沒看過翔平那麼開心地打棒球。」——水原一平（職員）

23 大谷翔平：「生命中最美好的時刻」

大谷翔平在本屆WBC二十三個打數十支安打，打擊率高達四成三五，包括一支全壘打、八分打點；三場登板拿下兩勝一救援成功，九．二局飆出十一次三振，防禦率僅一．八六。他成為繼第一屆和第二屆的松坂大輔之後第二位獲選大會MVP的日本選手，實至名歸。

以下是大谷在本屆WBC最驚奇的數據：

・楚奧特最後一個打席被大谷再見三振，三顆好球都是揮棒落空，這種情況有多罕見？截至二〇二二年止，楚奧特大聯盟生涯六一七四個打席只有二十四次是三顆好球都揮空三振，發生機率低到僅〇．三九%，平均一年只會發生兩次。而大谷只對戰一個打席就做到了！

・本屆WBC之最：投球球速最快是大谷的一〇二英里（對楚奧特）；擊球速度最快的還是大谷，一一八．七英里（對捷克的二壘安打）；飛行距離最遠的全壘打依舊是大谷，四四八英尺（對澳洲）。套一

「打者楚奧特，投手翔平，背景是龍帝霸球場，非常奇妙的氛圍。最後，我要求的滑球就像慢動作般投進了手套。」

——中村悠平

句網友常說的：「都給你玩就好啦！」

贏得WBC史上最偉大的投打對決，率領日本武士隊奪回世界一，自己則獲選為大會MVP，誠如大谷所言：「毫無疑問，這是我生命中最美好的時刻。」

本屆WBC決賽對大谷的特殊意義

成功絕非偶然。從大谷小學六年級坐在電視機前面看著鈴木一朗熱血領軍稱霸首屆WBC開始，直到高中三年級在人生目標表設定自己三度參戰WBC的目標，毫無疑問，WBC一直是激勵大谷負重前行的動力。「從第一屆大會開始，有太多賢拜打出精彩的比賽。看著他們的比賽，激發我參賽的渴望，這對我來說是非常重要的。獲得優勝之後，若能讓更多孩子們懷抱同樣的夢想，那就太棒了。」大谷在賽後記者會說。

大谷在花卷東高校的恩師佐佐木洋監督獻上對日本武士隊奪冠與大谷的祝福，他不但呼應自己常說的「先入觀，將使可能成為不可能」，更與大谷不約而同地強調「為孩子們帶來夢想」的重要性：「在這個左右日本未來棒球發展的重要賽事奪得優勝，我非常高興，也充滿感激之情。他將過去棒球的非常識轉化為常識，擴展人的可能性，將影響力發揮到無限大。希望他能繼續為棒球界以及孩子們帶來夢想，成為他們永遠的榜樣。」

佐佐木監督常告訴學生與孩子們：「如果想學習得更好，就要待在聰明的孩子身邊；如果想讓棒球打得更好，就要待在厲害的人身邊。」在本屆日本武士隊選手當中，大谷與達比修就扮演了「老師」的角色，年輕隊友們聚集在「厲害的人」身邊，而大谷不論投球或打擊，都是這樣的存在。

回顧高中時代的大谷因為經常受傷，佐佐木監督注意到他的骨骼仍在成長，於是公開告訴全隊「我會給翔平特殊待遇，因為在這個時期，睡眠是他治癒受傷的最佳訓練方式」。為此，佐佐木監督特意提前結束訓練，只為了確保大谷有充足的睡眠時間。對於擁有巨大潛力的大谷，佐佐木監督的殷切期望不言可喻。

只是事與願違，佐佐木監督最終還是抱持懊悔的心情看著大谷進入職棒，原因是他「沒能將大谷培育成（在甲子園）勝利的投手」。大谷兩度進軍甲子園都在首戰敗北，但這或許是上帝巧妙的安排：本屆WBC決賽是二〇二三年三月二十一日，十一年前的這一天，正是花卷東高校在甲子園敗給大阪桐蔭高校的日子。

十一年過去了，大谷已經成長為勝利的投手。對佐佐木監督和大谷來說，本屆WBC冠軍存在不為人知的特殊意義。

大谷：希望這座冠軍能讓更多人愛上棒球

「印象中，二〇〇九年決賽對韓國比賽的畫面，無論如何都是最深刻的。那是我最享受棒球的時期，看了那場比賽之後心裡就萌生一個夢想：如果我也能在那裡打球，一定會很有趣。」

二〇二三年一月六日記者會上，大谷被問到WBC在他心中最初、最原始的場景時，他想到的是鈴木一朗在延長十局對韓國打出致勝安打的那場決賽。

回顧二〇〇六、二〇〇九年的首兩屆賽事，當時球界對於WBC存在不少否定意見與雜音：「除了世界大賽之外，沒有任何比賽能決定世界冠軍。」

「再怎麼說，終究也只是表演賽的性質。」

相較於本屆WBC日本武士隊在東京巨蛋每場比賽的門票全部售罄，你能想像嗎？二〇〇六年第一屆WBC日本首戰中國，進場觀眾還不到一萬六千人。不只球迷意興闌珊，大聯盟各隊更是態度消極，幾乎都不同意主力參賽，尤其是美國代表隊。

身為首屆WBC日本代表隊隊長，一朗早有覺悟：**「沒有什麼比賽是從一開始就有價值的吧？畢竟沒有歷史。」**

貴為大聯盟球星的他，難道沒想和其他大聯盟選手一樣先觀望，第二屆再決定參賽嗎？一朗搖搖頭：**「如果第一屆辦不好，就不會有第二屆。歷史不都是這樣創造出來的嗎？都是一點一滴累積而成。如果不先嘗試，你不會知道哪裡好、哪裡不好，對吧？」**

三月就開打，難道不怕增加受傷的風險嗎？**「如果想要完全沒有風險，那你什麼事都做不成，無論如何都會有風險產生。完全自由、沒有限制，這是不可能的。」**

一朗傳承給大谷的，正是這種義無反顧的精神以及全力求勝的意志力。歷史由勝利者書寫，為了將WBC的價值傳承給下一代，「勝利」就成了「為孩子們帶來夢想」的原動力。

因為有第一屆和第二屆冠軍，以及一朗等賢拜熱血地拚搏，才能激勵大谷從小夢想站上這個舞台；如今大谷繼承一朗的意志，奪回睽違十四年的世界一，用「勝利」將這項賽事繼續發揚光大。

而且對大谷來說，這還是一項未竟的事業。三月十九日，對墨西哥準決賽的前一天，日本記者問及大谷將如何延續一朗的意志時，大谷回答：「我確信這項比賽一直在進步，每舉辦一次就更接近權威性的賽事。現在的我們還在半路上，可以透過自己的努力讓比賽更好，而我們唯一能做的就是贏得比賽。」

只是相較於一朗的孤高與「三十年論」，大谷展現的是更寬闊的胸懷。他在受訪時一再提及合稱「東亞三國誌」的台灣與韓國：

「儘管台灣和韓國不幸在預賽輸球，但如果我們贏得優勝，應該能激發他們『下一次我們也可以』的心情。」

「不光是日本，還有韓國、台灣、中國等其他國家，希望這座冠軍能成為讓更多人愛上棒球的第一步。」

在棒球場上，內野的四個壘包常被形容為「鑽石」。有美國媒體形容「大谷是日本的至寶，他讓棒球這顆鑽石更加閃耀」，而他閃閃發光的原因不僅在於二刀流的球技與成就，更是他謙遜得體、個性討喜、為人著想的寬闊胸襟。

回顧一八九六年在橫濱舉行的日美棒球交流賽，日本第一高等學校棒球隊的勝利成為撼動日本列島的大新聞，為這個正在走向現代化的國家帶來自信；一百多年後，大谷在大聯盟的成功以及WBC冠軍，帶來自信的不只是日本，更是台灣、韓國等亞洲國家，甚至激勵了棒球發源地美國的年輕一代。

「一球入魂」與「無私道」

決賽那天深夜，在香檳浴、賽後記者會全部結束後，大谷突如其來地走進監督室。

「監督，來拍個照吧！」大谷一邊說著「辛苦了」，一邊緊緊摟住栗山監督的肩膀合照。

望著離去的大谷，栗山對著他的背影說：「翔平，謝謝你！」「這是我最後一件球衣。」

大谷聽到後楞了一下，隨即露出天邪鬼的表情說：「蛤！你在說什麼啦！三年後再來一次不就好了嗎？」

栗山終究還是在二〇二三年五月三十一日卸任監督一職。但在他領導日本武士隊的這段期間，我們再次感受到一百多年前日本「學生棒球之父」飛田穗洲揭示的兩項精神。一是「一球入魂」，全心全意去做一件事，在每一次投球、每一次揮棒中磨練技巧、鍛鍊體力，最重要的是精神力的養成（合稱「心體技」），每一球、每一擊都要展現真正的自我；另一則是「無私道」，棒球是一種超越個人利益、為他人無私奉獻的運動，選手不僅精進技能，更透過棒球學習人與人的相處方式，對長輩的尊敬與禮節，而這些元素都存在於棒球之中。

經由這次WBC冠軍，栗山監督證明無論是從訓練、技術、戰術等各種不同角度，一球入魂與無私道絕不是古老而過時的精神論。億萬身價的棒球選手們，在棒球發源地美國，以真誠的心，全力投球、打擊、奔跑，無私無我，團結一心，即使是最艱難的環境中也能找到一絲突破的機會。這正是栗山監督一再提及的「回歸棒球原點」，本次日本武士隊——尤其是大谷翔平——則充分體現了這種價值觀。

PART 2

「打者翔平」的二〇二三年

Shohei Ohtani

Spirit of Baseball Samurai

24 天使武士頭盔——「黑塗十八間星兜」

「我在電視看到大谷翔平選手戴上頭盔的那一瞬間，真的有『終於等到你』的感覺，當下眼淚都快飆出來了。他戴起來真的很合適。」位於橫濱的零售店「武士商店」（サムライストア）社長桐田敏彥受訪時難掩興奮地說。

美國時間二〇二三年四月九日，大谷在主場對藍鳥的比賽夯出全壘打，隨後大聯盟日本官網在社群媒體發布他戴上武士頭盔慶祝的照片，引起廣大迴響：

「完全就是戰國時代的武將，非常適合他，太帥氣了。」

「『五月人形』真人版！」

「大谷選手實在太可愛了，看起來就像穿著節慶服飾的日本男孩。」

桐田社長解釋：「這些基本上都是按照日本人的臉型製作的，

「我在電視看到大谷翔平選手戴上頭盔的那一瞬間，真的有『終於等到你』的感覺，當下眼淚都快飆出來了。他戴起來真的很合適。」

——桐田敏彥

而美國人的臉型較長，會顯得缽帽太大。不過大谷選手戴起來剛剛好，非常適合他，看起來非常帥氣。」

「黑塗十八間星兜」

天使這頂武士頭盔名為「黑塗十八間星兜」，重量約兩公斤，由十八片鐵板拼接而成，使用星形的銅鉚釘加以固定，頭盔正中間則鑲了一隻金色獅子。

「兜」在戰國時代武將作戰時廣泛使用，日本最有名的武將甲冑首推織田信長、豐臣秀吉、德川家康三英傑，不過天使這頂頭盔並非仿照歷史上著名武將佩戴的款式，而是由製造商「甲冑工房丸武產業」原創設計，採用古代傳統的工法與材料製作而成，費時約一至兩個月，定價三十三萬日圓，全套甲冑（包括頭盔、胴甲、袖甲等）則是七十七萬日圓。

一個有趣的巧合：棒球是十八人的比賽，由攻守雙方各九人進行對戰，而這頂頭盔正是由十八片鐵板拼合而成。

天使球團為什麼會找上這家位於橫濱的零售店？桐田社長這麼說：

「因為他們想在主場開幕戰使用，前三天臨時聯絡我。無巧不巧，我們剛好剩下最後一件庫存品，於是就寄給他們了。」

「通常發貨至海關會需要好幾天的通關時間，但這次完全沒問題，奇蹟似地趕上主場開幕戰。我想這一切都是命中注定，天使今年應該會奪冠吧！」

水原一平的電子郵件

至於是誰聯繫桐田社長？答案正是水原一平。

日本時間四月四日晚上，桐田社長收到一封標題為「Helmet Inquiry（有關頭盔的詢問）」的英文電子郵件，一開頭就表明「我的名字是水原一平，我在洛杉磯天使隊擔任大谷翔平的翻譯與球隊職員」，主要內容則是「球隊本季的全壘打慶祝儀式決定採用武士頭盔。無論如何，我們都希望在四月七日主場開幕戰當天使用。請問你們能否趕得及將一頂頭盔寄往安納罕？」

桐田社長第一時間聯繫甲冑工房丸武產業，經告知「我們現在剛好剩下一頂」之後，他馬上將照片等資料以電子郵件傳送給一平，隔天中午收到一平回覆「那麼，如果可能的話，請立刻寄送」，他隨即安排在當天傍晚出貨。

桐田大學畢業後曾在知名全球電商eBay日本分公司負責網頁與系統的建置工作，因而對電子商務產生濃厚興趣。二〇〇一年創辦武士商店後，一開始是外銷日本工藝品及玩具，但他不斷思考：「對海外市場來說，什麼才是最具日本特色且富有衝擊力的商品？」最後決定將重心放在甲冑。雖然全套甲冑不便宜，平均售價介於六十至七十萬日圓之間，但因為它們忠實重現源義經、武田信玄等著名武將的盔甲，因此非常受歡迎，共銷往歐美、東南亞、中東等五十多個國家或地區。

正因為武士商店是以海外客戶為主，設有英文版網站，「我猜想水原翻譯應該是看到英文網站之後才決定聯絡我的。一開始我不相信這是本人，還以為是惡作劇，帶著半信半疑的心情，經過郵件往返才確認是他，這真是太好了。」桐田社長笑著說。

出貨前，個性謹慎的桐田還用Google地圖確認寄件地址，「看到送貨地點是安納罕天使球場時，我差點笑出聲來。」經由貨運公司的追蹤服務，頭盔確定在當地時間四月六日早上十點左右，也就是主場開幕戰前一天送抵球場；主場開幕戰當天楚奧特一局下半就開轟，看著他戴上頭盔、被隊友環繞祝賀的畫面，「我興奮得全身發抖，也再次意識到這筆交易原來是真的。」

經過幾場比賽之後，同款頭盔及前面的獅子裝飾物訂單激增。「我的海外客戶紛紛詢問『雖然我擁有的頭盔還不錯，但我也想要一頂大谷選手戴的頭盔』、『大谷選手的頭盔看起來很帥氣。有什麼不同嗎？我想要大谷選手的頭盔』，這麼大的迴響還是創業以來的第一次。」「我在主場開幕戰後收到水原桑的郵件，他告訴我『大家都很開心』。」桐田說。

然而桐田社長還不滿足，「這次只是頭盔，我真正希望的是他們穿上全套盔甲。」「真想看大谷選手穿甲冑的樣子。」桐田笑著說。

25 大谷將軍——「天使武士隊」的誕生

「比賽開始前五分鐘，我才知道要實際使用。我看著電視轉播心想，『欸！真的要用了嗎？』」

「老實說，我沒有抱太大期望。」

「結果在比賽才進行五分鐘或十分鐘的時間，我就看到楚奧特選手戴上頭盔了。」甲冑工房丸武產業社長田之上智隆說。

「我非常驚訝，因為我壓根沒想到會在比賽中使用。當頭盔出現在電視螢幕時，我真的很感動。」

「由於這次機會，讓許多人看到了日本的頭盔，如果能讓大家對日本的甲冑、頭盔及其文化產生一點興趣，我會感到非常榮幸。我也期待著未來每一個全壘打與勝利的時刻。」

成立於一九五八年的甲冑工房丸武產業，總部設在鹿兒島縣薩摩川內市。在這座占地四千坪、宛如城堡的巨大建築物裡，有一個專門

「我覺得自己沒什麼才能，真要說的話，那我只有為了自己喜愛的事物全力以赴的才能。因為我找不到比棒球更有趣的事物，一心只想著棒球。」

——大谷翔平

製作甲冑的工房，經由大約三十五名工匠的巧手，精心重現戰國時代武將們在戰鬥中所穿戴盔甲的風貌。

「天使武士隊」應運而生

鏡頭拉回到這場比賽。美國時間四月七日，天使迎來新球季的主場開幕戰，一局下半無人出局一在壘，主砲楚奧特面對藍鳥先發投手克里斯・巴希特（Chris Bassitt）的第一球豪快揮棒，白球飛越左中外野全壘打牆，是一支飛行距離遠達四四一英尺的兩分全壘打！

漂亮的開局，全場將近四萬五千名觀眾歡聲雷動，迎接楚奧特回休息區的是一頂金光閃耀、嶄新的日本武士頭盔，戴上頭盔的他微笑著與隊友擊掌祝賀。

上個賽季，天使的全壘打慶祝儀式是一頂牛仔帽，新球季則是印有ＮＢＡ上季總冠軍金州勇士隊徽的草帽。開季前六場客場比賽，大谷就兩度戴上草帽慶祝開轟。

這個創意引發熱烈討論。大聯盟官網盛讚「新的全壘打武士頭盔看起來非常速配」，記者莎拉・蘭斯（Sarah Langs）在社群媒體發文「我們正處在全壘打慶祝的黃金時代」、「棒球是最棒的」，天使官網記者瑞特・包林傑（Rhett Bollinger）也大讚「真的很酷，這是個很棒的點子，我希望他們能維持一整年」。

有趣的是，當時距離ＷＢＣ結束才不過半個月，天使隊彷彿延續世界一日本武士隊的形象，「天使武士隊」（侍エンゼルス）應運而生。球團人士透露，這個創意是品質控管教練（Quality Assurance Coach）提姆・巴斯（Tim Buss）等人的共同發想，在徵求大谷的意見之後，由水原一平負責下單。

說到這裡，球迷最期待的當然還是看到身為日本人的大谷戴上武士頭盔。擔任先發第三棒的大谷在八局下半夯出直擊右外野全壘打牆的二壘安打，單場四支二，不過要看他戴頭盔就得等下一場了。

比賽結束後，製造商甲冑工房丸武產業的千代田分店在社群媒體發文：「洛杉磯天使隊的主場開幕戰中，邁克．楚奧特戴的是我們丸武產業所製作的頭盔。看到大聯盟招牌球星戴上我們家的頭盔，真是太令人興奮了，期待大谷選手的全壘打！」

所幸這一天並沒有讓人等太久，兩天後（四月九日）大谷砲轟花卷東高校學長菊池雄星，終於戴上武士頭盔，也引來日本球迷各種花式讚美：「大谷將軍」、「好像大河劇男主角」、「大谷擁有統治天下的長相」。

近十數年來由於少子化現象，以及現代人居住空間及生活方式的改變，過去日本傳統端午節（西曆五月五日，兒童節為同一天）在家布置人偶或武士頭盔的習俗已不如既往。不過隨著球季開展，大谷的全壘打扶搖直上，天使隊一連串的武士頭盔慶祝儀式，更為這項日本傳統工藝帶來新熱潮。

「自從天使隊的武士頭盔成為話題之後，我們收到非常多詢問。再加上端午節即將到來，我們網路商店的瀏覽數是平常的三十至四十倍。」甲冑工房丸武產業田之上社長說。

當然，更讓田之上社長欣慰的是能看到作為日本文化一部分的武士頭盔傳播到世界各地，甚至無形中改變了大聯盟不成文的潛規則。

改變大聯盟不成文的潛規則

在過去，打者擊出全壘打之後若大動作甩棒或目送球飛出全壘打牆，會被視為不尊重對手，全壘打慶祝儀式亦復如此。二〇〇九年九月六日，當時效力釀酒人的小費爾德（Prince Fielder）在對巨人之戰的延長十二局下半擊出再見全壘打，體重超過一百二十公斤的他一個箭步跳上本壘板的同時，團團圍繞的隊友全部東倒西歪摔在地上，就像保齡球全倒一般；隔年三月的春訓熱身賽，小費爾德就遭到巨人投手的報復性觸身球。

不過職業棒球的本質就是一種表演，選手的熱情是增加比賽可看性的元素。只要不是刻意挑釁對手，就算浮誇、搞笑又何妨？WBC期間由努特巴爾帶動日本武士隊的「研磨胡椒罐」打氣手勢，乃至於大谷在冠軍戰投出再見三振後興奮地丟掉球帽和手套，正是棒球熱情的具體展現。二〇二三年開季以來，全大聯盟有超過十七支球隊採用各具風格的開轟慶祝儀式，《今日美國》就指出，這是WBC帶動的風潮：「我們在WBC見證了許多類似的歡樂時刻，如今能在大聯盟看到這個場景，真是太幸福了。」

在「萬湖之州」明尼蘇達，雙城打者開轟後會穿上釣魚背心、拿釣竿釣魚，提案的投手帕布羅·羅培茲（Pablo Lopez）說：「完成一件事並與隊友共同慶祝，這是一件好事，就如同WBC的大谷一般。」

金鶯的開轟慶祝儀式是用接有漏斗的軟管倒水喝，發想的左投手柯爾·厄文（Cole Irvin）形容這就像小時候打完棒球到後院用水管喝水，有一種回到童年、與朋友一起享受打球的樂趣：「和隊友一起慶祝，我不認為這會對對手不敬。WBC就很棒，大谷與隊友一同慶祝，我認為這就是一種尊敬對手的心情。」

就像本屆WBC「國防部長」張育成紅到大聯盟官網的招牌敬禮手勢，不僅是對國家致敬、向球迷回禮，更凝聚了團隊士氣，引爆主場球迷的熱情，可不是嗎？

天使球團全壘打慶祝儀式的創意發想，無形中改變了大聯盟的不成文規定，更帶動日本國內的傳統工藝復興與經濟效益，這絕對是當初始料未及的。套一句電影《魔球》（Moneyball）的經典台詞：「你怎能不愛棒球？」

26 楓木球棒——啟動全壘打量產機制的祕密

日本時間二〇二三年十月二日清晨，「全壘打王」、「大谷翔平」躍居社群網站X（舊稱Twitter）在日本地區的流行趨勢。相關留言不斷湧入：

「很慶幸自己能活著見證日本選手在大聯盟成為全壘打王！」

「生在同一個年代，真是太幸運了！」

「根本是電玩的世界！」

就在美聯例行賽全部結束的一瞬間，大谷確定登上聯盟全壘打王。雖然因為右手肘韌帶撕裂傷、右腹斜肌發炎而缺席球隊最後二十五場比賽，但他最終仍以四十四支全壘打擊敗阿多利斯・賈西亞（Adolis Garcia，三十九支）、路易斯・羅伯特（Luis Robert，三十八支）、亞倫・賈吉（Aaron Judge，三十七支）等對手，成為大聯盟史上第一位日本人全壘打王，更是亞洲第一人。

一項紀錄：大谷是過去四十九年來第一位九月份全壘打掛零、卻登上美聯

「我絕對不用同樣的打法打三年、甚至打十年，這是不可能的。」

——大谷翔平

全壘打王的選手，上一位得追溯到一九七四年的迪克・艾倫（Dick Allen）。深究大谷勝出的關鍵，主要在於五月三十日至七月二十八日間四十九戰狂打二十七轟，單季全壘打進度一度上看六十大關，一舉拉開領先差距。

究竟是什麼啟動了大谷的全壘打量產機制？先從下面這三個場景開始看起。

場景一：二〇二三年二月二十日，美國亞利桑納州坦佩（Tempe）

天使春訓營全員報到的第一天，大谷第一次打擊練習就讓隊友驚嚇到下巴差點掉下來。他在二十二次揮棒擊出十支全壘打，有一球甚至打上右外野全壘打牆外球團辦公室的屋頂。就連隊友「神鱒」楚奧特也掩不住興奮地告訴記者：「看到沒！這一球打上屋頂了！」

場景二：二〇二三年三月四日，日本名古屋

從美國搭機返抵日本、前往名古屋與日本武士隊會合的大谷，這一天在萬特利巨蛋名古屋的賽前打擊練習，二十七次揮棒擊出九支全壘打，其中三球飛到巨蛋最上層看台，粗估飛行距離一百六十公尺！

耐人尋味的是，大谷私下找了知名棒球追蹤系統Trackman的日本代表星川太輔，拜託他幫忙追蹤打擊練習的擊球飛行數據。

場景三：二〇二三年五月二十三日，美國加州安納罕

「大谷拿著球棒出來了！」

天使球場記者席一陣騷動，記者紛紛湧向場內或拿起攝影機，深怕錯過一顆顆遙遙飛越全壘打牆的白球。這是大谷自從四月十八日在洋基球場以來，相隔一個多月再度於室外進行打擊練習。近年來大谷很少在室外練打，從記者的反應不難發現，這是多麼珍奇的場景。

大谷三十一次揮棒有十八球飛越全壘打牆。當他猛力將球擊向中右外野觀眾席最深處時，即便場邊只有寥寥數十名觀眾，依然引發一陣喧嘩聲。

楓木棒的挑戰

什麼是貫串上述場景的關鍵字？答案是「楓木球棒」。

提到楓木球棒，許多人第一個聯想到的是大聯盟生涯七六二轟的「暗黑全壘打王」貝瑞・邦茲（Barry Bonds），二〇〇一年邦茲使用「蝙蝠棒」（Sam Bat）打出單季七十三支全壘打的大聯盟新紀錄，引爆楓木棒風潮，包括亞伯特・普侯斯（Albert Pujols）、阿方索・索利安諾（Alfonso Soriano）、米格爾・卡布瑞拉（Miguel Cabrera）等強打都是愛用者，至於現役選手則以「法官」賈吉、布萊斯・哈波（Bryce Harper）為代表。

眾所周知，大谷向來將團隊成功置於個人獎項之前。二〇二一年打出二成五七打擊率以及生涯新高的單季四十六轟之後，他想的是如何提升打擊率來幫助球隊贏球。大谷在隔年（二〇二二）開季前受訪時這麼說：「我從不擔心自己擊球的飛行距離，我想提高的是擊球準確度。我知道自己並不是純粹靠爆發力取勝的打者，因此像樺木這種技術性較高的球棒更適合我。」

不過二〇二二年賈吉破美聯紀錄的單季六十二轟，顯然讓大谷很在意，再加上同一年自己只打了三十四支全壘打，比前一年少了十二支，激發他在休季期間進行打擊改造。過去大谷長期使用日系品牌「亞瑟士」（Asics）的木棒，二〇二三年二月中旬，日本代理商SRS社長宇野誠一與美國錢德勒球棒公司（Chandler Bats）聯繫時，對方突然告訴他：「大谷翔平已經和我們簽約了！」「錢德勒」正是賈吉使用的楓木棒品牌，大谷的行動力可見一斑。

相較於樺木，楓木材質具有密度更高、更堅硬、更耐用的特色，一旦擊中球心的反作用力更強，飛行距離更遠，這是大聯盟強打者愛用楓木棒的主因。

大谷的新球棒是參考賈吉的版型製作，他要求將握把改得更細，末端的握柄改小，而且持續進行各種「魔改造」。宇野社長就透露：「大谷選手在春訓期間試過好幾款不同的球棒。據我所知，他在球季中使用兩種不同款型的球棒，例如第二十一至三十支全壘打就是用霧面處理的賈吉款球棒打出來的。」

楓木棒的「大谷效應」

在大谷採用楓木棒之後，日本國內也掀起所謂的「大谷效應」。雖然錢德勒公司的楓木棒在二〇二一年獲日本職棒聯盟（NPB）批准，可以在職棒比賽中使用，但日職知名打者多半已和製造商簽訂顧問合約，因此正式比賽中使用錢德勒球棒的只有泰勒・奧斯汀（Tyler Austin，DeNA）、格瑞戈里・波蘭科（Gregory Polanco，千葉羅德）等少數外國人選手。

宇野社長透露，雖然日職球星受限制在比賽中使用特約廠商球棒的情況相當常見，但在大谷改用楓木棒之後，該公司來自日本的訂單暴增，「根據契約條款，我們不能透露買方姓名，但我們確實收到不少日本明星選手的訂單。」

此外，美國總公司也收到來自收藏家「想購買大谷球棒」的需求，「一旦大谷選手使用過，知名度就完全不同了。」宇野社長說。

這也回答了前面三個場景的疑問：大谷在開季前多次打擊練習展現驚人的爆發力，楓木棒功不可沒；而他異於以往的室外打擊練習，以及請求追蹤擊球飛行數據的舉動，則是為了確認楓木棒擊球的飛行軌道與距離。

「專注完美，近乎苛求」這句經典廣告詞，適足以詮釋大谷對於木棒、更是對自己打擊技術的信念與期許。

27 極盡苛求的「暗黑大帝」，如何拯救瀕臨破產的楓木棒公司

相較於美國職棒大聯盟將近一百五十年的歷史，楓木球棒出現在大聯盟賽場上也不過是最近二十幾年的事。但包括二〇二二年賈吉破美聯紀錄的單季六十二支全壘打，以及二〇二三年大谷翔平的全壘打王與MVP球季，楓木球棒都參與也見證了歷史。

大聯盟第一位使用楓木球棒的打者，是效力於多倫多藍鳥隊的強打喬・卡特（Joe Carter）。卡特曾經在一九九七年偷偷將楓木棒帶進比賽中使用過一場，後來被大聯盟官方明文禁止。雖然偷渡失敗，但卡特對楓木棒的卓越貢獻主要是以下兩方面：

一、他是第一個試用楓木棒、並提供諸多改進建議給製造商山姆・霍曼（Sam Holman）的大聯盟打者，霍曼形容卡特「就像一個賽車選手，總是能發現車子的問題」。說到霍曼，他原本是渥太華藝術中心的舞台工作人員，不難想像，對於沒有打過職棒或從事球棒相關

「我不介意做一個被他（邦茲）鞭策的小弟，因為我對他只有尊敬。我的存在是為了大師級的打者服務，而他就是那個大師。」

——山姆・霍曼（Sam Holman）

工作的他，如果一開始沒有經驗豐富的卡特如此熱忱地提供回饋，很可能今天球界連什麼是楓木棒都沒聽過。

二、卡特在一九九八年——也是他大聯盟生涯的最後一年——曾經短暫效力過巨人，成為邦茲的隊友，就是他把楓木棒介紹給邦茲的。二〇〇一年，邦茲以單季七十三支全壘打締造大聯盟新紀錄之後，楓木棒一夕之間成為大聯盟打者炙手可熱的新武器。

「他的慷慨，是我們還能站在這裡的原因」

錢德勒楓木棒在美國的市占率約排名第五，公司創辦人大衛・錢德勒（David Chandler）在二〇一九年六月宣告破產後，出身古巴的前大聯盟球星約尼斯・塞佩達斯（Yoenis Céspedes）接手買下公司。

無獨有偶，邦茲使用的「蝙蝠棒」製造商——原創楓木球棒公司（Original Maple Bat Corporation）——也曾面臨財務危機，而背後有一段暖心的故事。

二〇〇六年，邦茲在網路上意外發現他的楓木棒供應商原創楓木球棒公司正以三百五十萬美元的價碼求售，他馬上聯絡公司創辦人霍曼。

邦茲問霍曼，公司現下需要多少資金的挹注才能繼續營運？

就在霍曼驚嚇過度、來不及反應的當下，邦茲已經開了一張四萬美元的支票給他。「貝瑞說『我要確保明年一整個球季，我都能拿到我要的球棒。』他還說『我才不在乎我是否付錢幫其他人製作球棒，但我得確認我能拿到我要的。』」霍曼回憶說。

不管邦茲的動機是為了自利，抑或幫助合作伙伴，還是兩者兼有，至少他的及時雨救了公司，霍曼運用這筆資金買到更好的木材，並強化對一般消費者的銷售管道，隔年四月增加三名新合夥人，還遷廠到渥太華河（Ottawa River）對岸，一個更大的工廠用地。

事後霍曼這麼說：

「他救了我們。」

「他的慷慨，是我們還能站在這裡的原因。」

在公司存活下來的隔年，也就是二〇〇七年球季，邦茲整季下來大約耗用了一百二十支球棒，扣除巨人球團為他訂購的四十支球棒，他等於自費買了八十支，而霍曼沒再另外跟邦茲收費。換言之，邦茲二〇〇七年這八十支球棒的代價是四萬美元，平均每支是五百美元的天價（一般職棒選手使用的楓木棒每支僅約七十五美元）。

但邦茲的慷慨解囊，不計任何回報，在最危急的時刻資助公司，最後他終究成為最大的受益者。首先，楓木棒供應商的持續營運，讓他免於更換球棒的麻煩與困擾；此外，邦茲是這家公司大約一百二十五名大聯盟客戶當中的VVIP，他得到最頂級的待遇，只要公司收到一批新木材，員工一定將最硬最韌的部位保留下來製作他的球棒。

同儕仰望的男人，大聯盟的王者

回憶與邦茲的互動過程，霍曼笑著說：

「當貝瑞需要球棒時，他不透過助理通知我的公司，而是直接找我。」

「我們之間不算是『對話』，就只是電子郵件，而且他的內容能有多簡短就有多簡短。」

不過要能成為邦茲的伙伴並不容易，他對自己、乃至於球棒的要求異常嚴苛。二〇〇七年七月中在密爾瓦基的一場比賽，賽前他為三支黑色楓木棒纏上膠帶，置放在地上，當他單手拎著三支球棒進入更衣室時，他發現不到一天的時間，球棒變重了。

一旦邦茲發現球棒的握感不對時，他的電子郵件可就不會這麼簡短了。霍曼笑著說，那段期間邦茲嫌球棒棒頭太重，讓他在同年七月二十六日前的十九場比賽只有兩轟，所以他嚴厲要求自己三十四英寸球棒的重量必須非常精準維持在三十一．六盎司（約八九六公克），霍曼還念了信中的一段內容：

「我四十三歲了，不是二十三歲，現在你懂我的意思了嗎？」

霍曼強調那兩支球棒其實沒有差異，它們甚至是從同一棵楓樹製作出來的，但在他心目中，邦茲就是打者中的天才，有權要求這些極盡微小的細節。「我甚至認為如果他沒有嚴苛到對我抓狂，我們的關係不可能走這麼遠。我不介意做一個被他鞭策的小弟，因為我對他只有尊敬。我的存在是為了大師級的打者服務，而他就是那個大師。」霍曼說。

而且不只霍曼，許多同世代的選手也這麼想。雖然在邦茲退休前，有關他施打類固醇的傳聞甚囂塵上，但霍曼說：「儘管在他身上存在許多矛盾與衝突，但他的同儕是用仰望的角度在看他。他們告訴我，『他擊球的方式，沒有其他人能做得到。』他是大聯盟打者中的王者。」

天王打者對於球棒的特殊情感

歷史上許多天王打者對於球棒都有常人難以想像的情感。「打擊之神」泰德・威廉斯（Ted Williams）每年冬天都會前往路易斯威爾球棒（Louisville Slugger）工廠親自挑選球棒，有時候他會偷偷塞十美元或十五美元給工匠，這在當時是一筆不小的數目，目的是確保工匠會用最好的木材來製作他的球棒。

唐・馬丁利（Don Mattingly）則是帶球棒到床上一起睡。當太太抱怨時，馬丁利會這麼回答：「親愛的，晚上讓我為球棒保持溫度吧，這樣我才能賺錢讓妳白天去逛街血拚。」

邦茲承襲這些名將的風範，他對球棒要求之嚴苛，與對自己的苛求無異，正如大谷不斷挑戰職業棒球的種種「不可能」，這種敬業態度與苛求完美的精神，同樣值得尊敬。

28 大谷翔平——手持長棒的貝瑞・邦茲

二〇二三年一月十八日，鈴木一朗在歐力士集團的官方Instagram直播，主題是「一（朗）問一答」（イチ問一答）。其中在有關「工具」的問題上，一朗充分展現他的深層思考。

一名網友提問：「我想拍風景照，打算買單眼相機。身為初學者，我應該一開始就買最好的相機呢？還是在進步之前忍耐使用便宜的相機？」

一朗毫不猶豫地回答：「我對相機一竅不通，但我希望你能買最好的相機。」

為什麼？一朗這麼解釋：

「對初學者來說，使用最好的工具難免有些難度，至少在技術上是如此。但如果機器本身與你期望的水準相差太遠，你就無法感受到自己的進步。我認為這樣是不好的。」

「對我來說，每一次接滾地球或飛球的感覺都會烙印在身體，形成一種內在體驗。如果使用不好的工具，這種感覺就會鈍化、甚至無感。因此，『珍惜工具』這件事真的很重要。」

——鈴木一朗

「選擇符合技術水準的工具，隨著技術提升，你才能感受到自己的進步，這是一種成就感。」

「我認為人都需要成就感、滿足感，但我不認同『買到最好的東西就會滿足』這種觀念。我希望你能夠透過不斷提升自己技術的過程，體驗到真正的滿足。」

一朗闡述的是一個重要的觀點：人不應僅僅滿足於「買最好的工具」，還要不斷提升自身技能，來適應這個最好的工具。

主持人接著問：「你是這樣和工具相處嗎？」一朗用自己小學時期的野球故事來回應：

「我在小學五年級前，總是把棒球手套使用到殘破不堪。雖然每年都會換新的，可是這麼一來，我對工具並沒有發自內心地愛惜。」

「到了六年級，雖然我打的是軟式棒球，但父母送給我一個最好的硬式棒球手套，當下好感動哪！我到現在仍然忘不了那個手套的皮革味。」

「我一直使用它打球，不打球的時候就放在枕頭旁邊。從那個時候開始，我更加珍惜工具，這份情感在我心中萌芽生根。所以，擁有好工具是非常重要的。」

一朗最後下了結論：「對我來說，每一次接滾地球或飛球的感覺都會烙印在身體，形成一種內在體驗。如果使用不好的工具，這種感覺就會鈍化、甚至無感。因此，『珍惜工具』這件事真的很重要。」

「一寸長，一寸強」的新武器

從小視一朗為偶像的大谷翔平，雖然打擊型態與朗神截然不同，但兩人重視球具的心情並無二致。

二〇二三年六月十二日至十八日的一週間，大谷以單週打擊三圍四成三五／五成八八／一．三〇四，攻擊指數（OPS）一．八九三，七場比賽六支全壘打、十二分打點，外加一場勝投的瘋狂投打表現，生涯第五度獲選「單週最佳球員」，而且追平一朗，並列大聯盟史上日本選手最多。

究其原因為何？除了前述楓木球棒以外，大谷在WBC期間接受美國媒體專訪也透露出端倪。他告訴記者，新球季使用的球棒長度為三十四．五英寸（約八十八公分），重量則為三十二盎司（約九〇七公克）。敏銳的記者比對後發現，相較於過去長期使用的亞瑟士球棒，新球季大谷的楓木球棒長度多了一英寸（二．五四公分）。

可別小看這一英寸，一旦球棒長度發生改變，擊球的甜蜜點與手感將明顯不同，連帶地打擊機制、乃至於面對投球的反應時間都必須因應調整。因此，即便是經驗豐富的強打者也不輕易改變球棒長度。然而，大谷卻能輕易掌握這把新「武器」，還打出比前一季更進化的打擊數據。

另外一個弔詭之處在於，大谷增長球棒的作法明顯與現代棒球發展趨勢背道而馳。回顧日職史上最有名的長尺球棒打者，當屬「初代老虎先生」藤村富美男，活躍於一九四〇至五〇年代的藤村，曾經使用長度達九十二．五公分、重達九八〇公克的木棒，故有「曬衣竿」的別號。

然而藤村的球棒尺寸畢竟是特例。尤其是現代棒球為了因應投手球速快、變化球位移大，打者使用的球棒往往長度更短、重量更輕。以當代日職的代表性打者為例，村上宗隆球棒長度八十五公分、重量八八〇公克，岡本和真球棒長度八十六．四公分、重量八九〇公克，這更凸顯大谷逆勢增長球棒長度的特異之處。

大谷的考量為何？過去大谷擅長揮打內角球，他全力揮棒，將近身來球打上外野看台的畫面屢見不鮮。但你注意到了嗎？對於外角球，即使大谷能反方向擊出穿越外野手之間的長打，但要轉化為全壘打並不容易。如今雖然球棒僅略為增長一英寸，但足以讓他更有效地應對外角球，不再有過去「鞭長莫及」的無力感。

另外一個好處是，增加球棒長度，可以讓他利用離心力強化擊球力道，反映在數據上就是飛行距離的明顯增加。前養樂多監督、現任球評的真中滿，六月二十一日接受TBS電視台專訪時這麼解釋：

「相對來說，短棒易於操控，更容易精準命中球心；但在習慣使用長棒之後，可以利用離心力將球打得更遠、擊球仰角更高。」

「由於球棒增長，一開始可能感到難以駕馭，但為了擊球更高更遠，他決定使用長棒，背後一定有著堅強的決心。」

「手持長棒的貝瑞・邦茲」

日本知名棒球部落客お股ニキ將長尺球棒進化版的大谷，與單季七十三轟的「暗黑全壘打王」邦茲相提並論：

「他（邦茲）擊球時猶如（高速旋轉的）陀螺，一旦咬中就能將球帶得很遠。最近的大谷就能做到這種擊球方式。」

「相較於兩年前獲得MVP時『一發必中』或『三振出局』的打法，本季大谷展現全能的打擊風格。打擊率能超過三成實在了不起，他簡直就是『手持長棒的貝瑞．邦茲』！」

最後，數據會說話：

•二〇二三年六月三十日，大谷在主場對響尾蛇的比賽擊出本季第三十轟，飛行距離遠達四九三英尺（一五〇．三公尺），這是大聯盟當年度飛行距離最遠的全壘打；此外，大谷的全壘打平均飛行距離為四二二英尺（一二八．六公尺），是當年度至少十五轟打者中的第一名，對照前一年的四〇八英尺（一二四．三公尺）更是顯著成長。

•飛行距離增長來自於擊球強度的增加。二〇二三年大谷平均擊球初速九十四．四英里（一五一．九公里），全大聯盟排名第三，僅次於賈吉與阿庫尼亞（Ronald Acuna Jr.）；擊球初速超過九十五英里的「強擊球比率」達五十四．二%，同樣締造生涯新高。

29 六月之男——白飯、味噌湯、大谷的全壘打

打擊機制就有如一台精密機械，無論再偉大的打者，在漫長的賽季中往往都得面臨無止盡的調整。

就如鈴木一朗所言：「開季後大概需要一個月的時間，我才能將自己的打擊技術、不同投手的對應方式，乃至於腦袋及身體協調一致。」

這項說法精準地體現在大谷翔平身上。日本媒體稱呼大谷為「六月之男」，他在二〇二一年六月及二〇二三年六月獲得美聯單月MVP，打擊數據如下：

- 二〇二一年六月：出賽二十五場，三成〇九打擊率，十三支全壘打，二十三分打點，攻擊指數（OPS）一．三一二
- 二〇二三年六月：出賽二十七場，三成九四打擊率，十五支全壘打，二十九分打點，攻擊指數（OPS）一．四四四

這樣的數據像不像複製貼上？而且時隔兩年還更加進化。這必須歸功於大

「就算是處在極佳狀態，與其維持，我更希望去嘗試能超越的方法。」

——大谷翔平

谷在五月底「只差幾公分」的打擊姿勢微調。

「打擊有八十五%取決於姿勢」

日本媒體形容大谷「總是在與平板格鬥」，不管是比賽前坐在更衣室，或是打席結束後回到板凳，他都會拿著平板電腦檢視自己的打擊影片，反覆思考及進行修正。

大谷認為「打擊有八十五%取決於姿勢」，申言之，「打者看球進壘的視角」以及「揮棒前的準備姿勢」至關重要。他曾在受訪時說：

「如果方向不正確，力量難以傳導，球棒就無法進入正確的軌道。」

「就算是同樣的揮棒動作，如果啟動時的姿勢偏差，即使揮得再好也不會有好的結果。」

正因如此，每當大谷前一個打席沒打好，或是面臨低潮時，我們就會從電視轉播畫面看到他空手或持棒，站在場邊的球員休息區，反覆模擬來球進壘時的打擊準備姿勢，而且一臉若有所思。因為對他來說，只要揮棒當下的姿勢定位正確，接下來全力揮擊就行了。

五月十九日展開的天使主場九連戰，大谷陷入打擊低潮，其中一幕出現在五月二十七日對馬林魚三連戰的第二場比賽。

九局下半一出局，兩隊四比四戰成平手，一壘有跑者楚奧特。在這個緊要關頭，大谷將偏外側的伸卡球打成三壘方向平飛球被接殺，回到休息區的他怒砸頭盔，氣憤與懊惱溢於言表。賽後他檢討這個打席「因為揮擊外角壞球而沒有打好，但我看球進壘的視角並不差」。

依照大谷的打擊理論，既然不是視角問題，那就必須尋求打擊姿勢的調校。五月二十九日天使遠征芝加哥與白襪三連戰，大谷首戰持續低潮，四打數無安打，隔天（三十日）賽前他做了一項嘗試：將握棒的位置下移幾公分。

微調打擊姿勢後的大谷，首打席球棒略微被擠壓到，打成中外野飛球接殺，但擊球仰角還不錯。接下來第二個打席就將白球打向中外野最深處，現場主播驚呼「翔平這一棒朝著月球飛出去了！」這是一支飛行距離遠達四三五英尺的全壘打！

再次日（三十一日）大谷單場雙響砲，「六月之男」的「ShoTime」正式開始。

日本人的早晨：白飯、味噌湯，還有大谷的全壘打

一旦大谷確定打擊姿勢，找回球感，接下來的火力輸出沛然莫之能禦。六月十二日開始的客場七連戰大谷狂打六支全壘打，打擊率四成三五，十二分打點，自此之後他在全壘打排行榜就沒再落後過了。

總計大谷在六月份二十七場比賽狂打十五轟（包括五次先發登板當日打了四支全壘打），歷史上大概只有山米・索沙（Sammy Sosa）一九九八年六月的單月二十轟差可比擬，那一年索沙打了六十六轟。大谷六月份大暴走的逐日投球與全壘打紀錄如下頁所示。

在大谷六月份「二十七戰十五轟」的驚人表現之後，日本網友早上起床或上班時看到大谷開轟，已經見怪不怪了。難怪日本網路社群流傳一個笑話：「日本人的早晨：白飯、味噌湯，還有大谷的全壘打！」

日期	對手	全壘打／投球紀錄
6月1日	對太空人	
6月2日	對太空人	先發6局責失4分（敗投）
6月3日	對太空人	
6月4日	對太空人	
6月5日	無比賽	
6月6日	對小熊	第16轟
6月7日	對小熊	
6月8日	對小熊	
6月9日	對水手	第17轟；先發5局責失3分（無關勝敗）
6月10日	對水手	第18轟
6月11日	對水手	
6月12日	對遊騎兵	第19、20轟
6月13日	對遊騎兵	
6月14日	對遊騎兵	第21轟
6月15日	對遊騎兵	第22轟；先發6局責失2分（勝投）
6月16日	對皇家	
6月17日	對皇家	第23轟
6月18日	對皇家	第24轟
6月19日	無比賽	
6月20日	對道奇	
6月21日	對道奇	先發7局責失1分（敗投）
6月22日	無比賽	
6月23日	對洛磯	第25轟
6月24日	對洛磯	
6月25日	對洛磯	
6月26日	對白襪	第26轟
6月27日	對白襪	第27、28轟；先發6．1局責失1分（勝投）
6月28日	對白襪	
6月29日	對白襪	第29轟
6月30日	對響尾蛇	第30轟

「打擊並非想像中那麼簡單」

對於六月暴走的原因，大谷這麼解釋：「四、五月我專注於改善打擊的各種問題，隨著球季推進，每次打席的熟悉度更高，打擊近況才會愈來愈好。六月打得好，只是碰巧罷了。」

雖然大谷說得雲淡風輕，但背後的努力可不足為外人道。質言之，打擊機制的調整其實是一連串「試誤」（Trial and Error）的過程。

正如大谷受訪時所言，六月打擊絕好調「並不是單一因素造成的」。仔細觀察大谷的打擊準備姿勢，除了握棒位置下移之外，五月下旬他就將膝蓋彎曲得更深，重心壓低；此外，他還把原本雙手高舉球棒的位置從打擊頭盔帽簷上方移至下方，大約調低了十五公分，過去右肩過於內收、導致揮棒動作不夠流暢的問題連帶獲得改善。而且大谷不以此為滿足，他仍在持續探索及微調，包括六月二十、二十一日對道奇的二連戰，面對右投手時握把在左肩之上，面對左投手則在左肩之下。

對於媒體習慣將事物背後的原因過於簡化及誇大，大谷想傳達的或許是「打擊並非想像中那麼簡單」吧！

30 魂之一擊——超越常識的「順流打法」

對於大谷翔平這種級別的選手來說，即使是微小的調整也能引發巨大的改變，端看選手本身是否有改變的決心，嘗試與錯誤的毅力，以及追求完美的企圖心。

一直以來，大谷都將兒時偶像松井秀喜視為自己的理想型，他想成為和松井一樣「維持高打擊率的長距離打者」。二〇二二年，大谷受訪提及松井時這麼說：「論打擊型態，他的打擊率比我高，是個綜合實力極高的打者，這也一直是我努力的目標。如果能成為這樣的選手，並且擊出更多全壘打，那就更理想了。」

六月以來，大谷的全壘打產量彷彿乘著熱帶氣旋扶搖直上，最終不但以單季四十四轟，成為大聯盟史上第一位日本人全壘打王，單季打擊率則站上三成大關，達成自己所設定「高打擊率、更多全壘打」的目標。

「我希望有朝一日能對自己說，雖然只有棒球之神才擁有一百分的所有技能，但至少我是不斷進步的。」

——大谷翔平

超越常識的「順流打法」

二〇二一至二〇二三年間，大谷總共打了一百二十四支全壘打，但他從過去就一再表明自己「從不刻意追求全壘打」。在父親大谷徹的指導之下，翔平從少棒開始就以切擊（Slice）平飛球的方式讓球形成左側旋，進而瞄準左中外野方向打。

再以二〇二三年為例，當季全壘打量產的轉捩點——六月十二至十五日對遊騎兵四連戰的四支全壘打，全部都是打向中左外野，就是最好的例證。「他有意識到這一點：只要看清楚來球，咬中球心，不需要全力揮棒就能飛越圍牆。」天使總教練奈文說。

對照大谷在二〇二一年四十六轟有二十轟擊向左中外野，二〇二三年的左中外野全壘打則增加到二十六轟，證明現在的打者翔平不再強力拉打，而是回歸少棒時代以廣角打法將球擊到各個角落；加上大聯盟二〇二三年開始限制防守布陣，這些都是大谷當季打擊率三成〇四、美聯高居第四的重要原因。

只是怪力如大谷，又再一次顛覆棒球常識。日本球界或棒球電玩素有「順流打法」（流し打ち）之說，其實就是所謂的推打，意指左（右）打者將球往左（右）半邊推擊，尤其是將外角球往反方向推打，會比強行拉打更容易擊出安打。

長久以來，順流打法被視為打擊技巧的展現，無須全力揮棒，更像是借力使力，運用腕力將球往反方向「碰」出去。可是前述大谷對遊騎兵四連戰的四支左中外野全壘打，有三球飛上第二層看台，飛行距離遠達四五九英尺、四五三英尺、四四三英尺，這顯然已經顛覆一般人對於「反方向是技巧型打法」、「拉打飛行距離更遠」的常識。

以大谷的爆發力與揮棒速度，就算是順流打法切擊球的內側，使其往左中外野方向側旋飛出，也一樣能輕易飛出牆外，這就是大谷「非常規」、「超越常識」之處。

二〇二三年全壘打回顧

回顧大谷在二〇二三年最具紀念意義的全壘打如下：

・第四轟（四月十八日對洋基，洋基球場）：

這一天是老洋基球場啟用一百週年紀念日，大谷在一局上半打出兩分全壘打。巧合的是，大聯盟前一位二刀流球星貝比魯斯也在一百年前的同一天開轟，成為第一位在老洋基球場打出全壘打的打者。

「我知道今天是老洋基球場一百週年，但我不知道貝比魯斯也在同一天開轟。」大谷賽後說。不過當他被問到對紐約街頭的印象，大谷回答：「我一次都沒走出球場，所以不知道。」引發全場媒體一片笑聲。

・第五轟（四月二十三日對皇家，天使球場）：

與隊友泰勒・沃德（Taylor Ward）、楚奧特接力三連轟，逆轉比數。

上一次天使「背靠背靠背」（back-to-back-to-back）連三轟是二〇一九年六月八日，當時成員依序是湯米・拉史特拉（Tommy La Stella）、楚奧特、大谷，苦主則是大谷的高中學長菊池雄星。

・第七轟（四月三十日對釀酒人，美國家庭球場）：

美媒驚呼的"Moon Shot"，擊球仰角高達三十九度，最高距離地面一六二英尺（約四十九．四公尺），飛行時間六．九八秒，是二〇一五年Statcast系統啟用至今偵測到高度最高的全壘打。

・第九轟（五月十五日對金鶯，金鶯球場）：

本季第一支「真．二刀流」全壘打，不但先發七局拿下第五勝，而且單場五打數四安打，包括四局上半的勝利打點三分砲，只差二壘安打就能成為大聯盟史上第一位「完全打擊」的先發投手。

・第二十五轟（六月二十三日對洛磯，庫爾斯球場）：

日美通算第兩百轟，而且是將洛磯投手凱爾．佛里蘭（Kyle Freeland）明顯的內角壞球強拉成全壘打。賽後佛里蘭無奈地說：「這個星球上只有一個人類能這樣擊球，那就是大谷。」

・第二十七、二十八轟（六月二十七日對白襪，天使球場）：

二刀流的極致表現：投手大谷先發六．一局僅失一分，狂飆十次三振，本季第七勝到手；打者翔平單場雙響砲。白襪總教練派卓．葛里佛（Pedro Grifol）說：「他超有天分，是當今地表最佳選手，對上他不但很難打，而且還很難投。」

・第三十轟（六月三十日對響尾蛇，天使球場）：

六月第十五轟，改寫隊史紀錄，大谷用生涯飛行距離最遠、也是大聯盟本季最遠的四九三英尺全壘打為自己慶祝。

日職傳奇左投、現任球評的山本昌將這一球評為大谷二〇二三年最棒的全壘打：「他已經不再是我們這些前輩可以評論的選手了。能夠堂堂正正地做到別人做不到的事，我們這些前輩已經無話可說了。」

・第三十七、三十八轟（七月二十七日對老虎，克邁利卡球場）：

日媒盛讚「傳說的一天」！「投手大谷」在對老虎雙重賽第一戰投出生涯首場完投完封，「打者翔平」則在第二戰夯出雙響砲。

老虎總教練AJ辛區（AJ Hinch）說：「這兩場比賽他都是主角。他在投、打兩端狠狠踹了我們屁股。」

老虎先發投手麥特・曼寧（Matt Manning）則說：「他打出大家前所未見、棒球史上最偉大的一天。」

・第四十四轟（八月二十三日對紅人，天使球場）：

擔任「先發投手・第二棒」的大谷，一局下半首打席轟出四四二英尺全壘打，但下個半局就主動要求退場，賽後檢查確認右手肘韌帶撕裂傷。這是大谷二〇二三年球季最後一支全壘打。

前大聯盟及日職選手、現任球評的川崎宗則，將這一球評為大谷本季最棒的全壘打：「在手肘遭遇各種不同的狀況下，我認為這是他使盡最後一分力氣的一擊。我感受到大谷選手的靈魂。」

31 「世界の王」——日本野球武士精神的跨世代傳承

「在維持內角球打擊率優勢的同時，本季最特別的是大谷外角安打熱區變大了。投手可能會想『我到底該往哪裡投？』」這是日本運動資料分析公司數據體育場分析師小林展久的結論，他認為二〇二三年打者翔平最大的進化，在於對外角球打擊率的大幅提升。

大谷一向擅長將手臂內縮來猛擊內角球。二〇二二年球季，大谷在打擊九宮格的內角三個區塊，打出介於三成二〇至三成九二的高打擊率；但另一方面，除了外角高的打擊率達到三成〇八之外，外角中及外角低連兩成五都不到。

二〇二三年球季正如大谷所言：「我每個打席、每場比賽都在修正。」不畏懼改變、努力從嘗試與錯誤的循環中不斷進化，終於迎來最好的結果。本季大谷除了內角低的打擊表現略差之外，九宮格的其餘八個區塊打擊率都站上三成，外角高的打擊率達四成四〇，就連外角中與外角低也較前一年進步了將近

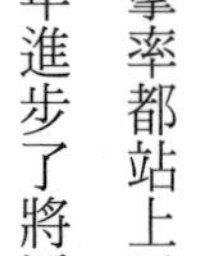

「我們那個時代是仰望美國棒球的。但他是在俯視嗎？」

——王貞治

一成。在找不到明顯打擊弱點的情況下，這就成為大谷本季多達二十一次敬遠保送的重要原因。

達比修：他善用頭腦，而且非常聰明

進化版的打者翔平有多可怕？大聯盟各隊投手當然是首當其衝的見證者：

・七月二十八日被大谷夯出全壘打的藍鳥先發投手凱文．高斯曼（Kevin Gausman）說：「大谷剛到大聯盟時，他不擅長的打擊區域比現在多太多了，但如今連讓他揮空都不容易。」對於二刀流大谷最深刻的印象，「他能將投手視角應用在打擊上，我充分感受到這一點。」高斯曼說。

・數據顯示，本季大谷對於速球的應對能力比往年大幅進步。巨人先發投手羅根．韋伯（Logan Webb）說：「任何球種他都能打，尤其是對速球的反應奇快。」大都會新秀捕手法朗西斯科．阿瓦瑞茲（Francisco Alvarez）則說：「每次在打速球的暗號時，我都得特別小心。」

對於大谷亦師亦友的賢拜達比修，根據他在WBC期間的近身觀察，他認為大谷進步最多的在於「野球腦」，也就是對比賽的解讀能力。大谷在賽前的調整方式與眾不同，相較於多數打者賽前上場練打，他則是獨自在更衣室研究對手的投球影片。

就算賽後也不得閒，大谷在六月十四日打出領先全聯盟的第二十一轟，賽後他婉拒參加記者會。有現場記者目擊發現，大谷洗完澡後就在更衣室打開平板電腦，「他在反覆看自己第二十一轟的影片，從畫質及拍攝角度判斷，這應該是球團職員拍攝後傳給他的。有時他還會一邊看一邊比手劃腳。」

可想而知，大谷絕對不是沉浸在全壘打的餘韻，即便開轟，他還是反覆檢視自己揮棒的軌道、打擊後的手部延伸動作。

而且你注意到了嗎？大谷受訪時樂於分享自己對於打擊機制的心得，包括前述「擊球視角」與「打擊準備姿勢」的重要性，但他從不透露與對方投手有關的球路分析及打擊策略。只要涉及動腦的部分，都是他的「商業機密」。

達比修對打者翔平的解讀如下：

「一旦鎖定目標球路，他就會果斷地猛力出擊。而且他不是被動地等球，更像是隨著不同的打席鎖定不同球種，或是根據不同的球數調整擊球方式。」

「如果對方投手針對他的弱點攻擊相同的進壘位置，他會改變揮棒方式，鎖定來球反擊。我認為他善用頭腦，而且非常聰明。」

鈴木誠也：他是改變歷史的選手

自從一九九八年四月二十八日野茂英雄打出日本人在大聯盟的第一支全壘打以來，已經過了二十五年。這段期間共有二十二名日本選手打出全壘打，包括二〇〇一年「打者先驅者」鈴木一朗，同年新庄剛志成為第一位單季十轟的日本打者；二〇〇四年，松井秀喜則成為第一位單季二十轟、三十轟的日本打者。

但在怪物輩出的大聯盟，沒有人能想像會有日本打者、甚至亞洲打者拿下全壘打王。正如一朗在二〇一九年三月二十一日的東京巨蛋引退記者會上所言，「我認為二刀流這個角色很有趣。如果他（大谷）以投手身分拿下二十勝，隔年打出五十轟獲選ＭＶＰ，那他真的就是怪物無誤。不過這是我無法想像的。」

短短兩、三年的時間，大谷就讓這個「無法想像」成為現實。他在二〇二一年單季四十六轟、拿下年度MVP，隔年（二〇二二）賽揚獎票選名列第四，讓球迷驚覺一朗所言並不是夢。等到二〇二三年大谷以一路領先之姿勇奪美聯全壘打王，球迷已經習以為常，覺得理所當然了。

大谷再一次將「非常識」轉化為「常識」，刷新日本選手在大聯盟的評價與歷史定位：

‧松井秀喜：

「對日本棒球迷來說，這是夢想的世界。」

「（全壘打王）我連接近的機會都沒有。根據我的比賽經驗，這真的是非常了不起的事。」

‧鈴木誠也：

「他是改變歷史的選手，他向我們證明日本人也能達到這樣的高度。」

‧米格爾．卡布瑞拉：

「如果他保持強壯與健康，有機會贏得三冠王。」

「最令人印象深刻的是，他不但是優秀的打者，還必須每五天登板投球，在打擊之後立刻投球是非常困難的。能在投打兩端都有完美的表現，真的非常了不起。」

‧弗萊迪．佛里曼（Freddie Freeman）：

「既是最佳打者，又是最佳投手，不但不可思議，更難用言語表達。實在太厲害了，身為棒球迷，看他的比賽是一大樂趣。」

「也許在我有生之年不會再看到這樣的事，也許在我死後一百年才能再看到。翔平就是這麼特別的存在。」

・麥斯・薛澤（Max Scherzer）：

「大聯盟選手必須不斷進步，停滯不前就等同退步，而他毫無疑問是不間斷在進步的。看他的比賽非常有魅力，我希望能持續見證他的成長。」

・安德魯・麥卡臣（Andrew McCutchen）：

「他所做到的事並不是每天都能見到的。他擁有非常大的影響力，不只在美國，對整個棒球界都是如此。」

・倉成淳（岩手縣奧州市長）：

「大谷選手是奧州市的驕傲，他為奧州市民帶來元氣與勇氣。我相信他會把受傷當作變得更強的工具。今年我們見證到他二十多歲的二刀流風采，期待他康復後能展現三十歲、更成熟的二刀流。」

・塔摩利（タモリ，日本《Music Station》等節目主持人）：

「在我小時候，棒球是唯一的娛樂。作為從那時就開始看棒球的人來說，日本人在大聯盟成為全壘打王是無法想像的。能親眼見到這一切，我終於有了感謝神明的心情。」

王貞治：他是在俯視大聯盟嗎？

大谷從小到大的棒球隊監督或教練，也表達祝福與肯定：

・佐佐木一夫（水澤少棒聯盟教練）：

「不可置信！日本人的力量能不落居下風，勇奪全壘打王，非常了不起。」

•佐佐木洋（花卷東高校棒球隊監督）：

「我從來沒想過有一天日本人能在大聯盟成為全壘打王。」

「日本長久以來的訓練方式都是以跑步為核心，美國則以重量訓練為主。由於飲食文化大相逕庭，我們曾經認為日美選手的身體結構與體格大不相同。然而隨著時代的變遷，日本野球也開始發生質變。」

「在我小的時候，只要打出飛球就會挨罵，教練會指導我們打滾地球。然而在美國，現在對棒球選手的評價基準已經從「打擊率」轉變為「OPS」（上壘率加長打率）。」

「大谷選手總是能靈活應對各種變化，並不斷更新自己的技能，這才是最讓人驚嘆之處。他完成所有人認為『不可能』或『做不到』的事，我期待他將來能進一步改變日本人的思維模式。」

「希望他繼續帶給孩子們更崇高的目標，將『不可能』轉化為『可能』，成為為孩子們帶來夢想的選手。」

•栗山英樹（北海道日本火腿鬥士隊、WBC日本武士隊監督）：

「他立誓要挑戰大聯盟，成為世界第一的棒球選手，能看他一步一步實現目標，真是令人開心的事。我相信這將為孩子們帶來夢想與希望，指引未來的方向。」

「眼前還會有許多困難在等著他，但翔平一定能一一克服。期待在他以更強大的力量前進的旅程中，能帶領我們看到更極致的風景。」

最後是「世界全壘打王」王貞治：

「我們那個時代是仰望美國棒球的。但他是在俯視嗎？」

「大約十年前，沒有人能想到這樣的事。」

「一朗在挑戰大聯盟的第一年就有活躍的表現，還獲選年度ＭＶＰ。然而，大谷君更勝一籌，在美國上演了自己的全壘打秀。」

「在美國，全壘打當然有其特殊意義。雖然獲得打擊王的難度也很高，不過只有少數球員才有機會成為全壘打好手。不論體型為何，爭奪打擊王都有機會，但要擊出全壘打，就必須將球遠遠地打出牆外，這可不是每個人都做得到。」

「在美國，他已經完完全全成為受人尊敬的打者了，他的名字已然在美國棒球史留名。未來還能持續多少年？我認為二刀流可能無法長久維持，但身為打者，他的路還很長，我相信他還能再打個十五年左右。」

二〇〇六年三月，王貞治以監督的身分，率領日本隊在首屆ＷＢＣ登上世界一，當時小學六年級、坐在電視機前面看比賽的大谷，因而更堅定成為職棒選手的決心；十七年後，大谷實現了王貞治挑戰大聯盟全壘打王的夢想，「世界の王」也不吝給予他最高的讚譽。

二〇二二、二〇二三連續兩年獲大聯盟官方認證為頭號球星的大谷翔平，毫無疑問，他是當代的「世界の王」。這不僅是日本野球武士精神跨世代的傳承，更是夢想的實現。

PART 3

「投手大谷」的二〇二三年

Shohei Ohtani
Spirit of Baseball Samurai

32 二刀流劇場——棒球史上最傳奇的一天

「下午三點二十六分：完封
下午四點四十五分：第三十七轟
下午五點三十五分：第三十八轟」

這是七月二十七日大聯盟官方帳號在社群媒體的貼文，大谷翔平在雙重賽第一戰投出大聯盟生涯首場完封勝，四十五分鐘後開打的第二戰，他連兩打席轟出領先全大聯盟的全壘打，前後僅短短兩個多小時。

這是二刀流最忙碌的一天，更被媒體譽為「棒球史上最傳奇的一天」！

「我要投完這場比賽」

七月二十七日天使對老虎的雙重賽其實是意外。前一天（二十六日）的比賽因雨順延，導致表定二十八日先發的投手大谷必須提前一天，在雙重賽首戰登板。

「我想做以前沒人做到的事。」
——大谷翔平

大谷前四局讓對手十二上十二下，有一半的打者被他三振出局。唯一的插曲是二局下半老虎第四棒凱瑞·卡本特（Kerry Carpenter）打出一壘方向滾地球，與前來補位的大谷擦撞，只見大谷用力甩動右手，面露疼痛表情，比賽還因此暫停。

不過這並沒有影響大谷投球的絕好調，就如他所言，當天「速球狀況不錯，開局時控球很好，很快就掌握節奏」。他投到五局下半才被卡本特敲出全場惟一一支安打，最快球速則出現在七局下半的九十九·五英里，展現過人的續航力。

八局結束後用球數九十七球，回到休息區的大谷向總教練奈文表態「我要投完這場比賽（I'm finishing）」，這是他大聯盟六年來第一次在第九局站上投手丘。終場就以一一一球完投九局，飆出八次三振（另有三次四壞），只被打出一支安打無失分，締造大聯盟生涯首場完封。天使在沃德雙響砲助威之下，以六比〇擊敗老虎。

「投打兩端都是最佳選手」

雙重賽第二戰在四十五分鐘之後展開，汗流浹背、頭髮濕透的大谷匆匆接受七分鐘的賽後訪問，還來不及冰敷手臂，就直接在第二戰以打者身分繼續先發出賽。現場主播也忍不住驚呼：「不敢相信！剛剛才完封，現在又上場！」

二局上半，大谷打出反方向的兩分全壘打，本季第三十七轟。比賽至此，他已經締造大聯盟史上第一次「雙重賽一場投出完封，另一場打出全壘打」的二刀流特殊紀錄。

不過還沒完，四局上半大谷連兩打席開轟，這次是擊球初速一一六·九英里、飛行距離四三五英尺的中右外野方向全壘打，本季第三十八轟，領先美聯第二名羅伯特（二十八支）的差距已經來到兩位數，單季進度上看五十九轟。

大谷這兩支全壘打的苦主都是老虎先發投手曼寧，他在賽後大方表示：「他打出可能是棒球史上最偉大的一天，令人難以置信。我很自豪自己沒有閃躲他，就算球數落後，我還是勇於和他正面對決。」

老虎總教練辛區則說：「他在這兩場比賽，無論投打兩端都是最佳選手，我很尊敬他。就跟其他人一樣，我也會看他的比賽精華片段，只是要作為對手面對他實在太困難了。」

雙重賽「二刀流」的時間軸

二刀流打雙重賽的一天到底有多忙？日本媒體整理大谷與天使球團這一天的時間軸如下：

大聯盟每年有一百六十二場季賽，期間長達半年，選手要在上述交通移動、熱身練習、上場比

上午9:30	搭乘球團巴士離開飯店
上午10:00	抵達克邁利卡球場（Comerica Park）
上午10:49	楚奧特受訪
上午11:15	總經理派瑞·米納希安（Perry Minasian）受訪
上午11:30	總教練奈文受訪
中午12:29	大谷出現在場上
中午12:43	大谷開始傳接球熱身
中午12:52	大谷開始牛棚練投
下午1:10	雙重賽首戰開始
下午3:26	第一場比賽結束，大谷投出完封勝
下午3:33	大谷接受媒體訪問
下午4:11	雙重賽第二戰開始
下午4:45	大谷第37號全壘打
下午5:35	大谷第38號全壘打
晚上6:11	大谷因抽筋退場
晚上7:00	第二場比賽結束
晚上8:15	搭乘球團巴士前往底特律都會韋恩郡機場，準備飛往多倫多繼續客場征戰

賽、媒體採訪的緊湊循環中，維持對比賽的專注力與體能顛峰狀態，談何容易？更何況大谷在同一天的兩場比賽都擔任先發主力打者，還在其中一場比賽完投九局超過一百球！

不只如此，大谷曾說過二刀流最嚴峻的考驗來自心理層面：「不只體能，還有從打者身分轉為投手的心態轉換。例如我在系列賽的打擊表現很差，但當我走上投手丘的一剎那，我必須忘記這一切，這種精神上的挑戰遠超過身體。」

難怪天使隨隊記者傑夫．佛萊契（Jeff Fletcher）會說：「就算在大聯盟，要出現像大谷這樣頂級的二刀流選手，幾乎是不可能的。即使有，恐怕也要再等一百年。」

以下是大聯盟數據專家蘭斯整理，大谷在這「傳奇一日」的七項驚奇紀錄：

- 大谷是大聯盟史上唯一「在雙重賽其中一場完封、另一場開轟」的選手。就算不考慮全壘打，一九〇〇年以來「在雙重賽其中一場完封、另一場以非投手身分先發」的選手，也只有一九一八年七月十七日的貝比魯斯。
- 大谷是大聯盟自從一九〇〇年以來第二位「同一天投出一安打完封或無安打無失分比賽，而且打出雙響砲」的選手。上一位是一九七一年六月二十三日的瑞克．懷斯（Rick Wise），他投出「無安打比賽」。
- 大谷是大聯盟史上「同一天投出完封而且打出雙響砲」的第五人，上一位已經是五十二年前的事了。
- 上一次有選手「同一天完封又開轟」，是二〇一九年五月二日的「雷神」諾亞．辛德賈德（Noah Syndergaard）；但若限縮到一安打完封或無安打無失分比賽，則是繼一九八六年六月八日佛洛依德・尤曼斯（Floyd Youmans）之後首見。

- 大谷本季打了四十四轟，成為大聯盟史上「單季投出過完封的最多轟選手」。第二、三名和他距離甚遠，分別是一九一八年貝比魯斯的十一轟、一九三一年威斯・法洛（Wes Ferrell）的九轟。
- 大谷第二轟的擊球初速一一六・九英里，是他生涯第十支「擊球初速至少一一六英里」的全壘打。自從二〇一八年以來，只有「怪力男」賈恩卡洛・史坦頓（Giancarlo Stanton）的十七轟比他多。
- 截至七月二十七日止，大谷是一九〇〇年以來第一位「在球季任何一天，全壘打數與被打擊率（至少七十局）同時領先全大聯盟」的選手。

傳奇一天的代價

對大谷來說，七月二十七日這「傳奇的一天」別具意義。因為就在前一天，天使從白襪交易補強先發投手盧卡斯・吉歐利托（Lucas Giolito）、中繼投手雷納多・羅培茲（Reynaldo Lopez），當天賽前則由總經理米納希安宣布不會在八月一日交易截止日前兜售大谷。這都給了他為季後賽全力衝刺的強烈動機。

不過大谷終究沒打完雙重賽的第二場比賽，他在打出第二轟繞壘時出現左手扶腰的舉動，隨後被換下場休息。雖然球團對外說明大谷只是肌肉抽筋，但已經為後來一連串的受傷埋下伏筆。

33 「橫掃球」——二〇二〇年代的新魔球

二〇二三年開季最熱門的話題，除了光芒隊的十三連勝之外，當屬大谷翔平在WBC冠軍戰投的最後一球——時速八十七．二英里、橫向位移高達十七英寸（約四十三公分）的滑球。

結局大家都知道了，楚奧特揮棒落空，再見三振！

站在職棒生涯迄今最重要的舞台，面對大聯盟最令人生畏的打者，這顆滑球雖然是大谷一年前才開始認真使用的球種，但一向謙遜內斂的他，卻難得展現封鎖全世界的自信與霸氣：「在我心中有一種感覺，只要我能將滑球投到打者的『這個位置』，就能完全壓制他們。關於球路軌跡，恕我無法說明細節，但我認為沒有任何人能投出這種變化的滑球。」

二〇二三年春訓開始前，大聯盟官方進階數據網站Baseball Savant正式將這個球種從滑球獨立出來，並賦予名稱為「橫掃球」，開季前大谷在WBC冠軍戰對楚奧特的再見三振，透過全球媒體的放送，更讓這個話題

「選手就是要有追求一百分的念頭，明知有落差或自己做不到，但還是必須努力去嘗試。」

——大谷翔平

的熱度達到頂峰。

存在已久的變種滑球

什麼是橫掃球？質言之，這不是全新的球路，而是新的名詞，用來描述及歸類某個存在已久的變種滑球。如今橫掃球就和滑球、曲球一樣，在球場計分板、電視轉播、棒球數據網站上有其獨一的分類。

事實上，早在橫掃球名詞出現之前，這種球路就已經在洋基投手之間蔚為流行。二〇二二年，洋基終結者克雷・霍姆斯（Clay Holmes）投了兩種不同的滑球，一種有大幅度的平行位移，另一種則是垂直下墜；隔年他的武器庫沒有改變，但官方紀錄上卻多了一個新球種。

洋基球團內部暱稱這一球為「迴旋球」（whirly），除了霍姆斯之外，還包括奈斯特・柯提斯（Nestor Cortes）、麥可・金恩（Michael King）、克拉克・施密特（Clarke Schmidt）、強納森・羅艾西加（Jonathan Loaisiga）、汪迪・佩雷塔（Wandy Peralta），就連已經轉隊的ＪＰ席爾斯（JP Sears）、肯恩・瓦迪切克（Ken Waldichuk）都會投。

霍姆斯對於橫掃球的正名表示肯定：「去年我投了橫掃球和『子彈滑球』（Gyro，類似子彈旋轉、橫向和縱向位移較小），但在Statcast網站同樣歸類為滑球，導致它的平均值——球速、位移、任何數字——無法真實反映上述兩種不同球路。」

至於將橫掃球帶進洋基系統的投手教練麥特・布雷克（Matt Blake），先前在印地安人球團擔任投手總監（Pitching Coordinator）時期第一次接觸到這個球種，當時柯瑞・克魯伯（Corey

Kluber）靠這一球兩度贏得賽揚獎，繼而引發隊友崔佛・鮑爾（Trevor Bauer）、邁克・克萊文傑（Mike Clevinger）等群起仿效。而以前瞻思維聞名的道奇、太空人等球團受到啟發後接續引進。

「當時對於這一球為什麼會這樣跑、投手該怎麼投，我們其實沒有足夠的資訊，反正克魯伯就是做到了。」布雷克說：「然後在這裡（洋基），我們開始研究縫線的方向和位置能對球體的旋轉產生什麼效應。」

布雷克上述這段話，點出近年來大聯盟投手革命性的新趨勢：二〇二〇年以來，進階數據網站Statcast以及鷹眼系統（Hawk-eye）的應用，有效協助球界辨識與傳授新球種，減少教練與投手無謂的試誤與摸索時間，更加速新球種的傳播與普及。

「縫線尾流」新理論

「橫掃球」這名詞是怎麼來的？有認為是源自二〇二一年，大聯盟官網的進階數據專家湯姆・坦戈（Tom Tango）與傳動棒球（Driveline Baseball）訓練中心專家丹・奧庫安（Dan Aucoin）開始公開使用這個名稱；同年十月《運動員》（The Athletic）網站作家以諾・薩利斯（Eno Sarris）撰寫〈道奇滑球〉（*Dodgers Slider*）專文分析；再到二〇二二年四月《華爾街日報》棒球作家琳賽・阿德勒（Lindsey Adler）撰文分析洋基球團「迴旋球」的發展。這是橫掃球受到關注的起點。

「橫掃」一詞意謂橫向跨越本壘板，就如同用掃帚掃過去一般。確實，大谷在WBC冠軍戰的最後一球橫向位移高達十七英寸（四十三公分），剛好就是本壘板的寬度。

Statcast網站並未嚴格限定橫向位移必須達到多少英寸，才能界定為橫掃球，專家或主播通常以

「飛盤」、「迴力鏢」、「側向曲球」形容其位移方式。不過一般來說，傳統滑球的橫向位移通常介於六至十英寸（十五至二十五公分），而橫掃球則超過十五英寸（三十八公分）。

至於橫掃球浮誇的橫向位移，主要立基於一種名為「縫線尾流」（seam-shifted wake）的新理論。這個理論認為，縫線使球體先天不平整，穿越空氣時將產生阻力，干擾了球原本以完美平滑表面該有的飛行軌跡。準此，投手即可利用縫線去「創造」自己想要的球路軌跡。

以橫掃球為例，投手使用近似二縫線速球的握法，使球體以特定傾斜軸側旋，那麼縫線與空氣互動所產生的「空氣動力學效應」（aerodynamic effects），將使球體產生大幅度的水平位移。

但就如前述，對棒球界而言，這種平行位移巨大的滑球並不是全新的球路，克魯伯、瑟吉歐・羅莫（Sergio Romo）、亞當・歐塔維諾（Adam Ottavino）、柯林・麥克修（Collin McHugh）早就是這種橫向滑球的箇中高手。只是隨著投球轉速和位移的資訊與科技不斷進化，提供其他球團與投手更簡易的模仿路徑。

「二〇一七年，克魯伯投了這顆滑球，但當時球界無法使用高速攝影機加以檢視。隨著縫線尾流效應發酵，他們重新審視克魯伯及其他投手的投球，開始思考『我該如何複製這種概念？』」布雷克說。

傳奇投手重見天日的橫向滑球

隨著橫掃球討論熱度飆高，過往一些傳奇投手的橫向滑球重見天日，九〇年代洋基王朝的當家投手大衛・孔恩（David Cone）就是其一。「我會瞄準右打者的臀部，讓球大轉彎進內角，成為一顆

『開前門』的橫掃球……若是攻內角，就是要逼迫打者退縮；若是往外角大轉彎，就是要釣對手揮空。」現任YES電視台轉播球評的孔恩回憶說。有趣的是，同時間太平洋彼岸的日本也掀起討論熱潮：

• 一九九三年央聯新人王伊藤智仁的武器球，是球速直逼一四〇公里、橫向彎曲的「高速滑球」。達比修有認證伊藤正是日本橫掃球的先驅，「提到伊藤桑，就會想到那顆傳奇滑球。」現任養樂多一軍投手教練的他也常向選手炫耀：「這顆橫掃球我三十年前就會投了。」

• 另一位則是側投的前巨人王牌齋藤雅樹。「橫掃球確實與齋藤的滑球相當神似。我還記得某位被齋藤滑球痛宰的洋將曾說『這明明比一般滑球的彎曲度多了兩個等級，不可能打得到啊！』」曾是他捕手搭檔的中尾孝義作證說：「揮棒時才發現來球的彎曲度比預想的還要多兩倍，我猜想，與大谷對戰的打者應該也有同樣的感受吧！」

34 別對「打者翔平」投必殺技，它會變成「投手大谷」的新武器

「我只有一種滑球，請把那些橫向移動的都想成是滑球。」

「我從很久以前就會投滑球了，真的只有一種！」

二〇二三年五月八日，牛棚練投結束後的大谷翔平，微笑著回答來訪的日本記者。記者對大谷上述回答半信半疑，因為從大谷與助理投手教練（主要負責數據分析）的逐球討論內容，他剛剛其實投了四種不同的滑球：

・猶如迴力鏢橫向轉彎的滑球（即「橫掃球」）
・在右打者手邊小幅度橫向移動的滑球（「開前門」的滑球）
・橫向位移小、類似快速指叉縱向下墜的滑球（近似格里特・柯爾〔Gerrit Cole〕擅投的「子彈滑球」）
・手肘放低，將手臂橫向揮動，水平位移大的滑球（近似側投版的橫掃球）

大谷為什麼能投出擺臂角度、位移方向、變化幅度、進壘角度各有不同的

「我想投入時間，挑戰極限，看看我能走多遠。」

——大谷翔平

滑球？原因有二：

・肩胛骨的柔軟度。他充分利用人高手長的優勢，結合肩膀的靈活度，投出不同角度、高轉速且位移高於平均水準的滑球。而這種柔軟度與「神之右手」派卓・馬丁尼茲（Pedro Martinez）頗有神似之處。

・他能因應不同型態的打者而改變擺臂方式，WBC冠軍戰的再見三振即為一例。對手楚奥特以擅打低球出名，加上他仰角向上的揮棒方式，投下墜球可能剛好讓球落入他的揮棒軌道。因此大谷改變擺臂角度，以水平位移的橫掃球讓楚奥特揮空，運用頭腦贏得生涯最關鍵的投打對決。

傳說中的「七彩變化球」

日職時期以來，投手大谷給人最深刻的印象，不外乎球速三位數的火球以及「惡魔指叉」。但如果以「七彩變化球」作為衡量標準，事實上大谷已經有資格了。

以二〇一六年北海道日本火腿鬥士隊勇奪日本一為例，當時大谷速球占比過半，快速指叉球、滑球各約兩成，曲球不到一成；到了二〇二三年，大谷已經建構多達七個球種的武器庫：1. 橫掃球：三十五・二%；2. 四縫線速球：三十二・八%；3. 伸卡球：十五・七%；4. 快速指叉球：六・五%；5. 卡特球：六%；6. 曲球：三・六%；7. 滑球：〇・二%。

相較於大聯盟投手普遍主攻三至四種球路（速球、滑球、變速球為常見的基本款），投打二刀流的大谷卻能善用有限的時間不斷進化，近年來的新球種如卡特球、伸卡球、橫掃球，每每引起球界矚目。

究竟大谷是怎麼做到的？

簡單說，他再次翻轉常識，一般人認為讓大谷分身乏術的二刀流，反而成為他「偷學」新球種的祕密武器。

以彼之道，還施彼身

二〇二二年八月，洋基終結者霍姆斯對大谷投了一顆一百英里的伸卡球，打擊區的他流露出既困惑又充滿興趣的表情。幾天後，大谷在下一次先發登板時，竟然投出一模一樣的伸卡球！

試想這個場景：當你對「打者翔平」投出自己的必殺球種，卻在幾天後成為「投手大谷」的新武器。這對大聯盟其他投手來說，簡直細思極恐！

「我有點懷疑他是不是從那顆伸卡球看到了什麼。」霍姆斯說。

他猜對了。

大谷找到一種方法，亦即利用他身為打者的優勢，模仿他在打擊區所遭遇最困擾的球種，然後回到投手丘「以彼之道，還施彼身」。

大谷在天使的先發輪值隊友山多瓦，隔年受訪證實確有其事：「去年他對戰過一顆伸卡球之後說，『我喜歡那一球』。我認為他有取得這一球的位移數據，然後嘗試開發、投出相同數據的球種。」

根據山多瓦的理解，大谷蒐集有關霍姆斯伸卡球各種公開可取得的數據，接著在牛棚反覆實驗，直到自己能複製出球速、轉速、水平與垂直位移極其相近的球路為止。

身為大谷的捕手搭檔，羅根·歐霍普（Logan O'Hoppe）也證實這一點：**「大谷（以打者身分）看到某個球種，就會（以投手身分）嘗試復刻。」**

綜觀棒球史，幾乎沒有發生過這樣的事：你幾乎找不到任何球員能像大谷這樣，既是明星級的投手，又是明星級的打者，他擁有最全面的棒球視角。

也許你會說，過去國家聯盟的投手必須上場打擊。沒錯，但是自從二〇二二年大聯盟全面啟用「指定打擊」（DH）制度之後，這種情形已不復存在；況且即便過去先發投手必須上場打擊，不過對方投手通常不會用到自己最絕殺的球種。

卓越的「本體感知者」

下一個問題來了：到底是什麼樣的天賦與技能，讓大谷看似一夜之間就能開發、調校、完善一個新球種，並且在比賽中轉而成為自己的武器球？

這大概就跟大谷二〇一八年以來在大聯盟做的許多事一樣，很難用常理解釋。而且此間難度之高，正如《華爾街日報》棒球作家阿德勒所言：「對投手來說，要在休季期間開發一個新球種是困難的；接著要從牛棚帶進實戰、成為有效解決打者的球種，同樣困難。因此這樣的工作很少在季中執行。然而大谷不僅在去年證明自己可以在季中完成這個過程，他甚至只用了一個禮拜的時間。」

天使球團內部稱呼大谷具有「手的天分」（hand talent），球界亦有以「優異的手部動作」（good hand action）、「球感」、「手感」加以解釋。但他們講的其實是同一件事，那就是對身體動作的第六感，也就是如何以肢體精準執行內心意圖的一種潛意識的能力。

根據醫學專業術語，這叫做「本體感覺」（Proprioception），又稱「肌肉運動感知」。舉例來說，正常人不用照鏡子就能摸到自己的鼻子，不用瞄準就能打到身上的蚊子，閉上眼睛仍能手拿杯子就口喝水，這是因為肌肉、肌腱、關節內的受器將自身運動、力量及身體位置的資訊回傳給中樞神經系統，使大腦對肌肉運動狀態的分析以及動作時間的控制更加精準。

運動員的本體感覺意識可透過訓練加以提升，強化肌肉記憶及手眼協調能力，進而有更好的表現。而在運動員當中，投手稱得上高水準的「本體感知者」，他們的工作就是精準地控制縫線球在十八．四四公尺（投手板到本壘板的距離）間的位移與進壘位置。

當然，大谷又是其中的佼佼者，他展現的是一種綜合能力：包括卓越的手眼協調能力，結合數據與影片、極為嚴謹的工作流程，最後輔以投手教練及牛棚捕手的客觀反饋。

正如《華爾街日報》專文所言：「這個工作進展快速，一旦他擇定特定球種、找到握球方式，他就能在二十五球的牛棚練投過程中，快速調整手指位置及施力方式，藉以創造出預想的球路位移。」對照一般投手必須先透過嘗試與錯誤的過程摸索出理想的球路位移，再投入長時間不斷重複投球動作，藉以強化肌肉記憶，最後還要在張力極高的比賽中產生一致的結果，大谷神速開發新球種的天分，真是令人難以置信。

天使總教練奈文就說：「他操控棒球的能力真是讓我驚呆了，我從來沒見過有人能做得這麼好。」

捕手歐霍普則說：「他之所以如此特別，有許多原因，但我真正注意到的是他自我調整的能力。他竟然能在每投一球的間隔之中作調整！」

棒球天分極高的大谷，正在向球界釋放一個訊息：所有你做得到的事，他也能做到，甚至比你做得更好！

35 二十六球驟然退場！改變歷史的一天

二〇二三年八月二十三日，天使與紅人雙重賽結束後的記者室。

率先推門進來的天使球團公關部門主管亞當・喬茲科（Adam Chodzko）面色凝重，「在菲爾（總教練奈文）之後，將由派瑞（總經理米納希安）接續發言。今天翔平不會參加記者會。」喬茲科說。現場美日記者嗅到這股不尋常的氣氛，所有人幾乎都在第一時間拿起手機回報。

記者會開始後，率先發言的總教練奈文避談大谷的狀況，僅表示交由總經理詳細說明，但他接下來這番話「我不會放棄努力，我們的教練團、球員以及兩位領袖大谷和楚奧特也不允許」，似乎在預告有大事要發生了。

「我見過許多球員受傷時的不同反應，而他（大谷）是面不改色的那一型。『今晚上場OK嗎？我想上場打球。』他擁有非常強大的心理素質，要做到他的成就，你必須如此。」

——派瑞・米納希安

一又三分之一局、二十六球驟然退場

時間回到雙重賽首戰。一局上半，擔任第二棒、先發投手的大谷率先站上投手丘，這是他因為手臂疲勞，暌違十三天之後的再次登板。投手大谷先讓紅人開路先鋒TJ弗里多（TJ Friedl）打成二壘滾地球出局，再用惡魔指叉連續三振第二棒麥特・麥克連（Matt McLain）、第三棒艾利・德拉克魯茲（Elly De La Cruz），乾淨俐落的三上三下。

一局下半，天使首棒路易斯・倫吉佛（Luis Rengifo）被保送，接續上場的打者翔平一棒將球夯出中右外野全壘打牆外，本季第四十四轟超越勇士強打麥特・歐森（Matt Olson），在大聯盟單獨領先。

又是個投打二刀流發威的一天，對吧？

不料二局上半戰況丕變，在對第六棒克里斯汀・英卡納西恩－史特朗德（Christian Encarnacion-Strand）投到兩好兩壞之後，大谷轉頭看向天使場邊休息區，搖搖頭，總教練奈文、首席運動防護員邁克・弗羅斯塔德（Mike Frostad）與一平隨即快步走上投手丘。

而這僅僅是大谷在這場比賽所投出的第二十六球。

短暫交談後，投手大谷走下投手丘退場，教練團隨後也換上代打取代打者翔平。至於退場原因，公關部門對外的說明依然是「手臂疲勞」。

雖然大谷在雙重賽第二戰重回先發打線，還打了一支二壘安打，但各種疑問紛至沓來。首先，大谷當天只投了一又三分之一局、二十六球就驟然退場，速球極速九十四・四英里、均速九十三・二英里都是本季新低。

效力過日職讀賣巨人、橫濱海灣之星及大聯盟大都會、天使等隊的退役左投高橋尚成也觀察到異常之處，「從一開始，大谷的投球就不太對勁……他在第一局投了兩顆曲球，甚至投出本季很少使用的二縫線速球。他之所以運用所有球種，是因為對速球和橫掃球感到不安，整體投球也感覺不到力量。當時我擔心是手肘或肩膀狀況異常，沒想到竟是手肘韌帶損傷。」高橋在《運動報知》專訪時這麼說。

到底發生了什麼事？

球團總管後知後覺？

天使總經理米納希安在記者會一開始的發言就震撼了現場媒體：「翔平被換下場，並且在第一戰與第二戰之間接受MRI檢查。他（右手肘韌帶）有撕裂傷，本季不再上場投球。我們將尋求第二意見之後再做決定，這就是現在的狀況。」

在被問到球團是否事先知情？米納希安否認：「不，他從來沒抱怨過任何事。雖然之前抽筋、脫水，但今天是他第一次在退場後說，『嘿，我的手肘有點痛』。今天是他第一次這麼說。」

大谷先前跳過一次先發，球團當時有察覺到異常嗎？米納希安再次否認：「我不知道。之前只聽說是因為疲勞，發生抽筋、中指痙攣、脫水……考量他所做的事（指『二刀流』），這並不令人驚訝，畢竟他的工作是如此艱難。今天是我們第一次聽他表示疼痛。」

「今晚上場OK嗎？我想上場打球」

回到場上。雙重賽第二戰出現一個有趣的場景：大谷在五局下半擊出長打，站上二壘壘包之後，包括游擊大物新秀德拉克魯茲在內的四名紅人內野手全都圍了上來，德拉克魯茲還伸出右手食指對著大谷的手臂連戳三下，大谷則回以燦笑，還搞笑模仿德拉克魯茲的打擊姿勢。

年僅二十一歲的德拉克魯茲是紅人未來的希望，他在雙重賽首戰打出全壘打及三壘安打，貢獻六分打點，第二戰同樣敲出安打，攻守俱佳，率領紅人單日二連勝天使。賽後他透過翻譯表示：「在走過去之前，我告訴隊友麥克連，『嘿！我要去摸摸看大谷，看看他是不是真人。』」語畢，全場大笑。

就如《橘郡紀事報》（*Orange County Register*）記者佛萊契所言，大谷在第二戰之前就已經知道，自己可能因為手肘韌帶撕裂傷而損失上億美元，甚至改變二刀流的比賽模式，但他依然選擇搞笑回應德拉克魯茲；ESPN專欄作家傑夫．帕森（Jeff Passan）看到這一幕則有感而發：「如果你真的想知道大谷翔平是什麼樣的人，看看德拉克魯茲戳他時的反應吧！他本可選擇閃躲、怒視、發火，考量他當時面臨的困境，上述任何一種反應都是合理的。但大谷回以讚美，對德拉克魯茲不可思議的天分表示讚嘆——一個來自日本的男孩與一個來自多明尼加的男孩，聯繫兩人之間的共同語言，正是棒球。」

米納希安在記者會上也這麼說：「他是真正的職業選手，」接著停頓超過十秒，聲音沙啞而帶點哽咽：「我見過許多球員受傷時的不同反應，而他是面不改色的那一型。『今晚上場OK嗎？我想上場打球。』他擁有非常強大的心理素質，要做到他的成就，你必須如此。對我來說，他能如此冷靜應對，還堅持上場打球，這是非常了不起的事。」

確實是如此。身為打者，大谷當時以四十四轟在美聯全壘打排行榜領先其他打者至少十支，可望成為大聯盟史上第一位日本出身的全壘打王；此外，他的三成〇四打擊率、九十一分打點同樣排名美聯第三，有機會狙擊打擊三冠王。不過個人獎項顯然不是大谷帶傷上陣的唯一考量，更重要的是他對棒球的熱愛，以及上場打球的渴望，比任何人都還要強烈，這才是真正令人動容之處。

「打出去吧！大～谷～」

九局下半一出局，天使以三比七落後紅人四分，大谷拎著球棒正要走進打擊區，場邊突然傳來「打出去吧！大～谷～」的日語呼喊聲，而且只要紅人投手亞歷克西斯・迪亞茲（Alexis Díaz）準備投球，就能聽到這個呼喊聲在球場迴盪。

回顧讀賣巨人的「V9時代」，後樂園球場滿坑滿谷的巨人迷在應援團的指揮之下齊聲吶喊「打出去吧！長～島～」。半個世紀後，同樣的應援呼喊聲竟然出現在安納罕！現場日本球迷紛紛留言「我聽到日語了！」「我今天聽到日本式的應援呼喊聲！」

站在打擊區的翔平，想必也聽到這個充滿懷舊感的日式應援聲，溫馨之餘，更象徵球迷對他的期待。

至於賽後缺席記者會的大谷，人到哪裡去了？當日本媒體在記者會後回到天使更衣室時，大谷早已不見蹤影。通常在比賽結束後，表現優異的天使選手會留在更衣室接受採訪，但當天氣氛很反常，包括先發左投瑞德・德梅斯（Reid Detmers）在內，沒有選手願意受訪，公關部門對於大谷是否參加兩天後紐約客場遠征，也三緘其口。

不過在大谷置物櫃那只客場專用的波士頓包裡，仍然放著投球手套。就算本季有極高的機率不能再上場投球，大谷也沒有放棄，這就是他對棒球的熱愛與執著。

36 「請用我的韌帶！」疲勞的累積是意外的前兆

二〇二三年八月二十三日，大谷翔平右手肘韌帶發現撕裂傷當天，「我的韌帶」瞬間成為日本社群媒體的流行趨勢：

「請用我的韌帶！」

「能否把我的韌帶送給大谷呢？」

「如果能治好大谷的韌帶，就請拿走我的一條手臂吧！」

「如果我的韌帶可以幫助大谷桑，我會很有自信地交出去。」

雖然天使總經理米納希安在記者會上表示，大谷進行手術與否，將尋求第二意見之後再做決定。但此刻全體日本球迷的心情就像漫畫《七龍珠》中的「元氣彈」，所有人都希望集氣給大谷，讓他重現二刀流大絕招。

疲勞的累積，是意外的前兆？

回顧大谷二〇二三年球季投球與受傷的歷程，三月份他率領日本武士隊在

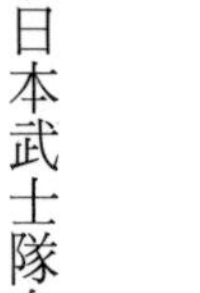

「大谷並不害怕自我挑戰，這是我做不到的。」

——達比修有

WBC奪冠，隨即在開季後取得壓倒性的投球成績。然而從六月手指起水泡開始，身體各部位陸續出現輕微的受傷而且反覆發生。即便如此，大谷幾乎沒有休息，依舊以投打二刀流持續出賽。以下是大谷六月底以來受傷的時間軸：

- 六月二十七日（白襪）：成為近六十年以來第一位「單場兩轟且投出十次三振」的美聯投手，但因右手中指指甲裂開，先發六・一局被換下場。
- 七月四日（教士）：右手中指起水泡、指甲裂開，先發五局挨兩轟、責失五分退場。
- 七月十四日（太空人）：右手中指指甲裂開，先發五局責失四分退場。
- 七月二十七日（老虎）：雙重賽首戰投出一安打完封勝；第二戰敲出雙響砲，但因腰部附近抽筋，七局上半提前退場。
- 七月二十八日（藍鳥）：雙腿抽筋，九局上半退場休息。
- 八月三日（水手）：右手中指抽筋，只投四局就提前退場。
- 八月十三日（太空人）：因手臂疲勞，跳過一次先發。
- 八月二十三日（紅人）：雙重賽首戰，睽違十三天重返投手丘，但僅投一・一局就退場。賽後球團宣布檢查結果為右手肘韌帶撕裂傷，本季不再上場投球。

截至八月二十三日受傷的比賽為止，打者翔平在天使本季前一二七場比賽出賽多達一二五場，自從上一次休息日五月二日以來，連續九十七場先發出賽，這還不包括投手大谷二十三場先發登板、主投一三二局。雖然他憑藉過人的體能與意志力一再克服，但疲勞卻在身體積累並造成影響。曾經執行超過一千台「尺骨附屬韌帶重建術」、慶友運動醫學中心主任古島弘三就認為「全身抽筋可能是這場意外的前兆」：

「支撐右手肘向外伸展的肌肉若因疲勞而無法運作，將導致韌帶直接承受壓力。」

「以打者身分出賽不會直接影響受傷部位，但如果在投手登板日之間持續以打者身分上場，將導致投球的恢復時間不足。」

「最早出現抽筋症狀時，就應該休息了。」

除了前述運動醫學的觀點外，美日媒體及球界人士也點出各種可能的問題：

・三月WBC，身為看板球星的大谷在投打兩端貢獻自己全部的能力，率領日本武士隊奪回冠軍，但休賽季提前透支體能，導致球季後段身體開始出現問題。——《橘郡紀事報》記者佛萊契

・本季天使除了大谷之外，有多達十七名選手陸續進入傷兵名單。特別是七月以來，楚奧特、安東尼・倫登（Anthony Rendon）、沃德等主力選手相繼受傷，球隊更加依賴大谷，可能是他難以休息的主因。——《週刊女性自身》

・大谷在七月二十七日擊出全壘打時腰部受傷，可能導致身體平衡失調。舉例來說，身體若出現些微扭曲或其他狀況，為了在投球時保持與平常相同的出手位置，可能會嘗試從身體其他部位補償，進而對手肘構成額外的負擔。——前日職投手荒木大輔

・投手的疲勞不只來自上半身或投球的手臂，當下半身疲勞時，上半身的負擔就會更重。一旦疲勞累積，投手往往不自覺地全靠手臂在投球，可能導致受傷。——前大聯盟、日職投手五十嵐亮太

・對投手來說，指甲扮演重要的角色，當指尖施力投球時，指甲壓力愈強，球速就愈快。但如果指甲水分含量不足，投球時指甲承受壓力就容易裂開，另外滑石粉也是造成指甲乾燥的原因。指甲一

旦斷裂，投球時就無法在指尖施加力量，結果可能導致手指起水泡或投球姿勢走樣，陷入惡性循環，甚至造成手肘受傷。——運動員指甲專家辛川知美

・本季大聯盟全面導入「投球計時器」，明顯增加投手的負荷，大谷不得不依賴掌握度高、有效壓制對手的橫掃球。——球評お股ニキ

・指叉球不會對手肘形成太大的負擔，反而是滑球或卡特球這種需要手腕大量施力或扭動手腕的球種，才會對手肘內側的前臂肌群產生更大的壓力。手肘是由骨頭、韌帶以及覆蓋韌帶的肌肉所組成，如果過度投擲橫掃球這種對肌肉壓力大的球種，造成肌肉疲勞累積，保護韌帶的肌力下降，韌帶承受的壓力就會增加。——慶友運動醫學中心主任古島弘三

・大谷能投出時速九十四英里的快速指叉球和滑球，以及九十九英里的速球，我不知道他的身體如何承受這樣的投球，更不用說他每天都要上場比賽。觀察近年來投手的投球，我覺得「湯米約翰手術」（Tommy John surgery）頻率增加也是很正常的事。——名人堂投手約翰．史摩茲（John Smoltz）

大谷的受傷無法避免？

在大谷手肘韌帶撕裂傷的消息傳開之後，不難想像，天使球團立馬遭到各界炎上。不只日本，就連美國運動媒體、專家、球迷都指責天使球團的無作為。福斯體育網大聯盟分析師班．韋蘭德（Ben Verlander）就痛批：「結果證明，過去幾個月來，大谷的身體就在我們面前崩解，但天使球團卻告訴我們這只是疲勞。就算只是疲勞，你也不該在他有傷病徵兆後的一個多月，依然讓他每五至六天就

先發登板。他已經用盡了每一分力氣，你必須給他時間恢復。」

面對排山倒海的批判聲浪，天使總經理米納希安的「抗辯事由」有二：

・八月三日大谷對水手先發四局，因右手中指抽筋提前退場。當時球團就建議做MRI檢查，但遭大谷及經紀人拒絕。「他和經紀人認為沒有必要，而我尊重他們的決定。畢竟沒有他們的同意，我們是無法進行檢查的。我可以理解他們認為手指抽筋無須進一步檢查的決定。」米納希安在八月二十六日對大都會的比賽前這麼說。

・天使高層認定「翔平最瞭解自己的身體」，因而將調整方式、出賽與否都交由大谷自己決定。「過去三年我們的關係建立在溝通與信任之上，我們信任他，他也信任我們。我們傾聽他的意見，他知道自己的身體狀況。」「我們不想對選手設限，尤其是他。他已經證明自己可以完成一切並有優異的表現，至於受傷則是無法避免……傷病本來就是比賽的一部分。」米納希安在八月二十三日的賽後記者會表示。

大谷的受傷無法避免，真的是如此嗎？

37 請用生命保護他！天才運動員的體調管理

投打二刀流又近乎全勤出賽，到底有多疲勞？《朝日新聞》時事評論員玉川徹如此剖析：

「一般來說，投手專職於投球工作是最普遍的。但即便是專職投手，如果負荷過重，仍有可能導致手肘受傷，這樣的情形不在少數。況且大谷桑又是其中的特例，他不但投球，還同時擔任打者。」

「我相信對運動醫學專家來說，他們一定很清楚，這（指『二刀流』）不只是單純的疲勞，而是兩倍、甚至三倍的負荷。」

問題來了，難道大谷不想休息？難道他不知道「休息是為了走更長遠的路」的道理？

曾經批評大谷只有高中生水準的ＥＳＰＮ棒球專家帕森一語道破他的心境：「他不願意減少訓練，甚至不想休息，為什麼？因為他認為正是這樣的堅持，才能造就現在的他。」

「如果他受傷，就算犧牲我的生命也無法彌補。」

——栗山英樹

始終堅持上場比賽的「野球少年」

大谷受傷真的毫無預兆？事實上有一位大聯盟、日職退役選手事先看出了端倪，這個人正是川崎宗則。

在大谷受傷的前一天，川崎擔任NHK節目《世界體育×週日大聯盟》（ワースポ×MLBサンデー）解說員，當天大谷三個打數無安打。川崎特別點名大谷打擊時「我觀察到他的右手完全沒發揮作用」，原因在於「他同時具有投手身分，必須使用右手投球，當時可能對右手感到有些不安。」

隔天大谷檢查出右手肘韌帶受傷之後，有日本網友翻出川崎前一天的評論，大批留言湧入社群網站狂讚：

「昨天川崎桑說的右手乏力，無法有效揮擊，原來指的是這件事。」

「準到讓人起雞皮疙瘩，不愧是前大聯盟選手！」

「原來宗則不只是個囉唆的大叔，他真是太厲害了！」

此外，投手大谷退場的前一個打席，雖然讓紅人強打喬伊・沃托（Joey Votto）打成游擊飛球出局，但「大魔神」佐佐木主浩觀察發現大谷「投球姿勢明顯有問題……手臂是橫向揮動的……這種狀態根本就不該上場投球」。

如果川崎和佐佐木在太平洋彼岸透過電視轉播都能看出問題，有什麼理由現場的天使教練團和防護員竟然看不出來？

有日本媒體指責天使球團本季對大谷的「放任主義」更甚以往，讓他完全按照自己的意願打球。

反過來想，難道他們不想保護球團、乃至於球界最珍貴的資產嗎？事情發生後，為數不少的美日媒體朝「陰謀論」解讀，有認為天使球團為了爭取大谷在球季結束後重新簽下長約，不想讓他不悅，乾脆讓他隨心所欲地盡情發揮；有認為天使球團想利用大谷衝刺季後賽，再用季後賽的成績提高與大谷簽約的機率，因而對大谷受傷的徵兆視而不見；甚至有認為天使球團刻意放任受傷發生，好讓其他球團知難而退。

類此陰謀論大可免了。天使球團這種「本人沒要求休息，所以應該沒問題」的消極態度固然不足取，但日美文化差異也是原因之一。在美國，職業選手優先考慮的通常是金錢，但對大谷來說，每天上場打球才是這個野球少年人生最重要的事。

《洛杉磯時報》運動專欄作家迪倫．賀南德茲（Dylan Hernández）的母親是日本人，他還有日本姓名渡邊修。他從日美文化差異去解釋這次受傷的原因：「一般狀況下，即將成為自由球員的選手若發現異常，立即休息是常識。在美國，為了爭取大合約，選手付出最大的努力是理所當然的。然而大谷卻非如此，他始終堅持上場比賽，把打棒球放在第一位，或許這就是為什麼會出現這次的狀況吧！」

栗山：如果他受傷，就算犧牲我的生命也無法彌補

在日本、甚至台灣，難以計數的棒球迷每天早上都期待從新聞看到大谷活躍的表現。時事評論員玉川徹就認為：

「對於大聯盟來說，大谷不過是超優秀的選手；但對我們日本人來說，他是我們希望之所寄。我

希望他能受到更特別的對待。」

「大聯盟選手普遍把自己放在第一位，但大谷選手卻不是如此，況且這並非他第一次韌帶損傷。球團應該以『大谷是全力以赴的選手』為前提來組建球隊。如果做不到，就不能稱之為嚴謹的危機管理。」

這樣的要求看似太過，但其實說出了每位球迷的心聲。大谷翔平不正是我們這個世代的「獨角獸」嗎？

有日本媒體指出：「如果是恩師栗山英樹擔任監督，那麼大谷翔平的第二次手肘受傷，肯定是可以預防的。」我深深認同這種看法。

回顧二〇一七年春訓期間，栗山監督下令嚴禁右腳踝不適的大谷全力衝刺，就算他在開幕戰健康歸隊，栗山還是禁止他在正式比賽全力衝刺上一壘。為了制約這個一上場就卯起來的脫韁野馬，栗山監督甚至撂下狠話：「如果他敢全力衝刺，我就宰了他。」「要是他做不到，我就不讓他上場，雖然這樣做會對球迷有些不好意思。」

另一幕則是在二〇二三年WBC結束後，栗山監督有感而發：「我再也不想（擔任大谷的監督）了。如果他受傷，就算犧牲我的生命也無法彌補。」對於這個百年一遇的天才二刀流，不正是應該像這樣萬分謹慎嗎？

正如大聯盟分析師班．韋蘭德所言：「偉大的運動員需要球團的保護，因為他們往往不懂得保護自己。」NFL天才四分衛派翠克．馬霍姆斯（Patrick Mahomes）曾經在一場季後賽扭傷腳踝，他懇求總教練安迪．瑞德（Andy Reid）、教練團、醫療團隊讓他繼續留在場上，不要去X光室，還反覆強調「我沒事」、「我很好」。最後總教練堅定地告知馬霍姆斯，在他做完X光檢查並讓球團瞭解狀況前，絕對不准他重回球場。

在翔平未來的職棒生涯，還能找到下一位猶如嚴父、用生命保護他的總教練嗎？

PART 4

到期→道奇→到齊

Shohei Ohtani

Spirit of Baseball Samurai

38 「道奇大谷」誕生！世紀合約的談判內幕

等待終於結束了。

「各位球迷，以及所有關心棒球的朋友們，請原諒我花了這麼長的時間才做出決定。我決定選擇道奇作為我下一支效力的球隊。」

美西時間二〇二三年十二月九日中午，大谷翔平在社群媒體Instagram上傳藍底白字的「ＬＡ」道奇隊徽，宣示將加入洛杉磯道奇隊。自從十一月二日成為自由球員以來，大谷耗費三十七天做出職業生涯最重大的決定之一；然而，道奇球團的等待可是超過十年之久。

「獨特性與歷史意義」的世紀合約

二十九歲的大谷，擁有棒球史上前所未見的技能組合——電光石火的球速、一球入魂的魔球、一擊必殺的全壘打、風馳電掣的跑壘速度——外加無與倫比的市場價值。過去三個球季（二〇二一至二〇二三年），他是最頂級的長

「大谷有兩個嗜好，一是打棒球，另一是從事棒球訓練。」

——道奇高層

打者（只有「法官」賈吉的長打率比他高）、投手（投球局數至少四百局的投手中，只有麥斯・弗里德〔Max Fried〕、薛澤的防禦率比他低）以及跑者（只有艾梅德・羅薩里歐〔Amed Rosario〕的三壘安打比他多）。

當代棒球界的獨角獸加入大聯盟最著名的球隊之一，十年七億美元的合約總值一舉改寫世界運動史最高紀錄，每個人都想問，這究竟是怎麼發生的？再者，長期以來自由球員去留以及交易市場的動向，都是由媒體率先披露，這次為什麼反其道而行，在各隊近乎緘默的情況下，消息直到最後一刻才由大谷本人在社群媒體宣告？一切的一切，正如經紀人內茲・巴雷洛（Nez Balelo）所言，這份合約確實有其「獨特性與歷史意義」。

早在二〇二三年春訓期間，大谷就已經明確告知經紀公司「無意在球季期間與天使討論續約，無論如何都要在球季結束後行使自由球員權利，並測試市場」。熟知大谷個性的媒體形容他是「全世界準備最充分、最注重細節的運動員之一」，而他與經紀人巴雷洛則規畫了一套談判規則與策略，確保一切都能得到專業處理，而不是一場馬戲團表演。

首先，他們邀請所有表態的球隊進行對話。在大谷宣布成為自由球員的五天後，十一月七日至九日期間，大聯盟總經理會議在亞利桑納州鳳凰城附近的歐姆尼水療度假村（Omni Scottsdale Resort & Spa）舉行，巴雷洛也在城裡，但他低調地住在另一家飯店，只有那些真正有意願爭取大谷的球團高層能見到他。「我認為總經理會議足以評估各隊的興趣程度，誰是認真的，誰又是在試探。有許多球團評估合約金額超出預期而退出，基本上這已經淘汰了一半的競爭者。」巴雷洛說。

不過大谷陣營的另一項規則——要求參與其中的球團嚴守保密，這可明顯觸怒了媒體。自由球員市場與交易市場大戰一向是大聯盟休季期間的年度大戲，也是棒球迷在沒有比賽時僅存的樂趣。球團、經紀人與球員之間爾虞我詐，球團為了在談判中獲取優勢，可能會刻意散布與其他球員同步談判的消息；反之，球員或其經紀人也可能透過媒體放話正在與其他球團談判的進度，甚或他隊報價，藉以對球團施加壓力，或是哄抬價格。

大谷陣營的「封口令」引發媒體反彈，有記者批評這是「不必要的無趣」，還有運動節目主持人發表對日本觸及二戰傷痛的針對性言論：「這是什麼？原子彈嗎？我們不能發現真相？這可是棒球！」然而巴雷洛毫不退縮：

「有媒體認為這是歷史性的一刻，所以我們應該分享情報，但我完全不認同，甚至無法理解。」

「我很欣慰我們這麼做，而且我會一次又一次地做同樣的事。這在我內心是毫無疑問的。」

「各球團對此表示感謝並予以尊重，從來沒有任何一隊告訴我們『我跟你說，我們就把消息公開吧！』」

令道奇球團著迷的「野球少年」

十二月一日下午，道奇球場無預警取消球場導覽、關閉球隊商店，外界事後才得知大谷在這一天抵達道奇主場，與股東團隊、經營階層進行三小時的會談。雙方除了共進午餐、參觀球場與球隊設施外，還分享小聯盟體系現況、球探部門與數據分析部門的協同運作方式，資訊如何傳遞給教練團和訓練員，以及球團內部如何溝通俾使步調一致，免於受到休季期間人事異動的干擾；球團甚至還探詢大谷是否介意與ＷＢＣ隊友（指山本由伸與今永昇太）共享舞台（意指同隊）。

總教練戴夫・羅伯茲（Dave Roberts）形容大谷比起二〇一七年會面時更加放鬆自在：「他有一些提問，只是單純想更瞭解部分領域。畢竟他在聯盟六年了，對道奇已有明確的想法，包括對我們和這座城市本身。不管是我或與會的道奇成員，能與他共度這段時間是我們的榮幸。」

不只場上的表現，大谷的個人魅力也令道奇球團著迷。大谷聊到他的狗，也聊到自己有多愛棒球。有參與者透露，大谷曾說這筆合約的金額「令人發笑，甚至不值一提」。

雖然大谷的球技、個性各方面早就不是祕密，不過在這次會晤過程中，道奇高層再一次震撼到了。他們發現傳聞都是真的，**「大谷有兩個嗜好，一是打棒球，另一是從事棒球訓練。」**

「這真是令人耳目一新。」道奇高層表示：**「他給人的感覺似乎比實際年齡還年輕，因為他對棒球展現猶如青少年般的熱愛。我們想知道是什麼原因驅動著他，但答案卻是如此簡單：他就是想打棒球。」**

「（在球團面前，）有些球員想表現得自己像個CEO或成功的品牌，但翔平卻是如此清新。」

「在會議結束後，我們更想簽下他了。」

眾所周知，大谷是個吃飯、睡覺、就連呼吸都只有棒球的野球少年。不過從道奇高層口中聽到這些話，還是讓人又重新感動了一次！

巴雷洛：年輕時就展現卓越談判技巧的經紀人

截至大谷參訪道奇球場這一天為止，自由球員市場剛好進行了一個月。雖然各隊保持緘默，但從片段的新聞報導中，不難看出大谷陣營採用「消去法」的斧鑿痕跡：首先出局的是洋基、水手，媒體陸續報導「洋基不認為大谷真的有意到紐約打球，因此態度消極」、「水手內部評估獲得大谷是不切實際的」；接下來則在十二月一日傳出紅襪、遊騎兵、大都會退出大谷爭奪戰。

十二月三日至六日在田納西州納許維爾舉行的大聯盟冬季會議期間，入圍名單正式浮上檯面，除了道奇與天使之外，還包括藍鳥、巨人、小熊。有媒體報導大谷拜訪巨人球團，道奇總教練羅伯茲則因為在冬季會議第二天的記者會公開承認大谷到訪道奇球場，並透露「翔平是我們的首要目標」，引發球界嘩然。

至於大谷搭乘私人飛機前往藍鳥位於佛羅里達州達尼丁（Dunedin）、造價高達一億美元的春訓基地，則讓藍鳥成為大谷爭奪戰的大黑馬。

題外話，大谷的經紀人巴雷洛因為打造十年七億美元的天價合約而聲名大噪，許多人好奇他究竟是何許人也？

現年六十歲的巴雷洛是創意藝人經紀公司（Creative Artists Agency，CAA）棒球部門的共同負責人，一九八五至一九八八年效力水手小聯盟，最高只打到二A。他曾是生涯二八七七支安打、十一座金手套游擊手奧瑪．維茲奎爾（Omar Vizquel）的二游搭檔，協助委內瑞拉出身、英文不好的後者適應小聯盟生活。

但巴雷洛本人可就沒有那麼幸運了。由於小聯盟薪資無法負擔新婚生活，他在一九八七年休季期間至建築工地打工，失足從十二公尺高摔落地面，導致背部、肋骨、骨盆骨折，右手拇指脫臼，還有嚴重的腦震盪，住院了十七天。隔年他離開小聯盟，到義大利打了兩年，還在一九九五年大聯盟罷工期間代表勇士隊參加春訓熱身賽，但在罷工結束後遭解雇，最後輾轉成為運動經紀人。

巴雷洛年輕時的兩個小故事充分顯現其談判才華：一是十三歲那年跟隨擔任漁夫的父親出海，在非洲象牙海岸看到當地居民工藝精美的木雕面具與盒子，但父親沒錢購買。巴雷洛靈機一動，回到船上拿了T恤和肥皂與居民交涉，最終以物易物完成交易。

另一件事則是發生在巴雷洛遭到勇士隊解雇之後，球團為他準備頭等艙的返鄉機票，他賣掉這張機票改訂商務艙。登機後，巴雷洛成功說服機組人員讓他坐回原本空著的頭等艙座位，舒舒服服返家。

根據《富比世》雜誌報導，大聯盟選手經紀人的佣金最高為五％，優於NBA及NHL的四％、NFL的三％。若以五％設算，CAA經紀公司在大谷這張合約將可獲得高達三千五百萬美元的佣金收入；此外，廣告代言等其他合約則另收取十至二十％的手續費。相傳大谷搭乘私人飛機從西岸加州到東岸佛羅里達的藍鳥春訓基地，縱使來回花費數十萬美元，對經紀公司也只是一筆小錢罷了。

39 柯比．布萊恩——永不言棄的「曼巴精神」

在十二月一日與大谷翔平在道奇球場會面之後，道奇球團內部自評是有優勢的。道奇高層在冬季會議期間透露：「大谷更重視舒適度，而非汲汲營營於合約的每一分錢。」要說舒適度，道奇球場座落在氣候宜人的加州，距離大谷位於新港海灘（Newport Beach）的家僅有四十六英里。

此外，根據大聯盟官網二〇二三年開季前的三十隊農場排名，道奇高居第二，比起競爭對手藍鳥第二十五名、天使第二十八名不知強了多少倍。「如果他尋求的是在未來十年進軍季後賽的最好機會，我們明顯比多倫多具有優勢。」道奇高層說。

十二月七日《今日美國》的一則報導，更被市場視為道奇拿下大谷的前奏：記者鮑伯．南丁格爾（Bob Nightengale）致電三天前才與道奇續約一年的中繼投手喬．凱利（Joe Kelly），凱利透露球團已經協調他讓出球衣背號十七號給大谷，他也爽快答應了。記者引述一名大聯盟球團高層的

「全世界沒有任何地方比洛杉磯更適合贏球，沒有任何棒球隊比道奇更能贏得勝利。」

——柯比．布萊恩

看法，除非道奇「真正相信」大谷將與他們簽約，否則他們沒有理由向凱利提出這樣的要求。

只是道奇球團這般的自信，隔天很快就被藍鳥的網路流言給動搖了。

「飛往多倫多的大谷專機」烏龍事件

十二月八日上午，一架私人飛機從安納罕飛往多倫多，由於這是CAA經紀公司的常用機型，起迄地點與時機又格外敏感，網路瘋傳大谷正飛往多倫多與藍鳥球團簽約；隨後有網友爆料，大谷的花卷東高校學長、藍鳥日籍投手菊池雄星在藍鳥主場羅傑斯中心球場（Rogers Centre）附近一家米其林等級的日本壽司餐廳預訂五十人以上座位，馬上被聯想是為大谷簽約所舉辦的慶功宴；當天下午四點左右，大聯盟官網記者指出「大谷翔平正在前往多倫多途中」，更坐實了大谷情歸藍鳥的臆測。

道奇球團內部研判是網路流言的成分居多，畢竟當天上午經紀人巴雷洛才詢問道奇高層是否願意接受「十年七億美元，其中六・八億美元延遲支付」的合約條件。但因狀況不明朗，據說當晚道奇球團內部會議的氣氛非常凝重。

最後事實證明，這架私人飛機的乘客是一位加拿大的企業家。至於大谷呢？當下他其實有注意到這件事，但他正忙著在南加州家裡的沙發上與狗狗玩耍。

後來在道奇入團記者會上，大谷大方公布愛犬叫做「デコピン」（Dekopin），意思是「彈額頭」，是惡作劇或懲罰遊戲中常見的舉動。因為不好發音，大谷還為牠取了英文名字「Decoy」。

道奇，就決定是你了

在大谷加盟道奇塵埃落定之後，美日媒體間流傳一種陰謀論。有記者爆料，大谷一開始對於加入道奇早就心裡有底，但因為道奇報價僅六億美元，於是藍鳥就成為大谷陣營拉抬價格的籌碼。十二月九日大谷宣布加入道奇當週，市場有節奏地釋放出「大谷對多倫多有好感」、「大谷造訪藍鳥位於佛羅里達的春訓基地」等消息；及至前一天（十二月八日）爆出「大谷飛往多倫多簽約」的烏龍事件，那台暱稱為「大谷專機」的私人飛機，瞬間成為航班追蹤網站最熱門的追蹤標的。但你知道嗎？搭乘這班私人飛機的加拿大企業家，「恰巧」也是CAA經紀公司的客戶！

當然，上述說法僅止於臆測。大谷陣營在確定「十年七億美元，其中六．八億美元遞延至合約到期過後十年間無息支付」之後，十二月八日上午將上述合約架構告知道奇棒球事務部總裁弗里德曼（Andrew Friedman），並且迅速獲得道奇高層核可。但道奇球團不知道的是，經紀人巴雷洛隨後向其他三隊提出同樣的交易條件，其中巨人和藍鳥同意跟進，但大谷的母隊天使卻拒絕了。

事實上，大谷陣營直至最後一刻都與天使總經理米納希安保持聯繫，「天使對翔平毋寧是特別的，他在那裡待了六年，所有人都應該明白這一點。我們認為他們有權利在最後至少有一次討論的機會，而這就是我們在做的事。」巴雷洛說：「天使有充分的機會，我們也是，只是最後沒談成。」據傳天使老闆亞提．莫瑞諾（Arte Moreno）拒絕如此鉅額的遞延支付，他們不打算為大谷破例。

當天傍晚五點，巴雷洛前往大谷家會面。在轉達天使的回覆之後，大谷親口告知他想加入道奇的決定。美西時間隔天中午，巴雷洛以電話通知弗里德曼，當時弗里德曼一邊參加兒子的足球比賽，一邊與某位自由球員視訊。不到五分鐘，道奇的藍色隊徽就出現在大谷的Instagram頁面上了。

雖然離開待了六年的天使，但大谷在Instagram的轉隊宣言，以及加盟道奇的記者會上，他一開始表達的都是對天使球團與球迷的感謝：

「我想向天使球團的每個人以及過去六年來支持我的球迷表達最真摯的感謝。尤其是陪伴我度過人生起落、始終支持我的天使球迷，對我來說，你們的支持與歡呼聲就是全世界。在天使隊的六年時光，將永銘我心。」

「感謝天使球團給了我成為大聯盟選手的第一次機會。現在回想起來，這六年是如此美好、珍貴而難以忘懷。謝謝你們給我的回憶與時光。」

「來到新球隊也意謂自己離開了另一支球隊，就像當年日本的鬥士隊一般。如今離開天使隊，這種離別的感傷與落寞依然存在我心中。」

渴望勝利、永不言棄的「曼巴精神」

隨著大谷情定道奇，許多談判過程中的祕辛也逐一曝光。

二〇一七年當大谷從日職轉戰大聯盟時，道奇球團預錄一段一分鐘的影片，原本想在最後關頭作為祕密武器，結果沒派上用場。這次為了不想再錯過，他們在十二月一日大谷參觀道奇球場時播了這段影片。大谷透過一平表示：「那是整場會議的亮點之一。看到這影片我真的很驚訝，這是一個強烈而觸動人心的訊息。」

什麼訊息？這是當時洛杉磯運動圈的精神象徵、NBA洛杉磯湖人隊退役球星柯比・布萊恩

（Kobe Bryant，二〇二〇年一月二十六日搭乘直升機墜毀意外身亡），為協助道奇招募大谷特別錄製的影片。柯比告訴大谷：**「全世界沒有任何地方比洛杉磯更適合贏球，沒有任何棒球隊比道奇更能贏得勝利。」**

不難想像，大谷聽到已過世三年的柯比在影片中喊他的名字時，那種既驚訝又感動的心情。就連身為翻譯的一平也感觸極深，因為他正是在洛杉磯長大，完全能體會這座城市對柯比以及道奇的意義。

柯比的「超時空」招募影片，結束了洛杉磯道奇隊超過十年的等待。這段影片正如大谷在WBC冠軍戰對楚奧特投的那顆橫掃球再見三振一般，成為道奇簽下大谷的關鍵一擊。

更重要的是大谷在Instagram的這段話：**「致所有道奇球迷們，我發誓將全力以赴，成為最好的自己。不只是為道奇隊，更是為全體棒球界持續戮力前行，直到球員生涯的最後一天。」**在大谷身上，我們再次見證到了渴望勝利、永不言棄的「曼巴精神」！

40 天才二刀流的「獨角獸」合約

「我認識道奇老闆馬克・華特（Mark Walter）約莫四、五年，現在終於可以爆料了。」在大谷翔平加盟道奇的記者會結束後，前大聯盟球員、現任電視轉播球評的哈洛德・雷諾茲（Harold Reynolds）上廣播節目透露這段祕辛：「我記得是在洛杉磯舉辦的明星賽（編按：二〇二二年七月十九日，地點為道奇球場），賽前打擊練習時，所有球員都出現在場上。他（華特）指著其中一人說：『我想要那傢伙，我會在兩年內得到他。』」

「他說的就是大谷，而這正是他的計畫。」雷諾茲說：「如果你想簽下這些明星球員之一，你必須從現在開始布局。觀察馬克的行事風格，不管是在湖人、道奇、切爾西或是古根漢，他總是預先謀畫，全力落實。」

這段話透露了幾個亮點：

・道奇的大股東們財力驚人。老闆馬克・華特是資產規模超過三千億

「他（大谷）的加入不是為了凌駕於他人之上，而是要成為與隊友『互補』的選手，進而幫助球隊贏球。」

——內茲・巴雷洛

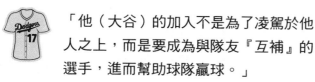

美元的知名對沖基金古根漢合資公司（Guggenheim Partners）執行長，他主導的古根漢棒球管理集團（Guggenheim Baseball Management LLC）在二〇一二年以二十億美元收購洛杉磯道奇隊，團隊成員包括魔術強森（Earvin "Magic" Johnson，NBA傳奇球星）、彼得・古柏（Peter Guber，好萊塢製片、NBA金州勇士隊共同老闆）、史坦・卡斯頓（Stan Kasten，勇士與國民前任總裁）等名人。華特同時也是英超切爾西足球俱樂部的共同老闆。

・不要以為「有錢人就是任性」，華特有其縝密的謀畫。為了清出薪資空間，他們至少提前十五個月開始布局。二〇二二年球季結束後，道奇宣布不與明星外野手科迪・貝林傑（Cody Bellinger）續約，也不競逐當季打出六十二轟的「法官」賈吉；取而代之的作法是以一年合約簽下「書僮」柯蕭（Clayton Kershaw）、J. D. 馬丁尼茲（J.D. Martinez）、「雷神」辛德賈德等七名選手，合計花費五千三百三十萬美元。雖然最終團隊薪資仍略微超過豪華稅門檻，但全隊僅剩佛里曼、貝茲在二〇二五年之後仍有合約，保持薪資彈性與靈活性。

可是即便以道奇球團的財力，要拿下這名棒球界的獨角獸，就需要一份獨角獸等級、史上前所未見的合約。這種獨特性主要反映在合約總值與支付架構上。

全球運動史總額最高的七億美元合約

這張合約的最大亮點，當然是締造全球運動史最高紀錄的合約總值七億美元。這個金額超過當年古根漢集團收購道奇隊價款的三分之一，還打破諸多紀錄：

・超越二〇一九年前天使隊友楚奧特的十二年四・二六五億美元合約總值，以及賈斯汀・韋蘭德

（Justin Verlander）、薛澤平均年薪四三三〇萬美元（均為兩年短約），成為大聯盟史上總值與平均年薪最高的合約。

・比巴爾的摩金鶯隊（六〇九〇萬美元）、奧克蘭運動家隊（五六九〇萬美元）二〇二三年開季的團隊薪資還高。

・身為百年一遇的二刀流，看看下面這個比較：洋基在二〇一九年以九年三・二四億美元簽下王牌投手柯爾，二〇二二年則以九年三・六億美元簽下當家重砲賈吉。這兩份合約加總後仍然不及大谷的七億美元。

・超越NFL堪薩斯酋長隊馬霍姆斯的十年四・五億美元，成為北美職業運動史上最大合約。

・超過二〇一七年足球巨星梅西（Lionel Messi）與巴塞隆納足球俱樂部的合約總值六・七四億美元。

雖然七億美元讓球迷瞠目結舌，但球界對於大谷的身價有高度共識：

「從經紀人的觀點，我敢大聲說，這是有史以來最偉大的運動員，你問我他值得這個價嗎？是的，我會說他值得。」（經紀人）

「我會說是的，他值得。他不但是聯盟最有天分的球員之一，而且正處於顛峰期；此外，不管是從隊友或員工的角度，他的性格都非常突出。你可以確保他在合約期間將竭盡所能地維持健康與產能。」（球團高層）

「我會毫不猶豫繼續加碼，直到合約達到八億美元為止。」（球探）

「即使未來他只有五到六年能打出好表現，球團也足以賺回本，或是非常接近回本。」（分析

師）

如果你還是覺得難以置信，試著換個角度想吧！倘若人生可以重來，大谷沒有在二〇二三年球季結束前進入傷兵名單並執行右手肘韌帶手術，健康的天才二刀流能將合約紀錄帶到什麼境界？恐怕是更難想像的。

「六億八千萬美元延遲支付」的合約架構

除了令人瞠目結舌的合約總值之外，大谷還有更出人意表的想法。

在剛取得自由球員資格時，大谷問了巴雷洛一個問題：「我如果把全部薪資都遞延，讓我的球隊處於更有利的競爭位置，這種作法可行嗎？」巴雷洛查閱大聯盟與球員工會簽署的「勞資團體協約」（Collective Bargaining Agreement，CBA）後發現，沒有規範遞延金額或比例的限制條款，唯一有關的規定是「球員至少應獲給付最低薪資」。而二〇二四年大聯盟最低保障年薪為七十四萬美元。

最後大谷拍板：合約期間（二〇二四至二〇三三年）每年約定由新東家支付兩百萬美元，共計兩千萬美元，其餘六億八千萬美元（約當薪資總額的九十七%）遞延到合約結束後的十年間（二〇三四至二〇四三年）支付。「沒有人應該覺得驚訝，」巴雷洛說：「他所做的一切雖然獨一無二，但都經過深思熟慮。到達他這個境界的選手，就算真心想幫助所屬球隊和城市取得競爭優勢，也不可能主動開口說『我不需要錢』。沒人會這麼做。」「但這就是他，他一直都是這樣的人。他的加入不是為了**凌駕於他人之上，而是要成為一個與隊友『互補』的選手，進而幫助球隊贏球。」**

巴雷洛調查過，過去從來沒有任何球員有如此鉅額的遞延給付。以薛澤為例，他在二〇一五年與國民隊的二・一億美元合約中有一半遞延支付。「（大谷）這種情況前所未有，」巴雷洛說：「**我們已經合作七年了，現在我對他做的事已經不會感到驚訝，因為他總是選擇一條沒人走過的路。**」

至於「大幅遞延薪資」，為什麼「能讓球隊處在更有利的競爭位置」？這就攸關豪華稅的計算問題。大聯盟是以球員「平均年薪」（Average Annual Value，下稱「AAV」）加總後的團隊薪資來計算球隊每年的豪華稅，第一年超過豪華稅線的球隊，課徵稅率為二十%，連續第二年提升為三十%，連續第三年則為五十%。設若大谷在十年合約期間就賺進七億美元，那他計算豪華稅使用的AAV為七千萬美元，以二〇二四年第一層豪華稅線二・三七億美元計算，大谷的AAV勢必占據相當大的部分；但在大部分薪資無息延遲付款的情況下，以大聯盟目前使用的利率四・四三%折算後，七千萬美元的現值（即AAV）約為四千六百零六萬美元。易言之，大谷同意遞延薪資，將提供道奇球團每年在豪華稅門檻內多出二三九四萬美元的薪資空間。

雖然許多人抨擊大谷此舉是開後門、鑽漏洞，恐將引起豪門球隊紛紛效尤，造成競爭失衡。但必須說，影響聯盟競爭平衡的成因甚多，況且大多數球員也不會同意遞延薪資。大聯盟真正該關切的是一些惡意規避豪華稅的手法，例如過去曾經傳聞費城人隊試圖將哈波的合約年限拉長為二十年，面對這種刻意壓低AAV的不合理手段，大聯盟官方就有加以否准的必要。

有經紀人從球員的立場，認為這對大谷或其他人都是一份糟糕的合約，畢竟「建立最強的球隊」本來就是球團本身的責任，大谷並不會從道奇隊上揚的市值中獲利，他也無須犧牲自己來提供球團營運資金。可是他不但這麼做，還為此自豪，這種想法令人費解。

我認為這就是美日文化與價值觀的差異，造成美國球界曲解了大谷的善意。大谷從來就不在意金錢，他在二十三歲加入大聯盟時只能簽一份簽約金受限的小聯盟合約，如果他再多等兩年，兩、三億美元將輕鬆落袋。當這位大聯盟頂級球星展現視錢如無物、無私無我的團隊精神時，難怪崇尚金錢價值的美國人無法理解。

這也就是經紀人巴雷洛在十二月九日聲明中強調大谷「自己規畫合約架構，以真實反映雙方對於確保長期成功的彼此承諾」的真意，看似溢美之詞，實則隱含了大谷為球隊設想的心意以及對勝利的渴望。

大聯盟前所未見的「關鍵人物」條款

這份合約還包括一個前所未見的「跳脫條款」：「如果道奇隊發生特定人事異動，球員可以選擇在事實發生之球季結束後，行使跳脫權利來解除合約。」上開條文所指「球員」當然是大谷，至於「人事異動」則包括道奇老闆華特、棒球事務部總裁弗里德曼兩人，前者是挹注資源的老闆，後者則是運籌帷幄的操盤手，這兩人顯然是大谷選擇道奇的關鍵，甚至無可取代，以致他必須將兩人綁進自己的合約。大谷後來在記者會上透過一平說明內心的想法：

「每個人都必須站在同一陣線並達成共識，才能共同組建贏球的團隊。我認為這兩位處於領導地位且掌控全局，加入道奇其實就等同與他們兩位簽約。」

「如果其中一人離隊，那就如我所言，我們無法站在同一陣線，事情可能因此而失控。因此我只想要一個安全網。」

類似這種「關鍵人物」（key person）條款在金融業頗為常見，目的是作為投資人在公司創辦人離職時的退場機制。至於大谷的動機不難理解：過去十年沒有任何大聯盟球隊的例行賽勝場數比道奇多，為了確保球隊在往後十年履行承諾，善用他節省出來的薪資空間，打造更有競爭力的團隊，綁定核心成員實有其必要。「我的用意很明確，我想贏得冠軍。我希望當人們回顧我所贏得的冠軍時，他們能認知到我是核心成員，我是關鍵角色，我是冠軍隊的重要拼圖。」大谷說。

顯而易見地，大谷已經找到能幫他贏得冠軍的關鍵人物，剩下的就是等球季開始了！

優先考慮的從來不是金錢，而是夢想與勝利

大谷這份延遲支付高達六億八千萬美元的合約，再次證明他優先考慮的從來不是金錢，而是夢想與勝利。但金錢對他真的不重要嗎？栗山英樹監督受訪時說出了愛徒的心聲：「他不是在追求金錢，而是希望日本與亞洲選手在大聯盟舞台能獲得最高的評價，藉此提升棒球水準。我相信這就是他最重視的價值所在。」

而延遲支付的最大受益者無疑是道奇球團，在經濟實質上，這等同於大谷提供球團六億八千萬美元的無息貸款。至於對道奇的經濟效益有多大？《洛杉磯時報》引述不具名經紀人的說法，球團可能會將這筆遞延支付的鉅款拿去投資在資產管理公司，例如道奇老闆華特的古根漢合資公司，藉此創造數億美元的額外收益；此外，球團每年還有機會從大谷身上獲得多達五千萬美元的廣告與行銷收入。

大谷不想讓自己的薪資成為球隊無法補強的理由，所以他用這樣的合約架構反過來扭轉道奇球團的經營哲學。在簽下大谷之後，過去在自由球員市場上以審慎評估、風險趨避出名的道奇高層，短短一週內又花了五億美元補強先發投手，包括網羅山本由伸的總成本三．七五億美元（十二年三．

二五億美元合約，加計支付給母隊歐力士的讓渡費約五〇六〇萬美元），再加上交易到泰勒．格拉斯諾（Tyler Glasnow）之後簽下五年一億三千六百五十萬美元的延長合約。

道奇狠下心來補強先發輪值，而這或許就是大谷構思「延遲支付架構」與「關鍵人物條款」時腦中浮現的畫面：他不希望過去六年在天使對於先發輪值劣勢無能為力，以及總經理比利．艾普勒（Billy Eppler）遭解雇（艾普勒是大谷加盟天使的重要原因）的憾事在道奇重蹈覆轍。

但在砸重金簽下山本與格拉斯諾之後呢？現實的考驗接踵而來：山本身高一七八公分，專家本來就對他能否長期負荷九十五英里以上的速球頗有疑慮，再加上大聯盟賽季漫長、投一休四暴增的工作量，這筆投資不無風險；身高二〇三公分的格拉斯諾是大聯盟最有天分的投手之一，卻有豐富的傷病史，大聯盟八年的單季最高投球局數僅一百二十局。

道奇投資五億美元在兩名先發投手身上，其中一位身高相對矮小、從沒在大聯盟投過任何一球，另一位身材高大、卻從未維持健康。這是大谷用自己的退讓所換來夢寐以求的補強（大谷甚至親自參與上述兩名投手的招募行動），不過回到現實面，所有人——包括大谷與道奇球迷——想看到的是成果，而這就是道奇高層未來十年必須面對的課題。

41 「大谷愛」——道奇超過十年的熱愛與等待

在大谷翔平情定道奇隊之後，日本媒體與社群隨處可見「大谷愛」一詞。別誤會，這可不是什麼新出道的少女偶像，而是形容道奇對大谷超過十年的熱愛與等待。

在大谷二〇一二年九月十九日向岩手縣高校野球聯盟遞交「職業棒球志願書」之後，道奇正是第一支與他面談的日美職棒球團；高中三年級的大谷甚至還立下目標，要為道奇贏得二〇二〇年世界大賽冠軍。

而串起道奇與大谷長達十多年緣分的關鍵人物，正是道奇日籍球探小島圭市。

小島圭市：開啟大聯盟夢想的道奇球探

資深中職球迷對「小島圭市」這個名字應該不陌生，左手投球的

「一開始就建立起自信，將隨著過程而不斷積累，進而成為自己進步的動力。這就是為什麼我認為一開始的自信心是非常重要的。」

——大谷翔平

他在一九九九年短暫效力興農牛隊，出賽三場拿下兩勝，防禦率僅一．五〇。隔年赴美挑戰大聯盟未果，引退後轉任洛杉磯道奇隊的日本地區球探，協助球團陸續網羅石井一久、齋藤隆、黑田博樹等日職投手。

小島是第一個發現大谷棒球天賦的大聯盟球探，他對大谷的影響力有多大？一名國聯球探誇張地形容：「對（高中時期的）大谷來說，『大聯盟＝道奇隊』。」

或許可以這麼說：沒有小島圭市，也許就沒有今天站在大聯盟舞台的大谷翔平。過去大谷在受訪時一再強調「自信」的重要，例如他曾說過：「一開始就建立起自信，將隨著過程而不斷積累，進而成為自己進步的動力。這就是為什麼我認為一開始的自信心是非常重要的。」可是如果回顧初中時期以及剛進入花卷東高校初期，大谷還沒有意識到自己的潛能，是道奇球探小島圭市改變大谷的心態。正如大谷所言：「我開始打棒球是因為我想成為職棒選手，所以在高中一年級完全沒考慮大聯盟。但是高中三年間，有一支大聯盟球團從一開始就關注我，帶給我很大的信心。即使從沒在甲子園贏得勝利，他們依舊在我身上看到巨大的潛力，我想為這樣的人工作，這就是我想去美國的原因。如果不是他，我不會想到大聯盟，對此我非常感激。」

小島對大谷的體能有極高的評價：

「不論他參加什麼競技項目，他都是金牌的水準。如果踢足球，身高超過一九〇公分的他會是全世界最好的前鋒之一；如果打籃球，他會進NBA；一百公尺短跑也是如此，第一個跑進十秒內的日本人搞不好就是大谷。不管是任何一項運動，我相信他都能成為日本史上最佳選手。」

「可惜的是在日本，棒球選手到一定年紀之後是別無選擇的，不像在美國，高中階段可以選擇兩項運動，等十八到二十歲之後再專注於其中一項，所以美國才會產出這些多優秀運動員。柯蕭、洛伊・哈勒戴（Roy Halladay）學生時代是有名的籃球選手；洋基強打『法官』賈吉在學校是棒球、籃球、美式足球三棲明星，他是真正的運動員。」

「大谷君就是這樣的水準，這是他一開始評價就如此之高的原因。」

在觀察大谷剛入學的第一場比賽之後，小島立刻向道奇球團發送一份球探報告，詳細介紹大谷的表現。「我想把他帶到道奇，在小聯盟磨練三年，接下來他應該可以拿下兩到三座賽揚獎。」小島回憶說。

不只大谷，就連花卷東高校棒球隊的佐佐木洋監督都深受道奇的啟發，他甚至採用道奇球團的訓練菜單進行基礎訓練。花卷東棒球隊的「道奇流」，毫無疑問地深化大谷對大聯盟的嚮往。

道奇球團超過十年的等待

二〇一二年九月十九日，大谷向岩手縣高校野球聯盟遞交職業棒球志願書之後，道奇助理總經理羅根・懷特（Logan White）親自到花卷東高校表達網羅大谷的意願。懷特擔任道奇球探總管期間，親自操盤選進柯蕭、貝林傑、柯瑞・席格（Corey Seager）等明星球員，「我超級喜歡大谷選手，如果需要每天來這裡，我會天天來。」

道奇是促使大谷決定在高中畢業後跳過日職、直攻大聯盟的關鍵，當時他甚至制訂「為道奇隊贏得二〇二〇年世界大賽冠軍」的人生目標。大谷的高中隊友小原大樹證實：「當時他就在我旁邊的桌子寫下這句話。道奇球團與他十分親近，這又是一支參加世界大賽的世界最頂級球隊，我認為他是出於這樣的原因才寫下來的。」

當然，大谷沒有參與道奇的奪冠。日本火腿在二〇一二年選秀會第一指名大谷，栗山英樹監督提出「二刀流」育成計畫，並且說服大谷「走一條沒人走過的路」，改變了他原本堅定的志向。據說栗山第一次與大谷會面時，刻意穿戴象徵花卷東高校的紫色圍巾與紫色內衣，希望能帶來好運；最後一次會面則穿淺褐色上衣，向大谷家的愛犬「Ace」致意，足以想見火腿球團有多麼殷切期盼能得到大谷。

二〇一七年球季結束後，大谷決意透過「入札制度」挑戰大聯盟，這一次道奇成為進入決選的最後七隊之一。面談當天，道奇邀請王牌投手柯蕭及兩名主力野手賈斯汀・透納（Justin Turner）、克里斯・泰勒（Chris Taylor）到場擔任說客，而這一天恰好是柯蕭的結婚紀念日，他還特地搭機從德州的達拉斯飛到洛城。不過由於當時國聯還沒有「指定打擊」（DH）制度，大谷可能因此而選擇同樣位在洛杉磯地區、但隸屬美聯的天使隊。為此，透納指責大谷「心中早有答案」，柯蕭則痛批大谷和他的經紀人「浪費大家的時間與努力」。

絕無僅有的獨角獸，史上最偉大的運動員

二〇一八年五月六日，天使遠征西雅圖，這是投手大谷第一次對戰當時進入決選的其他六隊，他以先發六局失二分、六次三振的好投拿下當季第三勝。賽後大谷感性地說：**「我希望能對所有提供報價給我的球隊，展現最佳的投球，讓大家認為當初派球探觀察我是正確的。」**這段話不僅傳達大谷想在大聯盟投出成績的決心，更是對包括道奇在內的球隊表達感激與感謝之情。

同在洛杉磯地區的天使球場與道奇球場距離僅三十英里，但兩隊命運卻大不同，在天使六年來從沒打過季後賽的大谷，不吝讚美道奇的強大。二〇二三年六月二十一日，投手大谷在天使球場對道奇先發七局僅被打出五支安打失一分，狂飆十二次三振，但終場天使仍以〇比二吞敗，大谷盛讚道奇**「強大的球隊會制訂比賽計畫，而且全隊擁有共同的目標」**。

道奇上一次沒打進季後賽是二〇一二年，當時大谷還在念高中。這樣一支連續十一年進軍季後賽的傳統強隊，正是大谷一直渴望擁有「緊張刺激的九月」的好所在。

大谷加盟道奇記者會結束後，道奇球團總裁史坦・卡斯頓在大聯盟官網節目中透露他與大谷在道奇球場會談時的一段對話。卡斯頓細數十一年前與六年前兩度爭取大谷加盟的往事，他告訴大谷：「如果你十年前就來這裡，你我的人生可能完全不同。」接著開玩笑說：「我們別再犯同樣的錯誤了。」

「這次他終於做出明智的抉擇。」卡斯頓說：

「像他這樣的獨角獸是絕無僅有的，但畢竟他在大聯盟只有六年的時間。如果這種表現能持續十年，他將毫無疑問地成為史上最偉大的運動員。同等級的球星包括喬丹和雷霸龍，但大谷毫不遜色。」

「道奇與大谷的組合，將確保棒球在太平洋地區的人氣持續擴展。如今隨著這項運動在歐洲及其他地區日益普及，彼此的連結更加緊密。我相信這是棒球美好時代的開端。」

「這項決定不僅有利於道奇球迷，整個棒球界都是受益者。」

42
以「國際化」為使命！日本野球武士在道奇的傳承

道奇隊史第一位日籍選手當然是一九九五年的「龍捲風」野茂英雄。但六十年前如果不是球團高層的阻攔，這名日職選手不但是道奇隊史第一人，甚至會成為日職挑戰大聯盟的第一人。

他就是棒球迷耳熟能詳的「棒球先生」長嶋茂雄。

一九六一年，讀賣巨人隊在道奇位於佛羅里達州維羅海灘（Vero Beach）的春訓基地進行移地訓練。「當時是入團第四年，對於能參加夢想中的大聯盟春訓營感到非常興奮。雖然只是被允許使用場地，但我一直夢想著能在大聯盟打球。」長嶋回憶說。

有一天，道奇總教練華特．奧斯頓（Walter Alston）問長嶋：「你有興趣在大聯盟打球嗎？」長嶋毫不猶豫地回答：「是的！如果有機會的話。」

兩年後，一九六三年休季期間，道奇老闆彼得．歐馬力（Peter

「這就像登山一樣，如果那邊有一座山（大聯盟），也會想去征服，尤其我又擅長打速球，會想要去試看看。」

——王貞治

O'Malley）親自赴日向巨人球團提出「長嶋交易案」，長嶋還記得當時聽到這件事的興奮之情：「這可是來自大聯盟的真實邀約啊！如果有人問我『你會怎麼做？』說不定我早就去美國了！」

個性浪漫的長嶋，甚至幻想自己在大聯盟的場景，「在那裡會怎麼樣呢？我是中距離打者，打擊率大概介於兩成七至兩成八之間，應該是一、二棒的類型吧！」

可惜在那個年代，從來不會有人徵詢長嶋的意見。對於看板球星出走的重大危機，巨人高層當然一口回絕了，長嶋的夢想頓時化為泡影。然而，即便身為日職史上最具影響力的球星，長嶋與王貞治依舊懷有挑戰大聯盟的情懷。

二〇一九年四月十八日，日本明仁天皇退位前，王貞治接受日本記者協會邀請，對即將結束的平成時代日本野球進行回顧。在被問到「如果現在是現役選手，會想挑戰大聯盟嗎？」王貞治回答：**「我們那個年代，沒有這樣的管道和門路，所以沒有想過。但這就像登山一樣，如果那邊有一座山（大聯盟），也會想去征服，尤其我又擅長打速球，會想要去試看看。」**

野茂英雄實現了長嶋與王的夢想，成為日職挑戰大聯盟的「先驅者」；大谷翔平則進一步成為大聯盟百年一遇的「二刀流先驅者」，他在二〇二三年初的WBC日本武士隊傳承野茂的十六號球衣，同年底則傳承野茂藍白配色的道奇球衣，成為道奇隊史第十位日籍選手。

突破種族藩籬，以「棒球國際化」為使命的百年球團

道奇隊在一八八四年成立於紐約布魯克林，由於球場所在地附近的有軌電車系統發達，人們在街道上閃躲（dodge）電車，與布魯克林的城市形象形成強烈的連結，也就是如今道奇隊名

（Dodgers）的由來。

成軍後的道奇直到一九五五年才獲得隊史首座世界大賽冠軍，二次世界大戰之前有很長一段時間在紐約當地被視為比洋基、巨人低了一級的球隊。引領道奇由弱轉強的一大關鍵是一九四五年，總經理布蘭奇・瑞基（Branch Rickey）簽下大聯盟史上第一位黑人球員傑基・羅賓森（Jackie Robinson），他在一九四七年升上大聯盟並獲選新人王，帶動黑人選手在這項全國性的娛樂活動嶄露頭角，促使黑人的地位得到改善，進而成為美國社會極具意義的革新事件。

道奇的另一項革新則是往西岸擴張。由於在布魯克林建設新球場的計畫失敗，他們在一九五八年改以加州洛杉磯為新主場根據地（此前大聯盟最西的城市是位處中西部的堪薩斯市），同時間紐約巨人隊也遷至舊金山。從地理位置觀之，這是大聯盟首度成為全國性的運動。一九六二年，道奇球場落成啟用，可容納五萬六千個觀眾座位，是大聯盟座位容量最大的棒球場，一九七八年締造大聯盟史上首次進場觀眾人次破三百萬人的紀錄。

除了突破種族藩籬之外，道奇球團長期致力於推動棒球國際化，一九四八年在佛羅里達州維羅海灘建造的春訓基地，多次提供日職巨人、中日等隊進行移地春訓，包括山本昌、長嶋一茂等選手前往道奇小聯盟「野球留學」，尤其是山本昌在美國學會螺旋球（screwball），返日後成為他晉升巨投的關鍵。除此之外，一九八六年道奇還在中國天津捐贈並協助興建棒球場，努力將棒球運動推廣到世界各地。

正因為擁有國際化的血統，許多外國選手在道奇有出色的表現，就如一九九五年二月十三日野茂英雄加盟道奇的記者會上，擔任司儀的傳奇播報員「道奇之聲」文・史考利（Vin Scully）下面這段話，預告了後來的「野茂狂熱」：「過去道奇擁有幾位不世出的投手，包括偉大的黑人投手唐・紐康伯（Don Newcombe），偉大的猶太裔投手山迪・柯法斯（Sandy Koufax），還有偉大的墨西哥投手費南度・瓦倫祖拉（Fernando Valenzuela）。數往知來，如今我們終於擁有一位偉大的日本投手！」

題外話，當年道奇球團舉辦野茂入團記者會的地點，就叫做「新大谷飯店」！

日本野球武士在道奇的傳承

野茂啟發了大谷在高中畢業後效力道奇隊的憧憬，大谷在受訪時曾說：「在我出生時，野茂桑就已經在這裡投球了，所以我並沒有現場看過他的比賽，但我對道奇的印象就是野茂桑。道奇隊在我高中時期就邀請過我，從那時開始，我就有為道奇效力的想法，不管最終能否實現。」

大谷成為道奇隊史自野茂以降第十位日本選手（山本由伸則為第十一位），前面九位前輩以及效力期間如下：一、野茂英雄（一九九五至一九九八年；二〇〇二至二〇〇四年）；二、石井一久（二〇〇二至二〇〇四年）；三、木田優夫（二〇〇三至二〇〇四年）；四、中村紀洋（二〇〇五年）；五、齋藤隆（二〇〇六至二〇〇八年）；六、黑田博樹（二〇〇八至二〇一一年）；七、前田健太（二〇一六至二〇一九年）；八、達比修有（二〇一七年）；九、筒香嘉智（二〇二一年）。

回顧幾位大前輩於入團記者會上的發言，饒富歷史與傳承的意義：

・野茂英雄（一九九五年二月十三日）：「很高興能站在距離自己夢想最接近的地方。不論過去在日本的成績如何，我都打算從零開始。還請多多指教。」

- 石井一久（二〇〇二年二月八日）：「請叫我『卡茲』（『カズ』，即日文名字發音『Kazuhisa』的簡稱）。我選擇LA是因為這裡氣候宜人，還有很多很棒的高爾夫球場。」
- 中村紀洋（二〇〇五年二月三日）：「當近鐵不復存在（編按：二〇〇五年併入歐力士隊）的此刻，我已經放棄在日本的成績。我希望能以全新的心情穿上道奇藍，展開全新的旅程。」
- 齋藤隆（二〇〇六年二月九日）：「感覺就像來到這裡好久了，這種感覺真的很棒。感謝道奇為我敞開大門，讓我踏出夢想的第一步。」
- 黑田博樹（二〇〇七年十二月十六日）：「來到洛杉磯讓我熱血沸騰。我會全力以赴，盡快融入成為道奇藍的一份子。」
- 前田健太（二〇一六年一月七日）：「來到這裡之後的成敗，才能決定選手的價值。如果能取得好成績，提高『投手前田健太』的評價，那就太好了。這也是我一直以來的期盼。」
- 達比修有（二〇一七年八月二日）：「能被一支常勝軍誇讚並邀約加盟，是我莫大的榮幸。」

野茂英雄是道奇隊史的日本人全壘打王？

大谷成為道奇隊史第二位球衣背號十七號的日本選手，前一位是石井一久。除了上述二人之外，在大聯盟穿過十七號球衣的日本選手還包括鈴木誠（皇家，二〇〇〇至二〇〇二年）、小宮山悟（大都會，二〇〇二年）、長谷川滋利（水手，二〇〇二至二〇〇五年）。

以下是幾個花絮：

- 猜猜道奇隊史日本選手通算最多全壘打紀錄是幾支？答案是野茂的四轟，另外前田與石井各有一轟，都是投手。道奇隊史雖然出現過中村紀洋、筒香嘉智兩名日本野手，但這兩人都沒有全壘打紀錄。回顧大谷在二〇二三年四月份就打了七支全壘打，可以期待他用超快的速度打破這項紀錄。

• 道奇隊史還沒有任何日本選手跑出過盜壘成功，大谷加盟後的每一次盜壘成功都是新紀錄。

• 大谷、山本之前的九位道奇日本賢拜，都沒為道奇摘下世界大賽冠軍。大谷、山本能完成賢拜未竟的夢想嗎？

• 道奇選手出身的總教練羅伯茲，出生於沖繩縣那霸市，父親是曾駐紮當地的美軍，母親則是日本人。所以如果要計算「道奇隊史上出生於日本的選手」，還要多計入羅伯茲一人。

43 強烈的求勝意志——「藍血軍團」出線的五大優勢

美西時間十二月九日中午過後，大谷在個人Instagram頁面上傳藍底白字、大大的「ＬＡ」標誌。三個小時後，幾名工人與吊車出現在天使球場外，忙著拆除外牆的大谷巨型看板。

「感覺就像失去了一個家人，」一名球迷望著拆除中的大谷看板唉聲嘆氣：「身為天使迷，這是我人生中最悲傷的一天。」他在中午起床後，從朋友的簡訊得知大谷即將加盟道奇，「我一邊淋浴一邊流淚。」

「如果大谷轉隊到遙遠的多倫多也就算了，我不必承受傷口上撒鹽的痛苦。」這名天使球迷說：「我恨透道奇了，這就好比你深愛的戀人拋棄你，同一天找上隔壁的有錢人。那個新歡住豪宅，有厲害的工作，外表光鮮亮麗，還開名車。」

就在他說話的同時，大谷的臉從外牆消失了，只剩下棕色的手

「他（大谷）給人的感覺似乎比實際年齡還年輕，因為他對棒球展現猶如青少年般的熱愛。我們想知道是什麼原因驅動著他，但答案卻是如此簡單：他就是想打棒球。」

——道奇高層

套，另一名球迷則默默在牆角放上深紅色的玫瑰花。

道奇優勢一：季後賽保證班

美國媒體說得直白：「對大谷來說，道奇是世界上最合乎邏輯的選擇。一個顯而易見的原因是，你從輸球、糟糕又一團亂的天使隊，轉到可以信賴、專業、高額投資的道奇隊。」

同樣冠名「洛杉磯」，「勝利」成為道奇與天使最大的分野。道奇已經連續十一年打進季後賽，其中十次拿下國聯西區冠軍；最近六個完整球季有五次至少拿下一百勝，還在二〇二〇年的疫情縮水球季贏得世界大賽冠軍。相較於大谷效力天使期間長達六年從沒打過任何一場季後賽，轉投道奇之後，「打進季後賽」已經成為最起碼的要求。

最重要的是，即便道奇已成為許多人心目中的「季後賽保證班」，大谷卻感受到這支「藍血軍團」超級強大的求勝意志：「當他們回顧過去十年，即便每年都打進季後賽，還贏得一次世界大賽冠軍，但他們仍定位為失敗。聽到這裡，我更確信他們全心全意只想贏球，這正是我所感受到的。」

道奇優勢二：地理位置

地理位置則是道奇的另一項優勢。南加州氣候宜人，比起東岸城市更接近母國日本。此外，大谷重視規律，道奇球場距離天使球場僅四十分鐘車程，這是他過去六年熟悉的生活與訓練環境，他甚至無須搬家。綜上，道奇提供大谷留在南加州的最好機會。

道奇優勢三：醫療資源

大谷在二〇二三年九月才動完第二次右手肘韌帶手術，執刀醫師與上次相同，仍為美國運動外科名醫尼爾・艾爾崔許（Neal ElAttrache）。艾爾崔許在二〇一八年擔任美國骨科運動醫學會（AOSSM）主席，還曾被《今日美國》評為「大聯盟最具影響力的一百人」。

值得注意的是艾爾崔許在職業球團的特殊身分：他是道奇隊與NFL洛杉磯公羊隊隊醫，在當地運動圈頗具影響力。大聯盟專家福島良一就認為，大谷選擇此刻手術，當然是為了在二〇二四年球季能以打者身分盡早上場，以他對艾爾崔許的高度信任，並且為了讓復健更順利，他可能將洛杉磯一帶的球團列為優先考量。

至於道奇「再生工廠」威名素著，前日籍投手齋藤隆就是一例。過去在日職時期為傷所苦，齋藤卻在轉戰道奇後，得益於球團的醫療資源與南加州的溫暖天候，大聯盟第一年就出賽多達七十二場，投出二十四次救援成功、防禦率僅二・〇七的佳績。

除此之外，道奇的物理治療師伯納德・李（Bernard Li），正是二〇一八年在天使球團負責大谷手肘復健的訓練員。有這些共同經歷過成功的伙伴在身邊，一起為漫長的復健之路而努力，對大谷不啻是一劑強心針。難怪總教練羅伯茲在冬季會議記者會上自信滿滿：「我們團隊可以精準掌握（大谷）復出的最佳時機。」

道奇優勢四：財力雄厚

球團財力不只攸關補強與競爭力，更能讓大谷獲得他期望的合約總額。這項要求與他物欲不高、對金錢無感的價值觀並不衝突。

在大谷的定義中，合約總額象徵選手的「價值」。身為百年一遇的二刀流，又才剛成為大聯盟史上「兩度全票獲選年度MVP」的唯一一人，他理所當然希望得到球團最高的肯定與評價。

道奇優勢五：道奇球場打擊成績

如果統計大谷在各球場的打擊數據，道奇球場絕對名列前茅。大谷在道奇球場總計出賽十五場，二十八個打數十支安打，打擊率高達三成五七；二〇二三年在道奇球場出賽兩場，七個打數四支安打，包括全壘打、三壘打各一，打回三分打點。雖然是小樣本，但大谷留下幾個令人印象深刻的打擊紀錄：

- 生涯在道奇球場的首打席就是安打：

二〇一八年七月十三日，大谷在道奇球場的生涯初登場。當時國聯尚未採用「指定打擊」（DH）制，因此大谷直到九局上半一出局才上場代打。球數兩好兩壞，大谷將道奇左投史考特・亞歷山大（Scott Alexander）的速球打成反方向深遠的二壘安打，生涯在道奇球場的首打席留下值得紀念的紀錄。

- 明星賽的打擊預言：

「First pitch? Full swing! That's it.」這是二〇二三年七月十九日明星賽前，擔任美聯明星隊先發第一棒的大谷，上場前被記者問到「對戰柯蕭（國聯先發投手）的打擊策略」時，他用英文說出「第一球，全力揮棒」的華麗宣言。

大谷果然信守承諾，一上場就揮打柯蕭的第一球，雖然是沒投進好球帶的外角壞球，但依舊打成中外野手前方落地的漂亮安打！

這是大谷在明星賽的第一支安打，也是繼松井秀喜、鈴木一朗之後，相隔十三年再度有日本打者在明星賽敲出安打；更是繼二〇一三年的楚奧特之後，再一次有打者在明星賽第一球就敲出安打。

・生涯在道奇球場的首轟：

二〇二三年七月八日，剛過二十九歲生日的大谷在道奇球場的比賽擔任先發第一棒指定打擊。首局首打席一壘安打，三局上半三壘安打，七局上半則夯出飛行距離四三三英尺的兩分砲，只差二壘安打就能達成「完全打擊」，可惜九局上半只以高飛犧牲打作收。

這是大谷當季第三十二轟，獨居大聯盟全壘打王。其中在七局上半夯出特大號全壘打之後，全場道奇迷齊聲高呼「我們想要翔平（We want Shohei）」、「未來道奇（Future Dodger）」。

道奇球迷的夢想，五個月後就成真了！

44 「二刀流」的真正意義——堅持挑戰困難，永不停止進化

道奇花了破紀錄的七億美元簽下大谷翔平，想必令球迷瞠目結舌。但請注意，這不只是棒球決策，更是商業決策，因為大谷是當今全世界最具行銷價值的棒球員。

誠如《運動畫刊》所言，道奇的棒球事務部門評估大谷的打擊能力，他們知道二〇二五年當大谷從第二次手肘韌帶手術康復後，有可能恢復頂級投球水準，也有可能不會；可是在商業層面，道奇卻從沒猶豫過。理由很簡單：球團深知大谷是「國際品牌」等級的棒球選手，管理階層不需要說服老闆華特簽下大谷，因為老闆早就全力支持了。華特的事業版圖涵蓋媒體、娛樂、金融各方面，而且在日本都有據點。「他（指華特）看的是經濟上的影響力，」道奇高層說：「道奇是國際品牌，可以這麼說，（簽下大谷後）這個品牌光是今天就比昨天更大了。」

「他（大谷）的本質就是『二刀流』，堅持挑戰困難的事，是他永不停止進化的原因。」

——栗山英樹

挑戰大聯盟市值及品牌龍頭

品牌提升也許不會馬上帶來現金流入，但可以想見道奇球團的價值勢必會隨「大谷效應」而水漲船高。根據《富比士》二〇二三年三月的評比，大聯盟市值最高的球隊依舊是洋基，高達七十一億美元，道奇則以四十八億美元名列第二。展望未來十年，道奇有沒有可能挑戰洋基，成為棒球界最受歡迎的國際品牌，進而在市值超越洋基？有大谷加持，這絕不是夢想。

大谷與洛杉磯的結合本身就是一大優勢，洛杉磯是全美第二大城市、第二大媒體市場，在洛杉磯只會更加提升大谷與他所從事運動的地位。道奇在大谷爭奪戰中的強力競爭對手藍鳥就是很好的對照組，多倫多是國際級都市，也是加拿大境內最大城市，但由於美國電視台不計入加拿大當地的收視率，因此福斯、ESPN盡可能不轉播藍鳥的例行賽。這個狀況並不會因為大谷加入藍鳥而改變，反而會倒過來影響他的曝光度。

考量市場規模，全國性電視網會在聯盟規定的上限內盡可能轉播洋基與道奇的比賽。如今大谷情定道奇，璜．索托（Juan Soto）被交易到洋基，在紐約、洛杉磯的宣傳及曝光效果，絕非多倫多等其他城市所能比擬。

美國運動經濟學家就認為：「在西岸擁有一名日本球星，對於日本棒球迷來說可能會更有共鳴。對他們來說，飛往洛杉磯顯然比飛往密爾瓦基、麻州或紐約等地容易多了。因此我認為，加入道奇隊將增加他與日本的連結性。不過在多數情況下，一個超級巨星效力於大市場球隊，本來就具有更大的影響力。」

以成為日本的「國民球隊」為目標

一九九〇年代中期以降，野茂英雄、朴贊浩、陳金鋒等日韓台球星相繼效力道奇，使道奇被視為親近亞洲的球隊。參考過去NBA從中國市場獲取巨大收益的前例，在全球最大的北美運動市場成長趨緩的同時，擁有一．二億人口的日本GDP是洛杉磯地區的六倍，自然成為道奇回收對大谷鉅額投資所必須開拓的新藍海。

道奇棒球事務部總裁弗里德曼在大谷的加盟記者會上透露他對日本市場的野心：「我們的目標之一，是要讓日本棒球迷都轉成道奇藍。」對此，《洛杉磯時報》以「SHO BUSINESS」為標題進一步解釋：「他（大谷）是日本的國民球星，日本企業會支付廣告費給球團；再加上日職代表球星山本的加入，未來日本媒體將只會關注道奇隊。」

確實是如此。過去幾年來，大谷的每一場比賽幾乎都會在日本轉播。以二〇二三年為例，由於大谷二刀流的活躍表現，NHK轉播大聯盟比賽的平均收視率比兩年前大幅增加三十%，其中收視率最高的四場比賽介於四十二．五至四十八．七%之間（二〇二三年超級盃在美國的收視率為四十%）；此外，本屆WBC日本對義大利的八強賽在日本的收視率達四十八．七%，是WBC有史以來日本收視人口最多的一場比賽，而這場比賽的先發投手正是大谷。

影響所及，包括SEIKO（鐘錶）、KOSE（化妝品）、西川（寢具）等日本品牌在大谷身上投入大量的廣告及代言預算，他在二〇二三年的廣告代言收入達四千萬美元，高居全大聯盟之冠，足足是第二名楚奧特的八倍，充分反映其行銷價值。未來道奇必將大規模地擴增行銷伙伴、廣告贊助商與球迷基礎，將球隊品牌推向國際市場，尤其是日本。

一個試金石：大聯盟官方合作伙伴、線上運動商品授權商Fanatics統計，在大谷宣布與道奇簽約後的二十四小時，道奇隊商品在日本的銷售數量飆升了八十三・五倍；而在該網站開放訂購大谷道奇球衣的首兩日，銷售數量更超越梅西、「C羅」羅納度（Cristiano Ronaldo），締造該網站有史以來最高紀錄。

網羅大谷與山本之後，道奇將以成為日本的「國民球隊」為目標。有分析師認為道奇投資大谷的七億美元**「將在六至七年內回本，他（大谷）簡直就是印鈔機。單單廣告就夠了，來自日本的所有目光都會聚焦在他身上，他就是日本的麥可・喬丹或泰勒絲」**。

試想大谷未來十年遞延支付的年薪折算現值後不到五千萬美元，而他每年為球團帶來的額外收入就超過一半以上，是不是讓這筆天價合約突然間變成超級划算的交易？

「二刀流」的真正意義

在大谷加入道奇打線後，「貝茲－佛里曼－大谷」的「MVP三連星」成了熱門話題。事實上，道奇在二〇二一年五月簽下老將普侯斯後一度組成「MVP四人組」（普侯斯、柯蕭、貝茲、貝林傑），但以大谷為首的三人組顯然才是一時之選。有不少專家認為未來有機會看到史上最強三人組的誕生。

貝茲、大谷、佛里曼生涯合計十七次入選明星賽，三人在二〇二三年都入圍年度MVP決選名單，最終大谷拿下美聯MVP，貝茲、佛里曼則分居國聯MVP票選第二、三名；此外，二〇二三年打者OPS+排行榜，大谷（一八四）、貝茲（一六三）、佛里曼（一六一）高居全大聯盟第一、四、六名。可以想像未來將有很長一段時間，「MVP三連星」會在每場比賽的第一局迎頭痛擊敵隊先發投手。

一個手肘韌帶嚴重受傷、至少一年無法投球的選手，竟然還能簽下破紀錄的合約，這在過去是無法想像的。栗山英樹監督認為這就是二刀流的價值所在：**「對於棒球選手來說，最大的負面因素莫過於受傷無法上場。大谷在二〇一八至二〇二〇年因傷專任打者，換作是一般投手可能要休養近三年的時間，不過正因為他是二刀流，才能在持續參與比賽的同時，不斷自我進化成如此傑出的選手。這就是二刀流的真正意義。」**

在二〇二四年無法上場投球的情況下，許多球迷寄望大谷轉戰道奇的第一年，將因為專注打擊而夯出六十支全壘打、甚至挑戰打擊三冠王，不過栗山監督有不同的看法：「二〇一九年也是如此。當你不在預期內地專注於某一件事情時，是否真的會做得更好，我認為這是值得反思的。對他來說，二刀流就是他的本質，專注其一能否讓數據大幅提升，並不是必然的結果。我和他本人也討論過這個問題。」

確實是如此。大谷在因傷專任打者的二〇一九年只打了十八支全壘打，還少於前一年二刀流的二十二轟。這或許就是栗山監督想表達的：對大谷來說，二刀流不會對投球或打擊任何一方的數據造成負面影響。

「隨著年齡的增長，在翔平長期出賽的過程中，仍然會出現像今年這樣只擔任打者或只擔任投手的情形。但我依舊不認為這是二擇一的問題，因為我相信他的本質就是二刀流，這不僅讓他得以發揮，還激發他進步的動機。」栗山說：「堅持挑戰困難的事，是他永不停止進化的原因。」

以下是對「道奇版大谷翔平」未來中長期的預測，留待時間來驗證：

• 二〇二四年的「打者翔平」會從指定打擊（DH）位置出發，不過未來轉任角落外野手是可以期待的。二〇二三年道奇的主力指定打擊J. D.馬丁尼茲（一一〇場）雖未獲續約，但捕手威爾・史密斯（Will Smith）、三十六轟重砲麥斯・孟西（Max Muncy）分別有十四場、十場擔任指定打擊，倘若大谷以外野手身分上場，將增加球隊在指定打擊位置的調度彈性。至於他的守備能力？別擔心，二〇二一年他在天使有七場比賽擔任外野手，被當時的總教練喬・麥登（Joe Maddon）評為「金手套級」！

• 道奇與大谷的十年合約涵蓋到他三十九歲，媒體稱之為「終身契約」。雖然他在十七歲的「人生目標表」設定四十歲退休後將回日本定居並指導少棒，但人生有沒有其他的可能？試想十年合約到期後，道奇仍須在接下來的十年支付大谷六億八千萬美元。倘若道奇如願成為日本的「國民球隊」，雙方又有長達二十年的勞資與財務合作關係，退休後的大谷入股成為道奇球團的股東，晉升為老闆之一，不會是夢想。

〔結語〕

45 「大谷翔平之日」——超越是對偶像的致敬

台灣時間二〇二三年十一月十七日，名人堂球星瑞吉・傑克森（Reggie Jackson）代表大聯盟公布大谷翔平、阿庫尼亞獲選美聯及國聯年度ＭＶＰ；同一天，ＥＳＰＮ與迪士尼（Disney）合作拍攝的《大谷翔平：超越夢想》（Shohei Ohtani - Beyond the Dream）紀錄片在美國、日本、台灣等地上映。

「大谷翔平之日」

先說影音平台為什麼選擇在十一月十七日這一天，正式上架大谷的首部紀錄片？「十一」是大谷在日職北海道日本火腿鬥士隊的球衣背號，「十七」則是他在大聯盟洛杉磯天使隊的球衣背號。所以十一月十七日，正是許多球迷心

「人生不會創造夢想，是夢想創造人生。」

——大谷翔平

目中的「大谷翔平之日」。

除了上架日期別具意義之外，導演時川徹更在片中嵌入許多巧思。例如，片尾名單前的最後一幕，大谷走進天使球場，全場觀眾齊聲高呼「M－V－P」，正是呼應大谷在影片上架同一天獲選年度MVP的榮耀。

此外，片中的四首歌曲都有不同的含意。第一首是皇后合唱團（Queen）的《We Will Rock You》，這是運動比賽及電影中耳熟能詳的經典名曲；第二首是塔尼與壞痞兔（Tainy & Bad Bunny）的西語歌曲《Mojabi Ghost》，歌詞提及「Ohtani」，整句歌詞的意思則是「投打都要像大谷」；第三首是Ghost Machines的《Can't Get Enough》，這是大谷在天使主場的出場曲；最後一首則是日本樂團ALI與饒舌歌手AKLO合唱、日本動畫《咒術迴戰》的片尾曲《Lost in Paradise》，大谷最喜歡的歌曲之一。

這部影片幾乎囊括大谷棒球生涯的重要場景，包括在日職投出破紀錄一六五公里速球的一瞬間、大聯盟生涯首轟後遭隊友「冷處理」（silent treatment，通常發生在菜鳥生涯首轟或打者的全壘打里程碑，回到休息區時隊友假裝不知情，最後再一擁而上的驚喜及惡搞橋段）、WBC冠軍戰再見三振楚奧特的橫掃球……這些熱血的比賽片段固然是運動紀錄片不可或缺的元素，不過別忘了，大谷帶給球迷最大的啟發，從來不是四百五十英尺全壘打或是一百英里速球，而是他的「野球初心」，與「夢實現」的過程。

而時川導演別出心裁的鋪陳方式在此發揮得淋漓盡致：他記錄所有受訪者——大谷、派卓·馬丁尼茲、松井秀喜、達比修有、CC沙巴西亞（CC Sabathia）、栗山英樹、邁克·索夏（Mike

Scioscia）、麥登、巴雷洛——受訪時第一時間的真實反應，再將這些表情與回應內容拋轉給下一位受訪者，以此一來一往，不斷激盪出受訪者在不同片段中彼此的呼應與互動。大谷與松井就是一例。

「超越」是對偶像的致敬

身為Z世代的年輕人，青少年時期的大谷透過網路搜尋松井的打擊影片，「我學習了他的打擊方式，還有這個姿勢（搞笑模仿松井轉頭的動作）。我家裡有球棒，隨時想揮就揮，感覺對了，我隨時都能練習。」松井聽到之後感性回應：「我受寵若驚。聽到他在少年時期很崇拜我……（深吸一口氣，頓了幾秒）很高興聽到他這麼說。」

當製作單位要求松井在棒球上簽名送給大谷時，松井一邊簽名一邊苦笑：「他不會想要這個吧？」下一幕，製作單位將松井的簽名球拋給大谷，大谷雙手接球，仔細端詳：「謝謝，太棒了，（將球舉到胸前）我會好好珍惜這個的。」

想像十多年前還是初中生的大谷，回家打開電腦，看著YouTube仔細研究偶像松井的打擊影片，只要一有靈感閃過就打開窗簾，從窗戶玻璃的倒影檢視自己的打擊姿勢；十多年後的今天，松井反過來成為大谷的粉絲，聽到日媒拿他與大谷比較，還會流露出「別這樣，饒了我吧」的尷尬表情。

對偶像最好的致敬是「超越」，而這就是大谷致敬松井的方式。

下面這一幕則會讓棒球迷心跳加速：大谷凝視著他高一製作的那張曼陀羅計畫表，翻到空白的背面，用毛筆寫下大大的「世界一」三個字。漢字書法之美（時川導演透露，就連毛筆都是大谷親自挑選的），搭配緊湊、漸強的鼓聲，一定會讓螢幕前的每個人熱血沸騰。

當大谷在影片的最後，拿著這張寫有「世界一」的紙起身離去時，原本另一面的曼陀羅計畫表已成為一片空白。這象徵現在的他或許不再填表，但腦中自然產生同樣的思維模式。「設定目標↓制訂計畫↓實現夢想」，三十歲前的野球少年大谷翔平築夢踏實；至於三十歲之後呢？

對大谷來說，下一個夢想的起點，同時也將是責任的開始。栗山監督下面這番話，或許點出了棒球迷對大谷最深的期許：「他一直以來都在追求自己的夢想，但棒球的未來就掌握在他手上，我知道他能承擔這份責任。」

栗山：棒球的未來就掌握在他手上

總結大谷的二〇二三年球季，「打者翔平」三成〇四打擊率、四十四支全壘打、九十五分打點、二十次盜壘成功，攻擊指數（ＯＰＳ）一・〇六六，成為大聯盟史上第一位日本出生的全壘打王；「投手大谷」則是十勝五敗、三・一四防禦率、一六七次三振。

三年內第二度拿下美聯年度ＭＶＰ，難免讓人「審美疲勞」，將大谷的二刀流數據視為理所當然。但請注意，他的成就不僅來自投打兩端的極致表現，更是不斷的進步使然。二〇二三年球季，大谷對速球的打擊率高達三成七四、長打率〇・七七二，雙雙高居大聯盟之冠。而他過去四年對速球的打擊率與長打率如下，明顯呈現逐年進步的趨勢：

- 二〇二〇年：打擊率二成一八；長打率〇・四四八
- 二〇二一年：打擊率二成七七；長打率〇・六二一
- 二〇二二年：打擊率三成〇七；長打率〇・五六八

・二〇二三年：打擊率三成七四；長打率〇・七七二

「內角高，外角低」幾乎是投手配球時顛簸不破的真理，尤其是內角高球過去更視為大谷打擊的罩門。不過正如《運動畫刊》專家湯姆・佛達西（Tom Verducci）所言，如今在他的打擊能力大幅進化之後，這個位置再也不是對方投手的安全區了。

大谷成為大聯盟史上第二位獲得年度MVP的日本選手，前一位是二〇〇一年的鈴木一朗；而他生涯第二度獲獎，則是日本選手的第一人。

大谷在Instagram發表MVP的感言：「我要向所有球迷、隊友、教練團成員、天使球團職員以及投票給我的作家表示感謝。我會以這座獎項作為動力，繼續向前邁進，成為最好的自己，期待再次回到棒球場見證這一切。」

隊友楚奧特獻上祝賀：「恭喜史詩級的一年，MVP實至名歸！兄弟，我為你感到驕傲！」

栗山監督發表對大谷得獎的祝賀：

「從美國大聯盟的專家手中，第二度全票獲選為MVP，我認為這是他被所有人認可的證明。能取得如此偉大的成就，真的很了不起，我為他感到開心。」

「我們（日本火腿）始終相信翔平終有一天會成為世界第一的棒球選手，正因為他沒有絲毫鬆懈，不斷進擊，才有現在的成績。未來我相信他必將持續進步，為我們帶來更精彩的表現！」

以下則是花卷東高校棒球隊佐佐木洋監督的賀詞：

「高中時期體重僅七十公斤的他，在紙上寫下『成為世界最強選手』、『改變棒球歷史』的目標，在此之後的十年內兩度獲選為MVP。」

「為了達成上述目標，他將『目標』與『為實現目標而必須做的事』結合一致，遠遠超越了自己的夢想。他不僅送給孩子們手套，還將繼續帶給他們夢想。」

「身為學校、身為棒球隊的一員，我們真的要對他說聲謝謝。這也告訴我們，決定一個人命運的不是過去的『歷史』，而是每個人的『選擇』與『決斷』。」

大谷在二〇二一、二〇二三年獲選MVP時都囊括全部三十張第一名選票，成為大聯盟史上「兩度全票獲選年度MVP」的第一人。西武獅隊松井稼頭央監督從百年一見二刀流的角度，點出大谷的偉大之處：「（大谷）距離貝比魯斯已經過了一百年，再過一百年後還會不會出現這樣的選手，沒有人知道。這就是他之所以了不起的地方！」

46 一起打棒球吧！六萬個手套的「人間力」

這一天，全日本棒球迷好希望能像《名偵探柯南》一樣變回小學生。

二○二三年十一月九日中午一點過後，大谷翔平在Instagram發文，照片是他穿著New Balance T恤投球，並附上「一起打棒球吧！」的手寫訊息以及親筆簽名，另一張照片則是一個裝滿New Balance棒球手套的紙箱。貼文同時以日文與英文寫道：

「我很高興地宣布，我將捐贈約六萬個棒球手套給日本每一所小學，總共兩萬多所。」

「希望孩子們能透過棒球，充滿活力且開心地度過每一天。」

「更期待將來有一天，我能和使用這些手套長大的孩子們，一起在球場上打球。」

「最後，我要向參與並協助實現這項計畫的每個人致上感謝。」

回顧同年二月，大谷與New Balance公司簽訂代言契約，品牌特地為

「棒球給了我人生的意義，對我而言變成了一種生活方式，這份情感定義了今天的我。」

——大谷翔平

大谷打造了專屬規格的全新定製棒球手套。這款手套是由New Balance與Wilson體育用品公司知名工匠、也是手套職人的麻生茂明合作完成，型號為「A2KSO17」。以日本製A2K手套為藍本，使用輕質、耐用且防水性高的皮革Tan Pro Stock Select，搭配Wilson專利雙掌結構防止變形；尺寸上為了符合大谷的掌形而特別加寬，拇指與小指位置加入羊毛襯墊以增加硬度，手掌內的襯墊則確保牢固貼合，避免滑動；外觀的細節，包括在腕帶繡上New Balance 574慢跑鞋款圖樣，象徵對品牌創始產品的致敬。

雖然這款手套是為大谷在大聯盟的新球季量身打造，但事實上他早在WBC就開始使用這款手套的原型，協助他完成將冠軍盃帶回日本的夢想。大谷也認為，手套上的種種細節對他來說，是享受產品樂趣並且在棒球中自在生活的一種方式。

而這項捐贈計畫正是將上述大谷的專屬手套以迷你版方式重製，包括球鞋刺繡等細節完全復刻。New Balance日本公司社長久保田伸一表達對大谷的全力支持：「這項計畫的目的，是為了支持未來的棒球選手追尋夢想及持續成長。我們將全力支持大谷翔平選手，他開拓了日本棒球界的未來。我們則以自己能為孩子們帶來棒球的希望與夢想而自豪。」

根據日本文部科學省的資料，二〇二〇年全日本共有一萬九千五百二十五所小學。New Balance公司計畫在二〇二三年十二月至二〇二四年三月間，透過全國教育委員會等單位，向全國包括公私立、義務教育和特殊學校在內的小學逐批完成寄贈。

六萬個手套！許多人好奇這到底需要花多少錢？日媒以每只手套一萬日圓估算，這筆捐贈粗估將達到六億日圓（約合新台幣一億三〇四四萬元）之譜。

當然，這筆開銷對大谷不成問題。不只是因為他的高收入，更是他推廣棒運的心意。球評長嶋一茂下面這番話應該說到了每個人的心坎裡：「我們人都有金錢欲望與物質欲望，但我相信這些在他的優先順位是非常低的，他絕對不會去精算六萬個手套值多少錢。首先，他可能會考慮日本全國小學的需求，然後思考要捐贈多少才能讓大家感到開心。他可能不會討論要花多少錢，而是直接說『我們來行動吧！』」

除了捐贈金額之外，網友另一個好奇的問題是「兩個人就可以傳接球了，但為什麼每所小學需要致贈三個手套？」這其實在New Balance網站就可以找到答案：「大谷翔平選手從幼兒及少年時期就享受打棒球的樂趣，基於上述經驗，他將捐贈三個棒球手套（兩個是右撇子專用，一個是左撇子專用，適合小學低年級使用的尺寸）給日本全國各地的小學，希望能夠想像孩子們快樂地玩傳接球的場景。」

對於大谷貼心考慮左撇子小朋友的心意，恩師栗山英樹監督給予高度讚譽：「他有考慮到大家真正需要的地方，特別是增加了一個左撇子專用的手套，這種細緻入微、為他人設想的舉動，非常符合翔平的風格。」

而他的心意也充分傳達給日本球迷，大阪一位小學校長受訪表示：「很開心，我感到萬分驚喜。大谷選手甚至出現在小學教科書中，在他巨大的影響力之下，這將是孩子們最開心的事。」

網路社群同樣滿滿的感動：

「他真是太貼心了，連不到整體十分之一的左撇子小朋友都考慮到了！真的很了不起！」

「身為左撇子，我的好感度爆表了。」

「家中長女是左撇子，她的臉頓時煥發出光彩！」

對「日本棒球競技人口減少」的憂心

過去日本棒球界回饋社會的善行義舉不在少數，三一一大地震發生後，鈴木一朗透過日本紅十字會捐助一億日圓，松井秀喜則捐贈五千萬日圓的義助金，即為適例。

然而，細究大谷發起全國性捐贈計畫背後的深意，不難發現他對日本棒球競技人口減少的憂心。根據二〇二二年日本職棒聯盟的調查，二〇一〇年至二〇二二年間日本棒球競技人口減少六十萬人；若僅限於小學學童，軟式少棒參與人數同樣大幅減少，從二〇一〇年的二十九萬六千四百八十人，大幅滑落至二〇二二年僅有十七萬三百零九人，同年日本硬式少棒聯盟人數更萎縮到只有六千三百人。其原因不難理解，包括：少子化；網路與手機遊戲盛行；棒球用具如球衣、護具、手套等種類繁多，且價格不斐；近年來包括校園、公園在內，基本傳接球練習的場地與環境一再受限；其他運動如足球、籃球的人氣上升。

正當美日球界密切關注大谷在自由球員市場動向的同時，大谷最在意的卻是日本棒球發展現況。他將自己回報日本棒球界培育的恩情，以及對未來棒球選手的期望，默默地融入到這次計畫之中。就如同二刀流一般，他的六萬個棒球手套捐贈計畫也是同樣超乎常情，甚至難以想像。而這正是大谷透過New Balance公司新聞稿所要表達的深意：「我希望這些手套能成為我們下一代『夢想』與『勇氣』的象徵。因為棒球給了我擁有豐富人生的機會，所以我希望透過捐贈手套這件事，讓孩子們接觸棒球這項運動，並激發孩童對棒球的興趣。」

回顧二〇二一年球季結束後，大谷在日本記者俱樂部舉行的返國記者會上，面對有關孩童的問題，他回答：「**我相信努力打棒球的孩子們，都會以『成為優秀選手』為目標，我希望自己能成為一個值得這樣目標的人。未來的我會繼續努力，並支持孩子們實現他們的目標。**」兩年後，這項捐贈手套的大規模計畫，正是他支持孩童夢想的具體行動。

二〇二三年WBC冠軍，除了讓大谷實現自己孩提時代的夢想、喚回日本對棒球的光榮感之外，他更以此鼓勵亞洲其他國家：「**不光是日本，還有韓國、台灣、中國等其他國家，希望這座冠軍能成為讓更多人愛上棒球的第一步。**」大谷在冠軍戰結束後的記者會上這樣說。

大谷在Instagram親筆寫下「一起打棒球吧！」這句話，不僅僅是對日本孩童，更是對全亞洲喜愛棒球的國家與球迷發出的訊息，是這位狂愛棒球的野球少年發自內心的呼喊。

享受壓力、不斷超越的「野球少年」

什麼是「人間力」？指的是作為一個「人」的綜合能力，不以學歷、技能等顯而易見的資料或數據來衡量，著重在為人處事的修養與智慧。棒球選手的人間力不只展現在競技過程中，更對每個時代的社會脈動產生極為深遠的影響。

村上雅則在一九六四年成為第一位登上大聯盟的日本選手，當時距離二次世界大戰結束後還不到二十年。在一場巨人對道奇的比賽，他為了一個好壞球判決走下投手丘大喊「Why？」想當然爾，主審並沒有因此改判。回到投手丘的村上拾起松香粉袋重重砸在地上，面對主審上前質問，他在態度上沒有絲毫退讓，最後在捕手居間求情之下，主審警告他「再一次就驅逐出場」。幾天後，在舊金山一家日本料理店，一位日裔老人衝上來握住村上的手說：「你做得太好了！」老先生在電視轉播中看到村上怒砸松香粉袋的畫面，他激動地說：「我們輸掉戰爭，無法對美國人說不。你卻在棒球場上做到了！看到這一幕，我心中多年的抑鬱終於釋懷了。」

大谷翔平對我們這個世代最深遠的影響，在於他突破了亞洲棒球員的極限。過去王貞治是世界全壘打王，但受限於日職，無法獲得世界最高的評價；成功挑戰大聯盟的鈴木一朗成為世界職棒安打王，但亞洲選手居於劣勢的長打能力，限制了他的評價；野茂英雄、松坂大輔、達比修有在大聯盟不同年代各領風騷，卻從沒拿過象徵投手最高榮譽的賽揚獎。兒時曾經仰望這些傳奇球星的大谷，二〇二一年起不斷以二刀流寫下各種紀錄，二〇二三年進一步拿下超乎亞洲棒球選手射程範圍的全壘打王，兩度全票獲選年度MVP是大聯盟史上第一人，七億美元新合約更締造世界運動史最高紀錄。

王貞治形容大谷「非常自律而嚴謹」，**「雖然這樣說有點自吹自擂，但我認為他和我有些相似之處，我們總是享受壓力而不是貪圖輕鬆，一直在追求下一個目標。」「我相信日本選手都希望有朝一日能在大聯盟打球，但我希望他們不僅僅是去打大聯盟，而是要以超越大谷的心情去挑戰。」**

王貞治鼓勵新生代選手要以「超越大谷」為目標，正呼應了大谷「光是崇拜則無法超越」的經典名言；而大谷在致贈六萬個手套時喊話「期待能和使用這些手套長大的孩子們，一起在球場上打球」，更隱含了鼓勵下一代超越自己的深意。

為什麼？因為「超越」才是最崇高的致敬！

「為所有棒球員實現夢想」的棒球選手

三十年前，「先驅者」野茂英雄成為「為日本人帶來夢想」的棒球選手；三十年後的大谷翔平，不僅為日本人帶來夢想，更進一步實現了包括大聯盟在內所有棒球員的夢想。正如前洋基王牌左投「沙胖」沙巴西亞所言：「沒有人從小只想當投手，如果你看青少年運動和高中棒球，最棒的球員通常是游擊手、投手、最棒的打者……集所有技能於一身，我們一開始都是這樣打球的。我們小時候的夢想就是擊出全壘打和三振打者，這傢伙兩者兼具，他實現了每個棒球員的夢想。」

至於驅動大谷不斷前進的動力，不是金錢，更不是虛名。對他來說，棒球就是他的生活方式，賦予他人生的意義：「說到底，雖然棒球是我的職業，但對我來說，它不僅僅是一個職業，不管是玩傳接球或是打擊，都是我喜歡做的事。我對這項運動的熱愛驅使我走到今天，棒球給了我人生的意義，對我而言變成了一種生活方式，這份情感定義了今天的我。」

對於這樣一個人生只有「吃飯、睡覺、棒球」的野球少年，只要他對棒球的熱愛沒有改變，他就不會停止成長。栗山監督對他的期許，也是所有棒球迷對他最深的期待：「我相信他的旅程會啟發未來的世代。抱歉，翔平，但你要繼續努力，這是我由衷的期望。」

附錄

Shohei Ohtani

Spirit of Baseball Samurai

大谷翔平：大事年表

- 1994年：7月5日出生於岩手縣水澤市（現為奧州市水澤區），是大谷徹與加代子夫婦的次子，上有一兄一姊。
- 1998年：就讀常盤幼稚園。
- 2001年：就讀奧州市立姉体小學。
- 2002年：加入水澤少棒聯盟。
- 2007年：就讀奧州市立水澤南中學，在全國大賽登場。
- 2010年：就讀花卷東高校。
- 2011年：高中二年級，夏季甲子園第一輪敗退，但以150公里速球追平甲子園史上高二生最快球速紀錄。
- 2012年：高中三年級，春季甲子園第一輪敗退；7月19日，夏季甲子園岩手大會準決賽對一關學院高校投出時速160公里速球，締造日本高校及業餘棒球史上最快球速紀錄；入選第25屆IBAF世界青棒錦標賽日本代表隊；10月25日，北海道日本火腿鬥士隊在日職選秀會第一指名；12月9日，召開記者會正式接受火腿球團第一指名，最終以簽約金1億日圓、年薪1,500萬日圓（推定）、激勵獎金5,000萬日圓的最高規格合約加盟。
- 2013年：花卷東高校畢業；3月29日，對西武隊開幕戰擔任先發第八棒、右外野手，五局上半對岸孝之打出日職生涯首安、六局上半打回第一分打點，成為過去53年來第一位、日職史上第二位開幕戰至少2支安打的高中畢業新人；5月23日，對養樂多隊以先發投手初登板，5局失2分無關勝敗，最快球速157公里，創下日職新人投手初登板的球速新紀錄；6月1日，對中日隊先發5局失3分，獲得日職生涯首勝；7月10日，對樂天隊投手永井怜敲出日職生涯首轟。

- 2014年：7月9日，對樂天隊完投9局失1分16次奪三振，成為日職史上最年輕的單場16K投手；7月19日，明星賽投出162公里速球，締造明星賽最快球速紀錄；9月7日，對歐力士隊擊出本季第10支全壘打，日職史上首次「單季10勝、10轟」；年薪調升到1億日圓（推定），成為松坂大輔以後，高中畢業第三年就達到年薪1億的第二人。
- 2015年：奪下聯盟勝投王、勝率王、防禦率王、最佳九人投手等獎項，並且入選第一屆世界12強棒球賽日本代表隊；12月4日，獲球團加薪至2億日圓（推定），高中畢業第四年就獲得年薪2億，追平達比修有的日職紀錄。
- 2016年：5月29日，對樂天隊擔任先發投手及第六棒，首度「同場二刀流」，先發7局6次奪三振失1分贏得本季第3勝，打擊則為5打數3安打2得分1打點；7月3日，對軟銀隊首度擔任先發投手及第一棒，並成為日職史上第一位首局首打席全壘打的先發投手；7月15日，明星賽首日的全壘打大賽奪得冠軍；7月16日，明星賽第二戰，以4打數3安打1支全壘打2得分2打點，獲選單場MVP；9月13日，對歐力士隊投出時速164公里速球，刷新自己保持的日職最快球速紀錄；9月28日，對西武隊完封9局、投出15次三振，日職史上首次「10勝、100奪三振、20轟、100安」，同時率領火腿隊贏得洋聯優勝；10月16日，高潮系列賽第五戰對軟銀隊，獲得生涯第一次救援成功，投出時速165公里的日職新紀錄；史上首次同時獲選洋聯「最佳九人」投手與指定打擊獎，並獲得洋聯年度MVP。
- 2017年：10月4日，對歐力士隊首度擔任先發投手及第四棒，是1951年10月7日藤村富美男以來的日職第二人，投出9局10次奪三振的完封勝，打擊則為

4打數1安打；10月12日，進行右腳關節三角骨去除手術；11月11日，召開記者會正式宣布挑戰大聯盟；12月10日，召開記者會正式宣布加盟洛杉磯天使隊，簽約金231.5萬美元，天使隊另支付火腿隊2,000萬美元入札金。

- 2018年：3月29日，開幕戰對運動家隊擔任先發第八棒指定打擊，大聯盟生涯首打席對戰先發投手葛拉夫曼（Kendall Graveman）的第一球就敲出安打；4月1日，對運動家隊完成大聯盟生涯初登板，先發6局失3分、6次奪三振，拿下大聯盟生涯首勝；4月3日，對印地安人隊先發投手湯姆林（Josh Tomlin）敲出大聯盟生涯首轟，而且是在天使主場的生涯首打席就開轟；6月8日，因右手肘尺側副韌帶二級撕裂傷列入傷兵名單，並採用自體高濃度血小板血漿注射治療；9月7日，對白襪隊先發投手洛登（Carlos Rodon）擊出當季第19轟，刷新日籍打者在大聯盟菜鳥年的最多轟紀錄；10月1日，例行賽結束次日清晨，接受右手肘尺骨附屬韌帶重建術（又稱Tommy John手術）；11月12日，獲選美聯年度新人王。
- 2019年：6月13日，對光芒隊前四個打數分別擊出全壘打、二壘安打、三壘安打、一壘安打，締造日籍選手在大聯盟的第一次「完全打擊」；9月13日，因左膝先天性髕骨分裂而進行手術。
- 2020年：7月25日，對運動家隊擔任先發第三棒指定打擊，延長賽十局上半擔任二壘跑者，成為大聯盟實施「突破僵局制」之後首名跑者。
- 2021年：4月9日，對藍鳥隊擊出大聯盟生涯第50支全壘打，超越松井秀喜，成為史上最快50轟的日籍打者；4月21日，對遊騎兵隊打出日美職棒生涯通算第100支全壘打；5月17日，對印地安人隊打出單季第13支全壘打，日籍選手第一次在兩聯盟全壘打排行榜單獨領先；7月1日，在大聯盟明星賽票選以63%高得票率，獲選美聯明星隊先發指定打擊；7月4日，以先發投手身分入選明星賽，成為史上第一位同時以投手及野手身分入選的明星球員；7月7日，對紅襪隊敲出本季第32轟，成為亞洲選手單季全壘打紀錄保持人；7月9日，對水手隊打出本季第33轟，追平1998年多明尼加籍強打索沙（Sammy Sosa）的「明星賽前非美籍選手最多轟」紀錄；7月12日，成為全壘打大賽史上第一位日籍選手，更是第一位投手；7月13日，大聯盟明星賽，成為繼1995年野茂英雄之後第二位在明星賽先發的日籍投手，也是第一次有先發投手兼任第一棒；9月15日，入選《時代》雜誌「2021年百大影響力人物（TIME100）」；9月24日，連續3場比賽共獲11次四壞保送，追平大聯盟紀錄；10月3日，球季最終戰對水手隊，以全壘打打回單季第100分打點，成為大聯盟史上第一位單季「安打、打點、得分、投球局數、奪三振」5項數據都達到三位數的選手；球季結束後獲頒美聯年度MVP等多項大獎。

- 2022年：3月22日，大聯盟實施俗稱的「大谷規則」，允許先發投手在投球任務結束退場後，得於後續局數擔任指定打擊；4月7日，擔任天使隊開幕戰的「先發投手・第一棒」，成為大聯盟史上第一位在開幕戰同時擔任先發投手與先發第一棒的選手，也是適用「大谷規則」的第一人；5月9日，對光芒隊單場雙響砲，包括個人職業生涯第一支滿貫全壘打；5月14日，對運動家隊擊出大聯盟生涯第100支全壘打，是繼鈴木一朗、松井秀喜之後的日本選手第3人；6月21日，對皇家隊單場2支3分全壘打、8分打點，次（22）日先發主投8局13次三振無失分，成為大聯盟史上第一位「連兩戰一場至少8分打點、另一場至少10次三振」的選手；7月10日，連續兩年同時以投手、打者身分入選明星賽，史上第一人；8月9日對運動家隊，成為大聯盟史上第二位「單季至少10勝10轟」的選手，另一位是貝比魯斯。

➤ 2023年：3月21日，帶領日本武士隊勇奪第5屆WBC冠軍，並獲選大會MVP；3月30日，連續第2年榮膺天使開幕戰先發投手，並擔任先發第3棒；6月30日對響尾蛇隊，擊出個人生涯最遠、也是當季大聯盟最遠的493英尺全壘打；7月2日，連續三年同時以投手、打者身分入選明星賽；7月27日，對老虎隊的雙重賽第一戰投出大聯盟生涯第一場完投完封勝，第二戰單場雙響砲；8月23日對紅人隊打出本季第44轟，但只投了1.1局就退場，賽後檢查發現右手肘韌帶撕裂傷，當季不再上場投球；9月16日，因右腹斜肌發炎，當季不再出賽；9月19日，進行右手肘韌帶手術；球季結束以44支全壘打登上美聯全壘打王，日籍選手第一人，並獲頒美聯年度MVP等多項大獎；12月11日，與道奇隊簽下10年7億美元合約，成為全球運動史上總額最高的合約。

大谷翔平：重要獎項

日本職棒時期

・洋聯最多勝：2015年

・洋聯最佳防禦率：2015年

・洋聯最高勝率：2015年

・洋聯年度MVP：2016年

・洋聯最佳九人：2015年（投手）；2016年（投手／指定打擊）

・單月MVP：2015年4月（投手）；2016年6月（投手）

・洋聯最優秀投捕賞：2015年（捕手為大野獎太）

・Georgia魂賞年度獎：2014年

・札幌巨蛋MVP：2015年、2016年

・跨聯盟交流戰日本生命賞：2016年

・明星賽MVP：2016年（第2戰）

・明星賽敢鬥選手賞：2013年（第3戰）

・明星賽SKYACTIV TECHNOLOGY賞：2013年

美國職棒大聯盟時期

2018年

・單月最佳新人：4月、9月

・美國聯盟新人王（11月12日）

2021年

- 單月MVP：6月、7月
- 天使隊年度MVP（9月25日）
- 天使隊年度最佳投手Nick Adenhart獎（9月25日）
- 《棒球文摘》大聯盟年度最佳球員（10月8日）
- 《棒球美國》大聯盟年度最佳球員（10月23日）
- 大聯盟主席歷史成就獎（10月27日）
- 球員選擇獎－大聯盟年度最佳球員（10月29日）
- 球員選擇獎－美聯最傑出球員（10月29日）
- 《運動新聞》（Sporting News）年度最佳球員（10月29日）
- 美聯指定打擊銀棒獎（11月12日）
- 美聯年度MVP（11月19日）
- 大聯盟年度第一隊——指定打擊（11月24日）
- 大聯盟年度第二隊——先發投手（11月24日）
- 最佳指定打擊Edgar Martinez獎（11月30日）
- 2021年日本「新語・流行語大獎」第一名：「リアル二刀流／ショータイム」（真二刀流／Showtime）（12月1日）
- 正力松太郎賞（特別賞）（12月7日）
- 《運動新聞》評選「全球運動史上最偉大的50個賽季」第一名（12月21日）
- 《美聯社》年度最佳男運動員（12月28日）
- 《運動新聞》年度最佳運動員（12月30日）

2022年

- 天使隊年度MVP（10月2日）
- 天使隊年度最佳投手Nick Adenhart獎（10月2日）
- 最佳指定打擊Edgar Martinez獎（11月28日）

2023年

- WBC大會MVP（3月21日）
- 單月MVP：6月、7月
- 天使隊年度MVP（9月30日）
- 美聯全壘打王（10月1日）
- 《棒球美國》大聯盟年度最佳球員（10月2日）
- 球員選擇獎－美聯最傑出球員（11月2日）
- 美聯指定打擊銀棒獎（11月9日）
- 正力松太郎賞（特別賞）（11月14日）
- 美聯年度MVP（11月16日）
- 最佳指定打擊Edgar Martinez獎（11月30日）
- 漢克阿倫獎（12月16日）
- 大聯盟年度第一隊——指定打擊（12月16日）
- 大聯盟年度第一隊——先發投手（12月16日）
- 《美聯社》年度最佳男運動員（12月21日）

三壘打	全壘打	打點	盜壘	四壞	敬遠	三振	打擊率	上壘率	長打率	OPS
1	3	20	4	12	0	64	0.238	0.284	0.376	0.660
1	10	31	1	21	0	48	0.274	0.338	0.505	0.842
0	5	17	1	8	1	43	0.202	0.252	0.376	0.628
1	22	67	7	54	2	98	0.322	0.416	0.588	1.004
1	8	31	0	24	0	63	0.332	0.403	0.540	0.942
2	22	61	10	37	2	102	0.285	0.361	0.564	0.925
5	18	62	12	33	1	110	0.286	0.343	0.505	0.848
0	7	24	7	22	0	50	0.190	0.291	0.366	0.657
8	46	100	26	96	**20**	189	0.257	0.372	0.592	0.965
6	34	95	11	72	14	161	0.273	0.356	0.519	0.875
8	**44**	95	20	91	21	143	0.304	**0.412**	**0.654**	**1.066**
4	48	166	13	119	3	316	0.286	0.358	0.500	0.859
29	171	437	86	351	58	755	0.274	0.366	0.556	0.922

完投	完封	局數	打者	被安打	被全壘打	四壞	三振	失分	責失分	WHIP
0	0	61.2	274	57	4	33	46	30	29	1.46
3	2	155.1	639	125	7	57	179	50	45	1.17
5	**3**	160.2	621	100	7	46	196	40	40	**0.91**
4	1	140	548	89	4	45	174	33	29	0.96
1	1	25.1	105	13	2	19	29	9	9	1.26
0	0	51.2	211	38	6	22	63	19	19	1.16
0	0	1.2	16	3	0	8	3	7	7	6.60
0	0	130.1	533	98	15	44	156	48	46	1.09
0	0	166	660	124	14	44	219	45	43	1.01
1	1	132	531	85	18	55	167	50	46	1.06
13	7	543	2187	384	24	200	624	162	152	1.08
1	1	481.2	1951	348	53	173	608	169	161	1.08

大谷翔平：美日職棒數據一覽表

打擊成績

年度	年齡	聯盟	球隊	出賽	打席	打數	得分	安打	二壘打
2013	18		火腿	77	204	189	14	45	15
2014	19		火腿	87	234	212	32	58	17
2015	20	日 職	火腿	70	119	109	15	22	4
2016	21		火腿	104	382	323	65	104	18
2017	22		火腿	65	231	202	24	67	16
2018	23		天使	104	367	326	59	93	21
2019	24		天使	106	425	384	51	110	20
2020	25	大聯盟	天使	44	175	153	23	29	6
2021	26		天使	155	639	537	103	138	26
2022	27		天使	157	666	586	90	160	30
2023	28		天使	135	599	497	102	151	26
日本職棒（5年）				403	1170	1035	150	296	70
大 聯 盟（6年）				701	2871	2483	428	681	129

投手成績

年度	年齡	聯盟	球隊	勝場	敗場	勝率	防禦率	場次	先發
2013	18		火腿	3	0	1.000	4.23	13	11
2014	19		火腿	11	4	0.733	2.61	24	24
2015	20	日 職	火腿	**15**	5	**0.750**	**2.24**	22	22
2016	21		火腿	10	4	0.714	1.86	21	20
2017	22		火腿	3	2	0.600	3.20	5	5
2018	23		天使	4	2	0.667	3.31	10	10
2020	25		天使	0	1	0	37.80	2	2
2021	26	大聯盟	天使	9	2	0.818	3.18	23	23
2022	27		天使	15	9	0.625	2.33	28	28
2023	28		天使	10	5	0.667	3.14	23	23
日本職棒（5年）				42	15	0.737	2.52	85	82
大 聯 盟（5年）				38	19	0.667	3.01	86	86

參考書目&資料出處

參考書目

・《2023WBC　14年ぶりに世界一奪還！　侍ジャパン　優勝会見全文と熱狂の裏に隠された感動秘話》，国際情勢研究会（2023）。東京都，日本：ゴマブックス株式会社。
・《メジャーリーグのWBC世界戦略 六〇〇〇億円ビジネスのからくり》，古內義明（2009）。東京都，日本：株式会社PHP研究所。
・《もっと知りたい！ 大谷翔平 ～SHO-TIME 観戦ガイド～》，福島良一（2023）。東京都，日本：株式会社 小学館。
・《大谷翔平 語録》，斎藤庸裕（2023）。東京都，日本：株式会社 宝島社。
・《世界一のベンチで起きたこと - 2023WBCで奔走したコーチの話 –》，城石憲之（2023）。東京都，日本：株式会社ワニブックス。
・《栗山ノート２～世界一への軌跡～》，栗山英樹（2023）。東京都，日本：株式会社光文社。
・《超一流の思考法 侍ジャパンはなぜ世界一になれたのか？》，鶴岡慎也（2023）。東京都，日本：SBクリエイティブ株式会社。

網站資源

中文

・The News Lens 關鍵評論網：https://www.thenewslens.com/。
・自由時報電子報：https://www.ltn.com.tw/。
・風傳媒：https://www.storm.mg/。

日文

・ABEMA Times網站：https://times.abema.tv/。

・AERA dot.網站：https://dot.asahi.com/。

・ENCOUNT網站：https://encount.press/。

・FNNプライムオンライン網站：https://www.fnn.jp/。

・Full-Count網站：https://full-count.jp/。

・NEWSポストセブン網站：https://www.news-postseven.com/。

・Hypebeast網站：https://hypebeast.com/hk。

・J SPORTS網站：https://www.jsports.co.jp/。

・note網站：https://note.com/。

・NPB.jp 日本野球機構網站：https://NPB.jp/。

・NumberPREMIER網站：https://number.bunshun.jp/premier。

・REAL SPORTS網站：https://real-sports.jp/。

・Smart FLASH網站：https://smart-flash.jp/。

・Sportiva網站：https://sportiva.shueisha.co.jp/。

・Sports Graphic Number網站：https://number.bunshun.jp/。

・THE ANSWER網站：https://the-ans.jp/。

・The Digest網站：https://thedigestweb.com/。

・The Japan Times網站：https://www.japantimes.co.jp/。

・TBS NEWS DIG網站：https://newsdig.TBS.co.jp/。

・Yahoo! JAPAN網站：https://news.yahoo.co.jp/。

・ウィキペディア網站：https://ja.wikipedia.org/wiki/。

・サンスポ網站：https://www.sanspo.com/。

・スポニチ Sponichi Annex網站：https://www.sponichi.co.jp/。

・スポーツナビ網站：https://sports.yahoo.co.jp/。
・スポーツ報知網站：https://hochi.news/。
・ハフポスト網站：https://www.huffingtonpost.jp/。
・パ・リーグ網站：https://pacificleague.com/。
・デイリースポーツ網站：https://www.daily.co.jp/。
・デイリー新潮網站：https://www.dailyshincho.jp/。
・プレジデントオンライン網站：https://president.jp/。
・テレ朝news網站：https://news.tv-asahi.co.jp/。
・女性自身網站：https://jisin.jp/。
・中日新聞Web網站：https://www.chunichi.co.jp/。
・文春オンライン網站：https://bunshun.jp/。
・日テレNEWS NNN網站：https://news.ntv.co.jp/。
・日本経済新聞網站：https://www.nikkei.com/。
・日刊スポーツ網站：https://www.nikkansports.com/。
・日刊ゲンダイDIGITAL網站：https://www.nikkan-gendai.com/。
・本格スポーツ議論ニュースサイト「RONSPO」網站：https://www.ronspo.com/。
・東スポWEB網站：https://www.tokyo-sports.co.jp/。
・東洋経済オンライン網站：https://toyokeizai.net/。
・時事通訊社網站：https://www.jiji.com/。
・産経ニュース網站：https://www.sankei.com/。
・現代ビジネス網站：https://gendai.media/。
・週プレNEWS網站：https://wpb.shueisha.co.jp/。
・週刊ポスト網站：https://www.shogakukan.co.jp/。

・週刊女性PRIME網站：https://www.jprime.jp/。
・読売新聞オンライン網站：https://www.yomiuri.co.jp/。

英文
・Baseball-Reference網站：https://www.baseball-reference.com/。
・Baseball Savant網站：https://baseballsavant.mlb.com/。
・CBC網站：https://www.cbc.ca/。
・ClutchPoints網站：https://clutchpoints.com/。
・Disney+網站：https://www.disneyplus.com/。
・ESPN網站：https://www.ESPN.com/。
・MLB網站：https://www.mlb.com/。
・Orange County Register網站：https://www.ocregister.com/。
・Sports Illustrated網站：https://www.si.com/。
・The Athletic網站：https://theathletic.com/uk/。
・The Football Odyssey網站：https://www.thefootballodyssey.com/。
・The Los Angeles Times網站：https://www.latimes.com/。
・The New York Times網站：https://www.nytimes.com/。
・The Wall Street Journal網站：https://www.wsj.com/。
・USA Today網站：https://www.usatoday.com/。
・Wikipedia網站：https://www.wikipedia.org/。

（鑑於網站文章篇數達千篇以上，爰不一一列示篇名及網址，敬祈見諒。）

belle vue 46

大谷翔平：武士初心

——2023年WBC世界一、全壘打王及MVP球季、轉戰道奇全紀錄

作　　者　張尤金
總 編 輯　曹　慧
主　　編　曹　慧
美術設計　比比司設計工作室
內頁排版　思　思
行銷企畫　林芳如
出　　版　奇光出版／遠足文化事業股份有限公司
E-mail: lumieres@bookrep.com.tw
粉絲團：https://www.facebook.com/lumierespublishing
發　　行　遠足文化事業股份有限公司（讀書共和國出版集團）
http://www.bookrep.com.tw
23141新北市新店區民權路108-4號8樓
電話：(02) 22181417
郵撥帳號：19504465 戶名：遠足文化事業股份有限公司
法律顧問　華洋法律事務所 蘇文生律師
印　　製　呈靖彩藝有限公司
初版一刷　2024年3月
初版五刷　2024年5月15日
定　　價　550元
I S B N　978-626-7221-45-7 書號：1LBV0046
978-626-7221464（EPUB）
978-626-7221471（PDF）

國家圖書館出版品預行編目資料

大谷翔平：武士初心——2023年WBC世界一、全壘打王及MVP球季、轉戰道奇全紀錄 = Shohei Ohtani : spirit of baseball samurai / 張尤金著. -- 初版. -- 新北市：奇光出版, 遠足文化事業股份有限公司, 2024.03
面；　公分

ISBN 978-626-7221-45-7（平裝）

1. CST: 大谷翔平　2. CST: 職業棒球　3. CST: 運動員
4. CST: 傳記　5. CST: 日本

783.18　　　113000333

線上讀者回函

Spirit of
Baseball Samurai

Shohei Ohtani